Widerstand – Kirche – Staat

WIDERSTAND
KIRCHE
STAAT

EUGEN GERSTENMAIER
ZUM
70. GEBURTSTAG

Herausgegeben von
Bruno Heck

PROPYLÄEN

Inhalt

Annemarie Renger: Geleitwort 7
Bruno Heck: Vorwort 13

WIDERSTAND

Fabian von Schlabrendorff: Sub specie aeternitatis . 19
Ewald Heinrich von Kleist: Ein Brief über Eugen Gerstenmaier 38
Gerhard Leibholz: Die Deutschlandpolitik Englands im Zweiten Weltkrieg und der Widerstand 40

KIRCHE

Christian Berg: Eugen Gerstenmaier – der Gründer und Leiter des Hilfswerks der Evangelischen Kirchen in Deutschland 59
Hermann Kunst: »Jedermann sei untertan der Obrigkeit« 66
Helmut Thielicke: Brauchen wir Leitbilder für die junge Generation? 86

STAAT

Franz Josef Strauss: Eugen Gerstenmaier, ein Deutscher und Europäer, der Recht behalten hat . . . 109
Klaus Harpprecht: Gespräche über den Zaun. Transatlantische Reflektionen 121
Ulrich Frank-Planitz: Die Zeit, die wir beschrieben haben. Zur Geschichte der Wochenzeitung »Christ und Welt« 146
Helmut Kohl: Staat und freiheitliche Wertordnung . 170

CARLO SCHMID: Vom europäischen Konzert zur Emanzipation der Kontinente 186
KLAUS MEHNERT: Ernst Haeckel, Lenin und Mao . . 204
BRUNO HECK: Konrad Adenauer – Überlegungen 1976, dem Jahr seines 100. Geburtstages, für Eugen Gerstenmaier zu dessen 70. Geburtstag 220

Auswahlbibliographie 241

Verzeichnis der Autoren 265

Bildnachweis 270

ANNEMARIE RENGER

Geleitwort

Eugen Gerstenmaier wird siebzig Jahre alt. Freunde und Mitstreiter aus Politik und Widerstand, Staat und Kirche, Wissenschaft und Publizistik bringen ihm diese Festschrift dar und wollen damit einen Mann ehren, der in allen diesen Bereichen durch seinen tatkräftigen Einsatz und sein entschiedenes Wort prägend, richtungweisend oder zur Auseinandersetzung zwingend gewirkt hat.

Gerstenmaier war von 1954 bis 1969 Präsident des Deutschen Bundestages und damit länger als jeder andere seit Begründung des Deutschen Reichstages vor mehr als 100 Jahren Präsident eines frei gewählten, zentralen deutschen Parlaments. Er ist Parlamentspräsident im Sinne der besonderen deutschen Tradition gewesen, wie Paul Löbe sie begründet hat. Als Löbe das Amt vor 56 Jahren übernahm, weigerte er sich, der Aufforderung nachzukommen, seine Partei und Fraktion zu verlassen und so, nach englischem Vorbild, neutraler Repräsentant zu sein. Da die Verfassung hierüber nichts sagte, konnte man Löbes Standpunkt akzeptieren: Der Präsident des Parlaments blieb in seiner Partei und Fraktion, was bedeutet, daß er zwar bei der Ausübung seines Amtes über Parteien und Fraktionen zu stehen hat, doch im übrigen nicht daran gehindert ist, auch zu aktuellen politischen Fragen im Sinne seiner politischen Überzeugung öffentlich das Wort zu ergreifen. Löbe hat das getan und die Präsidenten des Bundestages sind ihm darin gefolgt.

Eugen Gerstenmaier hat oft zu Grundproblemen des Parlamentarismus Stellung genommen und dabei auch die Dimension des historischen Wandels in seine Überlegungen mit einbezogen. Er wußte und hat es oft ausgesprochen, daß die moderne Gesellschaft ein anderes Parlament braucht als die Gesellschaft des 19. Jahrhunderts. Er wollte ein lebendiges Parlament, in dem die Besten sich bewähren sollten, doch nicht im Sinne einer Elite, sondern als Repräsentanten des Volkes in seinen Schichten, Begabungen und auch in seinen Interessenunterschieden.

Von entscheidender Bedeutung war damals wie heute die Frage nach dem Verhältnis Legislative und Exekutive. An der öffentlichen und wissenschaftlichen Debatte hierüber hat er sich gern beteiligt. Er erklärte, er sei an sich Anhänger der alten Lehre von Montesquieu von der klassischen Gewaltenteilung. Vermischungen und Verwischungen sehe er mit Unbehagen. Man könne nicht sagen, die Regierung sei Mitglied des Parlaments, aber die Regel sei es, daß ein Mitglied der Regierung auch Mitglied des Parlaments ist. Gerstenmaier wußte aber ebensogut, daß im Parlament Parteien oder Fraktionen mit der Regierung eng verbunden sind, doch er vertrat nicht die Auffassung, nach der im Grunde nur die Opposition der Regierung gegenübersteht. Er sagte, daß in kaum einem Parlament der freien Welt die Regierung so von der Gesamtheit der Volksvertreter kontrolliert werde wie in Bonn, wo – vor allem in den Ausschüssen – oft jedes Wort, jeder Satz eines von der Regierung vorgelegten Gesetzes durchberaten werde. Andererseits gäbe es Grenzen der Kontrollmöglichkeit, zum Beispiel weil der Staatsapparat und mit ihm die Staatskompetenzen sich immer mehr ausweiteten.

Unabdingbar hat Gerstenmaier am Artikel 38 des Grundgesetzes festgehalten, der bestimmt, daß die Vertreter des Volkes »an Aufträge und Weisungen nicht gebunden und nur ihrem Gewissen unterworfen« sind. Gerstenmaier sagte, es sei eine primitive Verkennung unseres Parlamentarismus, wenn man glaube, daß der Bundestagsabgeordnete nichts weiter sei als ein braver Parteisoldat. Das Grundgesetz verlange von jedem Abgeordneten das eigene gewissenhafte Engagement für das Wohl des ganzen Volkes.

Auch hier ist Gerstenmaier frei von einseitiger Dogmatik. Er bekennt sich zur Dialektik der Wirklichkeit: Wer zur Gewissensbindung des Abgeordneten »ja« sagt, fügt er hinzu, »muß allerdings auch die Kraft und den Willen aufbringen, die Loyalität gegenüber dem eigenen Gewissen zu verbinden mit der Loyalität gegenüber der Partei und Fraktion, der er sich aus freien Stücken verbunden hat. Ohne sie kann man keine Politik und keine Gesetze machen«.

Daß der Abgeordnete auch auf die »Bedürfnisse des Machtkampfes« Rücksicht nehme, so meinte Gerstenmaier in einem anderen Zusammenhang, sollte ihm, dem Parlamentarier, nicht so unbesehen als charakterliche Inferiorität angerechnet werden, wie es in Deutschland häufig geschehe. Denn diese Machtbedürfnisse seien insofern legitim, als es zur Verwirklichung auch der besten Ideen in einer Demokratie eben hinreichender Mehrheiten bedarf. Die eigentliche politische und sittliche Leistung, die dem Parlamentarier heute abverlangt werde, sei der immer erneute Ausgleich zwischen sachlicher Notwendigkeit und legitimem Machtbedürfnis.

Auch Gerstenmaier hat bereits die zunehmende Bedeutung der Ausschußberatungen erkannt. Das ist eine Entwicklung, die in der Öffentlichkeit nicht immer verstanden wird. Die Öffentlichkeit erwartet noch das Parlament des 19. Jahrhunderts mit einem meist gut besetzten Plenum, in dem die Diskussion hin und her geht und die Entscheidung noch weitgehend offen ist. Das aber mußte sich ändern, je mehr die Gesellschaft eine Arbeits- und Leistungsgesellschaft wurde. Ein modernes Parlament ist weit mehr dem Zwang zu detaillierter Regelung von Wirtschaft und Gesellschaft durch eine Gesetzgebung unterworfen, deren Beratung in Fraktionen, Arbeitskreisen und Fachausschüssen erfolgt.

Diese Entwicklung hat auch bei Gerstenmaier die Sorge ausgelöst, das Parlament könnte hierbei seine Eigenschaft einbüßen, die zentrale Stätte der Auseinandersetzung von Ideen, Problemen und Meinungen der modernen, pluralistischen Gesellschaft zu sein. Er hat für diese entscheidende

Frage unseres Parlamentarismus ebensowenig wie seine Nachfolger eine endgültige Antwort gefunden.

Gerstenmaier hat nach langen Beratungen und wiederholten Erprobungen sein Einverständnis gegeben, daß Plenarsitzungen vom Fernsehen ausgestrahlt werden. Er hat so gut gewußt wie wir anderen, daß diese Maßnahme zwei Seiten hat. Zwar kann nun die Öffentlichkeit unmittelbar an Bundestagssitzungen teilnehmen, aber das Fernsehen lenkt auch den Blick auf die oft leeren Bänke, und keine Aufklärung vermag zu verhindern, daß daraus falsche Schlüsse gezogen werden.

Man ist auch an ihn schon herangetreten, die Ausschüsse öffentlich beraten zu lassen. Er hat dem widersprochen, in Übereinstimmung mit der überwältigenden Mehrheit der Abgeordneten. Würden die Ausschußsitzungen öffentlich, so würde auch hier das Gespräch über die Grenzen der Parteien und Fraktionen hinweg außerordentlich erschwert. Für die Wiederherstellung des Reichstagsgebäudes in Berlin hat er sich besonders eingesetzt. Der wiederaufgebaute Reichstag sollte nicht nur ein historisches Denkmal sein, sondern sichtbare Aufforderung zur Wiederherstellung des Ganzen. Auch die Errichtung eines anderen Gebäudes des deutschen Parlaments geht auf ihn zurück – eines Bauwerks, das im Volksmund, mit seinem Vornamen verknüpft, »der lange Eugen« genannt wird. Es ist als Architektur so umstritten wie viele moderne Hochbauten. Für Gerstenmaier war der Bau ein Mittel der dringlichsten Arbeitsraumbeschaffung, für Abgeordnete, die bis dahin zu zweien, ja dreien in kleinen und kleinsten Büros gesessen hatten. Auch das Parlament hatte damals die Notwendigkeit dieses Neubaus erkannt. Doch schon zum Zeitpunkt seiner Fertigstellung erwies er sich als unzureichend, weil durch eine neue Mitarbeiterregelung für Abgeordnete nunmehr wiederum für zwei Personen, also den Abgeordneten und seinen Mitarbeiter, nur ein Raum zur Verfügung stand. Nach wie vor leidet also, auch aus anderen funktionsbedingten Gründen, das Parlament an einem Raummangel, der die Verwirklichung einer an den parlamentarischen Erfordernissen orientierten Bauplanung als dringend notwendig erscheinen läßt.

Es muß der späteren Parlamentsforschung überlassen bleiben, eine umfassende Würdigung Eugen Gerstenmaiers als Parlamentspräsident vorzulegen. In allem, was er tat und sagte, ging es ihm um ein funktionstüchtiges Parlament als wesentlichster Bestandteil der Demokratie unseres freiheitlichen Rechtsstaates.

Als einer der wenigen überlebenden Widerstandskämpfer gegen Hitler – und zwar jener Gruppe, die das Attentat vom 20. Juli geplant und vorbereitet hat – hat Gerstenmaier eines der höchsten Ämter in der Bundesrepublik Deutschland bekleidet. So repräsentierte er als Parlamentspräsident, was von der Person nicht zu trennen ist: das »andere Deutschland«, das gegen Hitler und den Totalitarismus die nationale Tradition des freiheitlichen Rechtsstaates aufrechterhielt.

BRUNO HECK

Vorwort

Wer das Siebzigste vollendet, wird in der Last der Jahre, von denen der Psalmist spricht, den Segen erkennen, der ihm zuteil geworden ist; er wird wissen, daß die Zeit ein Lehen ist, verliehen, um in der Zeit der zu werden, der man sein soll, um in seiner Zeit zu wirken und sich zu bewähren; er wird auch den Willen, aus dem er gelebt hat, der Fügung, die ihm zugeteilt wurde, endgültig unterordnen.

Eugen Gerstenmaier hat ganz gewiß keinen Grund, die Kraft seiner Reife einer herbstlichen Melancholie anheimzugeben. Wer nur obenhin sieht, mag meinen, sein Leben habe die letzte Bestimmung doch nicht erfahren. Er selbst jedoch wird wissen, wie groß sein Sommer war, und daß ihm die letzte Bestimmung seines Lebens nur scheinbar vorenthalten werden konnte. Er wird spüren, daß er sich keineswegs im Exil der Wirkungslosigkeit befindet. Eugen Gerstenmaier hat vieles geschaffen und an vielem mitgewirkt, das heute eine kräftig sich belebende Nachwirkung erfährt und ihn zum teilnehmenden und klärenden Zeugen all dessen bestimmt, was von seinem Werk in Geltung geblieben ist. Und er wird erfahren, daß man in der Bescheidung ins Zugeteilte Hohes erreichen kann, noch über das hinaus, was man Größeres wollte.

Dieser Band, den wir Eugen Gerstenmaier zu seinem 70. Geburtstag in die Hand legen, kann das nur andeuten. Er ist keine Festschrift; er ist weniger und möchte mehr zugleich sein.

Weniger – denn ginge es um die Ehrung dieses Mannes (des »Jubilars« – ein Wort, das zu Gerstenmaiers strebender und tätiger Lebensweise schon gar nicht paßt), man hätte ein Vielfältiges an Stimmen sammeln können und sammeln müssen; und die Zeiten sind vorbei, da manche, die sich an der Vitalität des Mächtigen gerieben haben, an ihm im Straucheln Maß zu nehmen wünschten. Ein später Respekt sucht heute unauffällig zu entgelten, was einst an mediokren Vorurteilen sich ihm in den vorbedachten Weg gestellt hat. Wir, seine Freunde, erfahren ihn so kräftig wirksam unter uns, nachdenklich und besonnen, und dann und wann auch leidenschaftlich ausbrechend und polternd räsonierend – bis auf den heutigen Tag, daß wir gar nicht daran dachten, ihm jetzt schon eine Festschrift zu widmen, die dem Achtzigjährigen einmal angemessen sein mag. Heute glüht sein Leben noch in ungebrochener geistiger Kraft und spricht für sich selbst.

Mehr – denn dieser Band umfaßt die wichtigsten Bereiche, in denen Gerstenmaier seine Tatkraft bewährte.

Da ist der Widerstand gegen die Diktatur, dieser Akt des Opfers für eine verführte und verblendete Nation, der wohl nicht einmal ausschließlich dem Republikanischen, gewiß aber der Freiheit und der Menschenwürde verpflichtet war. Daß Eugen Gerstenmaier die Verfolgung überlebte, war Glück, war Gnade; man mag auch Vorsehung sagen, wenn man bedenkt, daß mit ihm repräsentativ und wirkmächtig der Geist jenes besseren Deutschland in die Ursprünge des neuen Deutschland mit eingebracht wurde, das neben den wenigen Überlebenden nur noch die Erinnerung an die vielen Toten als mahnende Zeugen hatte.

Da ist zum anderen die christliche Kirche; und hier ist es unnötig, ja, verfehlt, Gerstenmaier aus dem Geist einer der historischen kirchlichen Absonderungen deuten zu wollen. Ihn haben nicht Luther und Calvin geformt, sondern das Ganze der überlieferten Gemeinschaft um den einen Jesus Christus. Das, was der christliche Glaube alles und ganz umfaßt, nennt die alte griechische Sprache das Katholon, und es ist Gerstenmaier am ehesten gemäß, seine Kirchlichkeit in diesem Sinne eine katholische zu nennen.

Dann muß da das politische Feld genannt werden; auf ihm hat Eugen Gerstenmaier Maßstäbe gesetzt und Entscheidungen bestimmt. Was unserem Staat zunächst an historischer Kontinuität abging, hat er zu überbrücken gesucht, indem er seine Fortdauer ethisch begründete. Wo Patriotismus sich sonst geschichtlich belebt, hat er dieser Bundesrepublik die Freiheit als inneren Sinn aufgetragen – und ihr auf diese, dem geschichtlichen Augenblick entsprechende Weise zugleich den Weg eröffnet, sich mit der Vergangenheit zu vereinen. Er litt es nicht, daß die deutsche Politik nach dieser Katastrophe sich mit kurzen Zügen nur von einem Tag auf den anderen rettete. Sein Fragen war im Widerstand, in der Bereitschaft und im Angesicht des Todes gewachsen und kam aus einer Tiefe, von der herauf aufs Wesentliche hin entschieden werden mußte; und er hat seine Entscheidungen getroffen – wo es ihm notwendig erschien, unerbittlich in einem Maße, das ihn herrisch erscheinen ließ; und dann mit der Sicherheit eines Menschen, der seinen Standpunkt im Angesicht der Ewigkeit gefunden hatte. Das bewirkte die ihm eigene Kraft.

Dort war auch seine Arbeit auf publizistischem Gebiet angesiedelt. Er hat eine Zeitung gegründet, die trotz aller Schwankungen, die der Zeitgeist in den Medien bewirkt, seinen festen Charakter wie seinen bewahrenden Eigen-Sinn heute wie damals überliefert.

Unsere kleine Schrift kann diese vier Bereiche bei weitem nicht ausschöpfen; es könnte nicht einmal ihr Ehrgeiz sein, ihnen eine sichere Deutung zu geben. Sie reflektiert Begegnungen und Erfahrungen mit diesem hochbegabten und starken Mann; sie sucht über manches eine vorläufige Bilanz in seinem Sinn zu ziehen und manches wesentliche mit ihm weiter zu bedenken. Das alles sollte kein Beitrag zur Geschichtsschreibung sein, der Eugen Gerstenmaier ohnedies nicht entgehen wird; sie wird einmal sein Bild schon zeichnen, auch seine Widersprüche, sie übersteigern, ihn für vieles in Anspruch nehmen und anderes wieder gegen ihn vorbringen. So werden in der Vielfalt subjektiver Perspektiven, dann und wann auch auf wunderliche Weise überzeichnet, höchst unterschiedliche Gerstenmaiers entstehen. Daß er, der über lange Jahre hinweg das Innere der CDU markierte, eine innere Ambivalenz zum Sozialdemokratischen hin besessen haben soll, wird nicht die einzige Fehldeutung seines geschichtlichen Bildes in der Zukunft bleiben. Gerstenmaier ist bei aller Vielfalt seiner starken Begabung doch als Charakter im Ganzen zu kräftig, als daß er sich auch gegen liebevoll verfremdende Überzeichnungen nicht mit seinem wahren Charakter allemal durchsetzen wird.

Mit dieser Schrift wird jedoch nicht einer Vergangenheit, sondern einem zutiefst Lebendigen Reverenz erwiesen. Nicht Bilanz soll gezogen werden; allenfalls die Eröffnungsbilanz einer respektvollen Begegnung mit einem Mann, der dem Nichts zweimal – in einer heiligen wie in einer ordinären Version gegenüber stand und sich beide Male aus solcher Konfrontation hat erheben können.

Die Freiheit des Christenmenschen und die Pflicht gegenüber dem Vaterland, den Einsatz, bereit bis zum Tode und das Durchhalten in den Nächten der Heimsuchung – wie man beide erfüllt und beides leistet, das hat Eugen Gerstenmaier vorgelebt in einer Weise, die – ich weiß, es ist ein großes Wort, doch es ist wahr – der Nation gehört und die es zu begreifen gilt. Ich wüßte nicht, welch gewichtigerer Wunsch sich seinem 70. Geburtstag beigesellen ließe.

WIDERSTAND

FABIAN VON SCHLABRENDORFF

Sub specie aeternitatis

Wer da weiß, was Erinnerungen im Leben der Völker bedeuten, wird verstehen, wenn das deutsche Volk auch nach mehr als 30 Jahren immer wieder auf das Ereignis des 20. Juli 1944 zurückblickt. Man darf den Spott derer nicht fürchten, die das Auge nur in die Zukunft richten. Gerade wer im Spiegel der Vergangenheit zu lesen weiß, dem erschließt sich die Zukunft leichter.

Heute ist die Erkenntnis Allgemeingut, daß die Herrschaft Hitlers eine Tyrannis war. Nicht Allgemeingut aber ist die Erkenntnis, daß diese Tyrannis sich lange Jahre der Zustimmung von mehr als 90 % des deutschen Volkes erfreuen konnte, wenn man das Ergebnis der Wahl vom November 1933 zugrunde legt. Wer die Geschichte kennt, kann sich darüber nicht wundern. Schon Rudolf v. Ihering hat gesagt: »Den schnödesten Mißbrauch der Staatsgewalt haben die Völker ertragen, die Geißel des Attila und den Cäsarenwahnsinn der römischen Imperatoren, ja sie haben nicht selten Despoten, vor denen sie im Staube krochen, als Helden gefeiert, sich berauschend und weidend an dem Anblick elementarer Großartigkeit, menschlicher Machtansammlung, einer wilden, unwiderstehlichen Macht, die gleich dem Orkan in der Natur alles vor sich darniederwirft, in dem sie vergaßen und vergaben, daß sie selbst die Opfer waren.«

In den vergangenen 30 Jahren haben Publizisten, Historiker und Dichter zur Feder gegriffen, um das Phänomen der nationalsozialistischen Tyrannis und des gegen dieses Phänomen gerichteten Widerstandes aufzuhellen. Nicht alle diese Versuche befriedigen. Am wenigsten befriedigen sie denjenigen, der den Männern des Widerstandes nahegestanden hat. Das ist leicht zu erklären. Letzten Endes versteht man nämlich nur das, was man selber gesehen und miterlebt hat. Darum stellt sich heute nach 30 Jahren wie von selbst die Frage: Ist das, was vom Widerstand gegen Hitler am 20. Juli 1944 für die Welt sichtbar wurde, eine Epoche oder nur eine Episode?

Es gibt zwei Gesichtspunkte, von denen aus das Geschehen des 20. Juli 1944 betrachtet werden muß. Auf der einen Seite steht die Welt der Ideen, auf der anderen stehen die politischen Tatsachen.

Vom ideellen geschichtlichen Standpunkt aus herrscht weitgehend Übereinstimmung. Wer wie Hitler die Gebote Gottes und damit das Sittengesetz mit Füßen getreten, wer die Freiheit und das Recht bis zur Unkenntlichkeit verstümmelt hat, der ist sich der Feindschaft aller derer sicher, die ohne Freiheit und Recht nicht leben können. Freiheit und Recht aber haben ihren Urgrund in der Anerkennung Gottes. Der Nationalsozialismus war nicht bloß Unglaube an Gott. Er war, was einst der preußische Staatsrechtslehrer, der aus Süddeutschland stammende, vom Judentum zum Christentum gewandelte Friedrich Julius Stahl über den Rationalismus seiner Zeit gesagt hat: »Ein Gegenglaube an den Menschen.« Friedrich Julius Stahl hat es noch schärfer zum Ausdruck gebracht, wenn er von den schon im 19. Jahrhundert sichtbaren Gefahren sagte: »Der Mensch stößt in seinem Herzen Gott vom Throne und setzt sich selbst auf seinen Stuhl. Das ist die Urumwälzung. Alle andere Umwälzung ist nur die Folge.« Diese geschichtliche Entwicklung nennt Friedrich Julius Stahl Revolution. Für ihn ist Revolution »die Gründung des ganzen öffentlichen Zustandes auf den Willen des Menschen statt auf Gottes Ordnung und Fügung: daß alle Obrigkeit und Gewalt nicht von Gott sei, sondern von den Menschen, vom Volke; und daß der ganze gesellschaftliche Zustand zu seinem Ziele nicht die Handhabung der heiligen Gebote Gottes und die Erfüllung seines Weltplanes habe, sondern allein die Befriedigung und das willkürliche Gebahren der Menschen«. Aus dem gleichen Grunde meint Friedrich Julius Stahl: »Loyaler Widerstand gegen die Obrigkeit hat Gottes Gebot für sich. Thomas Morus, der dem Könige von England die Anerkennung seines angemaßten kirchlichen Supremats versagte, war kein Revolutionär. Selbst Johannes der Täufer war kein Revolutionär.«

Wer das erfahren hat, wundert sich nicht, daß die christliche Theologie aller Konfessionen den geistigen Grundstein für den Widerstand gegen Hitler und den Nationalsozialismus gelegt hat. Hätte das deutsche Volk im 20. Jahrhundert sich mehr mit Theologie befaßt und mehr von Theologie verstanden, so hätte es trotz der deutschen Niederlage im Ersten Weltkrieg, trotz Versailles, trotz Arbeitslosigkeit und trotz dem wirtschaftlichen Niedergang vor 1933 keinen Hitler und keinen Nationalsozialismus gegeben.

Die erhabenen Prinzipien des Rechtes, der Freiheit im Rahmen der Natur, der Gleichheit vor Gott und der Brüderlichkeit haben ihre Wurzeln nicht im Rationalismus, sondern im Christentum. Das hat uns schon Calvin gelehrt. Löst sich ein Volk wie das deutsche von dieser Wurzel, so bleiben nur Worte übrig. Worte allein aber vermögen nichts.

Nur wer in einer Tyrannis bewußt gelebt hat, weiß, daß es fast unmöglich ist, eine Tyrannis zu stürzen. Wenigstens nicht mit Worten. So ist es denn ganz natürlich, daß uns heute Festreden für den Widerstand anmuten wie Deklamationen. Denken wir an einen Dichter wie Carl Zuckmayer und sein Theaterstück: »Des Teufels General.« Dort gipfelt der Widerstand in der Gestalt des »Oderbruch«. Als dieser sich seinem General offenbart, spricht er von Freiheit und Recht. Heute nach 30 Jahren klingen seine Worte leer. Es fehlt ihnen das Pathos der Wirklichkeit. Das war in früheren Jahrhunderten anders. Als sich Napoleon zum Kaiser gekrönt hatte und die Errungenschaften der Französischen Revolution aufs äußerste bedroht waren, erkannte Johann Gottlieb Fichte in Napoleon die Personifizierung alles Bösen und Gottwidrigen. Deshalb konnte Fichte zum offenen Widerstand aufrufen und sagen: »Napoleon wäre der Wohltäter und Befreier der Menschheit geworden, wenn nur eine leise Ahnung ihrer sittlichen Bestrebung in seinen Geist gefallen wäre. Jetzt ist er eine Rute in der Hand Gottes, aber freilich nicht dazu, daß wir den entblößten Rücken hinhalten, um vor Gott ein Opfer zu bringen und zu schreien: Herr! Herr! wenn es recht blutet, sondern damit wir die Rute zerbrechen.« Diese Worte Fichtes erhellen den orphischen Urgrund jeder Auflehnung des Gewissens gegen seine Bedrohung bei allen denjenigen, die nicht in der fragwürdigen Geborgenheit des Konformismus, sondern nur in der eigenen Verantwortung leben. Es ist der Mensch, der die Maschine führt, die Waffen trägt, die Jugend erzieht, den Handel lenkt und die großen Industrien dirigiert. Für diesen Menschen haben die Männer des Widerstandes gekämpft, haben sie gelitten und sind sie gestorben.

Der 20. Juli 1944 hat mit einer Niederlage geendet. Die Kritiker machen teils technische Umstände, teils fehlerhafte Planung, teils mangelnde Durchschlagskraft für die Niederlage verantwortlich. Es soll nicht in Abrede gestellt werden, daß der eine oder andere Grund zur Niederlage beigetragen hat. Wer aber selbst am 20. Juli 1944 handelnd beteiligt war, der weiß es besser: Der wahre Grund lag in der Tatsache, daß die Zeit nicht erfüllt war. Die Massen des damaligen deutschen Volkes waren im Jahre 1944 nicht mehr für Hitler. Aber sie waren auch nicht gegen ihn. Sie standen abseits. Sie sahen sich nicht als Subjekt, sondern als Objekt des Geschehens. Sie glaubten an den Buchstaben des Eides und an die Pflicht des absoluten Gehorsams. Sie erkannten nicht, daß der Tyrann, der selbst zum Rebell geworden ist, den Widerstand des Volkes herausfordert, eines Volkes, das deswegen nicht mehr Rebell ist, weil der Tyrann vor ihm zum Rebell geworden war.

Nicht nur heute, sondern auch zur Zeit des Widerstandes haben juristische Überlegungen eine Rolle gespielt. Der

Hochverrat wurde vom Widerstand ausnahmslos bejaht, nicht dagegen das, was die Juristen Landesverrat nennen. Hier meldeten sich Bedenken der Positivisten. Auch heute noch gibt es Juristen, die den Widerstand bejahen, aber meinen, die Preisgabe von Angriffsterminen im Kriege erfülle juristisch den Tatbestand des Landesverrates. Wer so urteilt, kennt die Rechtsprechung des Reichsgerichts nicht. In den zwanziger Jahren wurde dem Reichspräsident Friedrich Ebert der Vorwurf des Landesverrats gemacht, weil er sich am Munitionsarbeiterstreik beteiligt hatte – nicht um diesen Streik zu fördern, sondern um die streikende Arbeiterschaft wieder in die Hand zu bekommen. Als dieser Prozeß schließlich in die letzte Instanz kam, stellte das Reichsgericht fest: Zum Tatbestand des Landesverrates gehört »das Bewußtsein und der Wille, der deutschen Kriegsmacht Nachteile zuzufügen. Bei der Prüfung, ob dieses Bewußtsein und dieser Wille vorhanden waren, muß das Gesamtverhalten ins Auge gefaßt sein. Ergibt sich, daß das Gesamtverhalten durch das Ziel beherrscht ist, von der Kriegsmacht des Deutschen Reiches größere Nachteile abzuwenden und für diese zu diesem Zweck die geringen benachteiligenden Handlungen in Kauf zu nehmen, so fehlt in bezug auf das Gesamtverhalten das Bewußtsein und der Wille der Benachteiligung.« Wendet man diesen im Jahre 1931 vom Reichsgericht aufgestellten Grundsatz auf die Fälle an, in denen Persönlichkeiten der deutschen Widerstandsbewegung mit ausländischen Mächten verhandelt haben, so ist kein Zweifel: Ihre Absicht war es, durch Inkaufnahme von Opfern das drohende Verhängnis von Deutschland zu wenden. Das gilt vor allem für die Handlungsweise des Generals Hans Oster, der im Falle Holland das angegriffene Land rechtzeitig gewarnt hatte. Nun wird gern gegen die Handlungsweise des Generals Oster eingewendet, seine Tat sei nur gerechtfertigt, wenn er mit an Sicherheit grenzender Wahrscheinlichkeit gewußt habe, daß seine Planung zu dem erstrebten Ziele führen werde. Wer zu einer solchen Beurteilung neigt, hat sich offenbar nicht klargemacht, daß unter dieser Einschränkung noch niemals und nirgends eine große Tat in der Geschichte vollbracht worden ist. Es ging gar nicht um etwaige deutsche militärische Verluste. Selbst wenn sie eingetreten wären, so hätten sie in gar keinem Verhältnis zu den Verlusten gestanden, die später durch Hitler und seine willfährigen zivilen und militärischen Gehilfen verursacht und verschuldet worden sind.

Nach dem 20. Juli 1944 wurde der pommersche Gutsbesitzer Ewald v. Kleist-Schmenzin zum Tode verurteilt und hingerichtet. Er hatte vor dem Kriege in London Verhandlungen geführt und – wenn auch vergeblich – England ermuntert, durch eine Flottendemonstration im Nassen Dreieck Hitler jeden Zweifel daran zu nehmen, daß ein Angriff auf Polen sich zu einem Weltkrieg ausweiten würde.

Über diese Verhandlungen hat, wie sich aus dem schwedischen Weißbuch ergibt, der schwedische Gesandte in Berlin an seine vorgesetzte Behörde berichtet. Diesem Bericht zufolge hat sich Kleist über die Mentalität der gegen den Nationalsozialismus gerichteten Opposition wie folgt geäußert: »Man sei sich in diesen Kreisen völlig klar darüber, daß Deutschland, wenn es nicht einen schnellen Sieg erringen könnte, den Krieg verlieren würde und daß die Friedensbedingungen, die die Deutschen nach einem langen und blutigen Krieg und einem vollständigen Zusammenbruch anzunehmen genötigt seien, furchtbar sein würden. Es erscheine daher als eine vaterländische Pflicht, die Existenz der Nation zu retten, um unnötige Opfer zu vermeiden.«

Mit anderen Worten: Die Persönlichkeiten des Widerstandes waren gezwungen, die schwankenden Deutschen wie folgt zu belehren: »Hitler – c'est la guerre.« Nach Kriegsausbruch galt es sie davon zu überzeugen: »Hitler – c'est la défaite.«

Als im Jahre 1938 sich die Lage immer mehr zuspitzte und der Krieg vor der Tür stand, schrieb der damalige Chef des Generalstabes des Heeres – Ludwig Beck –: »Es stehen hier letzte Entscheidungen über den Bestand der Nation auf dem Spiel. Die Geschichte wird diese Führer mit einer Blutschuld belasten, wenn sie nicht nach ihrem fachlichen und staatspolitischen Gewissen handeln. Ihr soldatischer Gehorsam hat dort eine Grenze, wo ihr Wissen, ihr Gewissen und ihre Verantwortung die Ausführung eines Befehles verbieten.«

Diese geschichtliche Tatsache immer wieder hervorzuheben und der Öffentlichkeit einzuhämmern, ist deshalb notwendig, weil gewisse Publizisten und Historiker nicht müde werden, vor der Öffentlichkeit alle Schuld der Nazizeit auf das Militär abzuwälzen. Sie verkennen, daß der Soldat grundsätzlich zum Gehorsam verpflichtet ist und nur außergewöhnliche Zeiten außergewöhnliche Mittel rechtfertigen. Weil Ludwig Beck in seiner Art, sich zu geben, dem alten Moltke und dem Grafen Schlieffen glich, findet immer wieder das Gerücht Nahrung, er sei ein Cunctator gewesen. In Wirklichkeit war er ein Mann des Wägens und des Wagens. Freilich kein Hasardeur, aber jemand, der schon 1938 gefordert hat, gegen die SS und die Bonzokratie der NSDAP in einer Weise vorzugehen, die nicht hart und brutal genug sein könne. Die Politiker, die das Ermächtigungsgesetz gebilligt und am 17. Mai 1933 der außenpolitischen Zielsetzung ihre Zustimmung gegeben haben, gelten heute als frei von Schuld. Nur das Militär, das nach der Weimarer Verfassung überhaupt keine politische Kompetenz hatte, soll angeblich die Hauptschuld am Untergang des Deutschen Reiches haben. Wer so urteilt, hat offenbar nicht die Worte des Generaloberst Ludwig Beck aus dem Jahre 1938 gelesen: »Meinungsverschiedenheiten über das Verhältnis zwischen Politik und Kriegsführung sowie fehlender Ausgleich zwischen den politischen Ansprüchen und Zielen und der militärischen Leistungsfähigkeit eines Staates können der erste und vielleicht entscheidende Schritt zum Verlust eines Krieges sein. Nicht umsonst weiß die Geschichte von Kriegen zu berichten, die gewonnen oder verloren waren, ehe sie begonnen hatten. Die Ursache war fast allemal Verdienst oder Schuld der Politik.«

Beck hat seinen Standpunkt, wie wir wissen, Hitler selbst mündlich vorgetragen. Hitler antwortete: »Die Wehrmacht ist ein Instrument der Politik. Ich werde der Armee ihre Aufgabe zuweisen, wenn der Augenblick gekommen ist. Die Armee hat diese Aufgabe zu lösen und nicht zu diskutieren, ob die Aufgabe richtig oder falsch gestellt ist.« Beck erwiderte: »Dieser Standpunkt ist für mich als Chef des Generalstabes unannehmbar. Die Verantwortung für Befehle, deren Inhalt ich nicht billigen kann, übernehme ich nicht.« Nach dieser Audienz hat Hitler zu dem damaligen Reichsjustizminister Gürtner gesagt: »Dieser Mann muß weg. Er ist der einzige General, der mir wirklich gefährlich werden kann.« Hitler war nicht nur ein Narr. Er hatte ein feines Gespür dafür, wo seine Gegner saßen. Sonst hätte er nicht die Generalobersten Freiherr v. Fritsch und Ludwig Beck teils beseitigt, teils zum Rücktritt gezwungen.

Carl Goerdeler, der Motor des deutschen Widerstandes, ein Mann von großem staatspolitischen Wissen und Können, von einer Erfahrung, die zu seiner Zeit von niemand anderem – auch nicht von Konrad Adenauer – erreicht wurde, war aufgrund ethischer Überzeugung ein Gegner des Tyrannenmordes. Er war ehrlich des Glaubens, man könne in persönlicher Aussprache Hitler davon überzeugen, er müsse zurücktreten und die Staatsführung anderen Männern überlassen. Man muß diese Auffassung respektieren und darf nicht leichtsinnig die Verantwortung für einen Tyrannenmord gutheißen. Aber in der Frage der gewaltsamen Beseitigung des Tyrannen war nicht Carl Goerdeler, sondern Ludwig Beck im Recht.

Diese und andere Meinungsverschiedenheiten haben gewisse Publizisten und Historiker immer wieder herausgearbeitet. Dieser Umstand erinnert an folgende Erzählung aus dem Munde des Generaloberst Ludwig Beck: Eines Tages habe ihn der Historiker Gerhard Ritter besucht. Dieser habe ihm erzählt, seine Forschungen aus der Zeit vor den Freiheitskriegen hätten ein für ihn neues Ergebnis zutage gefördert. Nahezu alle aus der Geschichte bekannten Persönlichkeiten aus der Zeit vor 1813 seien in Einzelheiten ganz verschiedener Ansicht gewesen. Beck hat dem Historiker Gerhard Ritter damals geantwortet: »Das ist richtig. Aber darauf kommt es nicht an. Worauf es ankommt, ist folgendes: Alle diese Männer haben aus einem einheitlichen Geist heraus gedacht und gehandelt.« Man muß mit Blindheit geschlagen sein, wenn man nicht erkennt, daß das gleiche Urteil auch auf die Persönlichkeiten des Widerstandes gegen das Dritte Reich zutrifft, gleichgültig, ob es sich um Theologen, Juristen, Beamte, Richter, Zivilisten oder Soldaten handelt.

Nun ist aber der Widerstand am 20. Juli 1944 gescheitert. Was besagt das? Ob dem Willen ein Vollbringen geschenkt wird oder nicht, sagt nichts über den Wert dieses Willens aus. Das Ja der Geschichte kann ein Nein des Gerichtes Gottes sein. Es gilt aber auch das Umgekehrte: Das geschichtliche Nein auf Golgatha ist zugleich ein göttliches Ja. So liegt auch im 20. Juli 1944 das Ja im Nein. Wohl mußte der Weg des Unheils zu Ende gegangen werden. Solange noch ein dürrer Ast des Unrechts vorhanden war, mußte auch die verzehrende Flamme des weltgeschichtlichen Gerichtes brennen. Ein edles Wollen aber wird in den Flammen des Gerichtes geläutert und trägt die Verheißung neuen Lebens in sich.

Wer das nicht wahrhaben will, möge bei Rudolf v. Ihering in seinem berühmten Buch »Der Zweck im Recht« nachlesen: »Im Notstand hört die Gültigkeit der für den Alltag gedachten Gesetze auf. Das gilt sowohl für das Leben des Individuums wie für das Leben der Völker und Staaten. Staatsstreiche bewegen sich nicht auf dem Boden der Gesetze. Sie durch Gesetze zu gestatten, ist vom Stande des Gesetzes aus ein Widerspruch in sich. Wäre der Buchstabe des Gesetzes das höchste auf dieser Erde, so wäre damit das Urteil über Staatsstreiche und Revolutionen besiegelt. Aber über dem Gesetz steht das Leben. Ein politischer Notstand, der sich zur Alternative zuspitzt: Das Gesetz oder das Leben trägt die Entscheidung in sich selbst. Der Staatsstreich opfert das Gesetz und rettet das Leben und damit das Recht. Solche Staatsstreiche appellieren an das Tribunal der Geschichte. Diese Instanz aber ist bis jetzt von allen Völkern als die höchste Instanz anerkannt worden. Das Urteil, das hier gefällt wird, ist endgültig. Im Widerspruch zum Gesetz schafft es das Recht.«

Alle diese Gedanken haben von den Männern und Frauen des deutschen Widerstandes Besitz ergriffen. So waren sie genötigt, sich von dem Buchstaben des Gesetzes zu lösen und sich ausschließlich auf das Gewissen zu stützen. Gewissen aber ist eine geheimnisvolle innere Stimme. Sie begleitet uns bei allen unseren Handlungen. Sie befiehlt uns, das Böse zu unterlassen. Sie zwingt uns zum Guten. Sie zwingt uns, gegen unseren eigenen Willen das Richtige zu tun. Heute versteht man unter Gewissensfreiheit gemeinhin die Abwesenheit eines bloß äußeren Zwanges. In Wahrheit aber ist das Gewissen das Gegenteil von Freiheit. Nur bei den Gewissenlosen kann von Gewissensfreiheit im Sinne der Abwesenheit eines äußeren Zwanges die Rede sein.

Manche Kritiker des Widerstandes bemängeln, daß in den Vorstellungen des Widerstandes für die zukünftige Gestaltung Deutschlands nach dem Sturz des Tyrannen so wenig von Demokratie die Rede ist. Von Demokratie zu reden ist freilich leicht, wenn der Kriegsgegner gesiegt hat und dem besiegten Volk die Demokratie aufzwingt. Aber was ist wirklich Demokratie? Ist es die Herrschaft des ganzen Volkes? Die Antwort kann nur Nein sein. Seit Herodot wissen wir: Demokratie ist die Herrschaft der Mehrheit. Es ist unmöglich, daß das ganze Volk herrscht. Herrschen kann immer nur ein Teil. Praktisch bedeutet Demokratie, daß das Volk seine Regierung wählt und diese dann im Namen des Volkes regiert. Demokratie leitet den Ursprung aller Macht von dem menschlichen Willen ab. Dieses Verständnis teilt sie mit allen anderen Staatsformen. Auch die Demokratie neigt dazu, den Umfang der Macht, die im Namen des Volkes geübt werden soll, über alles auszudehnen. Nicht von ungefähr hat in der Zeit des Kulturkampfes Freiherr Wilhelm v. Ketteler, der katholische Bischof von Mainz, vor dem deutschen Sendungsbewußtsein gewarnt. Er schloß an seine Warnung den heute beinahe prophetisch anmutenden Satz: »Wer weiß, welchen Weltberuf sich Rußland, welchen die nordamerikanischen Staaten sich einmal beilegen werden?« Im Jahre 1866 verfaßte Ketteler die Schrift »Ist das Gesetz das öffentliche Gewissen?« Seitdem Adolf Birke die innersten Gedanken des Bischofs Freiherr v. Ketteler der Öffentlichkeit vorgelegt hat, kennen wir auch die Einstellung Kettelers zum Liberalismus, den Ketteler des Zuges zum Absolutismus beschuldigt. Um dieses Zuges willen stellt Ketteler fest: Die staatliche Gewalt findet ihre Grenze an der Würde des Menschen, die sich im Gewissen manifestiert. Ketteler bestritt dabei dem Staat nicht das Recht, die Befolgung seiner Gesetze notfalls mit Gewalt durchzusetzen. In bestimmten Fällen werde der Staat genötigt sein, zum Schutze jener hohen Güter, deren Wahrung seine Bestimmung ist, einer Berufung auf die Freiheit des Gewissens mit Gewalt entgegenzutreten. Aber die Pflicht des Gehorsams gegen die Gesetze sei nicht unbedingt und nicht unbeschränkt. Kein Untertan sei verpflichtet, sich allen Gesetzen immer zu unterwerfen. Die Sittenlehre gehe von dem Gedanken aus, daß der Mensch nie und in keinem Falle gegen sein Gewissen handeln dürfe. Ketteler warnt vor der Überschätzung des Begriffes Volkssouveränität und meint in seiner aus dem Jahre 1862 stammenden Schrift »Freiheit, Autorität und Kirche«: »Man läßt das Volk hier und da an einem Wahlakt sich beteiligen und dann bringt man ihm die Meinung bei, daß deshalb nun alles nach seinem Willen geschehe.« 1866 schreibt Ketteler: Eine Volksvertretung laufe Gefahr, von der verfassungsmäßigen Fiktion zu leben, daß sie mit dem Volkswillen identisch sei. Damit werde das Parteiinteresse durch bloßen Majoritätsbeschluß zum ausschließlichen Gesetz erklärt, gegen das es keine Berufung auf ein übergeordnetes sittliches Gesetz und damit auf die Freiheit des eigenen Gewissens gäbe. Aus diesem Grunde hält es Ketteler für einen Irrtum, wenn die vom Volke gewählten Abgeordneten lediglich nach ihrem Willen und nach dem Willen derer, die sie bestellt haben, handeln, obwohl sie gehalten seien, in der Überzeugung zu leben, daß sie lediglich den Beruf und die Pflicht haben, einen in der göttlichen Ordnung begründeten Willen zum Ausdruck zu bringen.

Im Gegensatz zum Katholizismus steht der Protestantismus im Geruch des Quietismus. Gewiß war Martin Luther kein Anhänger des Widerstandes gegen den Tyrannen. Er war der Meinung, daß sowohl der geistliche wie der weltliche Tyrann geneigt sei, im Einzelfall über die von Gott gesetzte Schranke hinauszugreifen. Aber letzten Endes wisse der Tyrann sich an die ihm von Gott gesetzte Schranke in seinem Tun gebunden. Seit der Abhandlung von Johannes Heckel über Pflicht und Recht zum Widerstand bei Martin Luther ist eines ganz deutlich geworden: Luther unterscheidet von dem geistlichen und weltlichen Tyrannen die dritte Gestalt des Tyrannen, den apokalyptischen Tyrannen. Laut Johannes Heckel ist für Luther das Malzeichen des apokalyptischen Tyrannen die Tatsache, daß er sich über das geistliche und weltliche Reich erhebt. »Bei ihm heißt es nicht: Gewalt geht vor Recht [...] Bei ihm gilt vielmehr der Satz [...]: Hominis voluntas suprema lex esto!« Der dritte Tyrann stellt sich bewußt außerhalb alles Rechtes. Deshalb fordert in diesem Falle Luther: »Man muß dem Verbrecher ein Ende machen wie einem reißenden Tier und seine Helfer zurückschlagen wie Räuber.« Jedermann ist zur Abwehr aufgerufen und alles Zuwarten ist streng abzuweisen. »Nicht einmal entgegenstehende Gebote der eigenen Obrigkeit gelten in dieser Lage etwas [...] Hier hat das Volk das Recht und die Pflicht zur Revolution [...] Da muß jedermann mit Leibeskräften mitstreiten. Ehe ich meine Seele wollte lassen in die Hölle fahren, ich wollte alles dran stecken, was ich hätte und ein seditionem machen [...] Das positive Staatsrecht hört hier auf. Necessitas non habet legem positivam [...] Wenn die Gefahr vorüber ist, regiert allein das Naturrecht [...] So kann selbst der Untertan in die Lage kommen, hoheitliche Funktionen zugunsten des bedrohten Gemeinwesens ausüben zu müssen: Deficiente magistratu plebs est magistratus.«

Gewisse deutsche Publizisten lieben es, sich zunächst eine moralische Brille aufzusetzen, bevor sie geschichtliche Vorgänge beurteilen. Sie geben der Gesinnungsethik den Vorzug und beurteilen das geschichtliche Verhalten eines Menschen unter dem Gesichtspunkt, ob der Handelnde den Sittenkodex der Moral eingehalten habe. Große Historiker freilich, wie Leopold v. Ranke, haben der Verantwortungsethik den Vorrang eingeräumt. Es sind zwei verschiedene Betrachtungsweisen, ob das Verhalten eines Menschen unter dem Gesichtspunkt seiner Moral als Individuum oder seiner Verantwortung für andere gesehen wird.

Der Deutsche ist seinem Wesen nach apolitischer Natur. Er braucht eine Idee, für die er eintritt. Er findet, die Politik müsse moralisch sein. Politik dagegen ist elementar. Es ist das Handeln unter dem Gebot der Staatsraison. Vielleicht hat Burckhardt recht, wenn er sagt, die Macht an sich sei böse. Aber der kategorische Imperativ der Politik befiehlt dem Menschen, nach Macht zu streben. Das hat Martin Luther gesehen. Deshalb unterscheidet er auch zwischen zwei Regimenten: Dem Reich zur Rechten und dem Reich zur Linken. Für ihn ist diese Welt das Reich zur Linken, das Wirtshaus des Teufels. Es steht zwar auch unter dem Gebot Gottes. Aber in ihm gelten andere Spielregeln als in dem Reich zur Rechten. Darum hat Politik eine gewisse Eigenständigkeit. Weil wir Deutsche diesen Unterschied nur ungern zugeben, haben wir auch in der Politik so oft Schiffbruch erlitten. Diesen Punkt hat Ernst Niekisch mit großer Klarheit erkannt. Aus dieser Sicht stammt sein Wort von der politischen Daseinsverfehlung des deutschen Volkes. Auch in der deutschen Geschichte gibt es große Höhepunkte. Aber die Wellentäler nehmen den eigentlichen breiten Raum ein. Wir schwärmen für Geist und nicht für Macht. Wir Deutsche bejubeln den Glauben von Rousseau an die ursprüngliche Güte der Menschennatur. Für die Menschenverachtung eines Machiavelli haben wir nur Empörung. Deshalb verstehen wir auch nicht seinen Satz, »daß die Menschen niemals etwas Gutes tun, wenn sie nicht dazu gezwungen sind; sondern daß alles in Verwirrung und Unordnung gerät, sobald ihnen freie Wahl bleibt und sie sich gehenlassen«.

Seit der Niederlage von Stalingrad wurde im deutschen Volke ein Gespür dafür wach, daß dieser Krieg verloren war. Aber ein großer Teil der Deutschen zog es vor – wie Treitschke sagte – »sich die Hände zu wärmen an den rauchenden Trümmern seines Vaterlandes«. Der eine berief sich auf seinen Eid, der andere meinte, man dürfe der Regierung seines eigenen Staates nicht in den Rücken fallen. Nur das persönliche Gewissen ließ man gelten, weil der Deutsche der individuellen Sittlichkeit verhaftet ist, ohne zu erkennen, daß dieser Kodex im Raum der Politik keinen Platz hat.

Seit Stalingrad ging es in erster Linie nicht mehr um Recht und Freiheit. Es ging vielmehr um das nackte Leben – und um die Macht. Aber zur Macht hat der deutsche Bürger kein Verhältnis. Max Weber hat 1895 in einer Rede die geschichtliche Situation Deutschlands wie folgt dargestellt: »Die Erlangung ökonomischer Macht ist es zu allen Zeiten gewesen, welche bei einer Klasse die Vorstellung ihrer Anwartschaft auf die politische Leitung entstehen ließ. Gefährlich und auf die Dauer mit dem Interesse der Nation unvereinbar ist es, wenn eine ökonomisch sinkende Klasse die politische Herrschaft in der Hand hält. Aber gefährlicher noch ist es, wenn Klassen, zu denen hin sich die ökonomische Macht und damit die Anwartschaft auf die politische Herrschaft bewegt, politisch noch nicht reif sind zur Leitung des Staates. Beides bedroht Deutschland zur Zeit und ist in Wahrheit der Schlüssel für die derzeitigen Gefahren in unserer Lage. Und auch die Umschichtungen der sozialen Struktur des Ostens, mit denen die im Eingang besprochenen Erscheinungen zusammenhängen, gehören in diesen größeren Zusammenhang.

[...] Die Kraft der politischen Instinkte des Junkertums war eines der gewaltigsten Kapitalien, welche im Dienst der Machtinteressen des Staates verwendet werden konnten. Sie haben ihre Arbeit geleistet und liegen heute im ökonomischen

Todeskampf, aus dem keine Wirtschaftspolitik des Staates sie zu ihrem alten sozialen Charakter zurückführen könnte.

Die Gutshöfe des Ostens waren die Stützpunkte der über das Land dislozierten herrschenden Klasse Preußens, der soziale Anschlußpunkt des Beamtentums – aber unaufhaltsam rückt mit ihrem Zerfall, mit dem Schwinden des sozialen Charakters des alten Grundadels der Schwerpunkt der politischen Intelligenz in die Städte. Diese Verschiebung ist das entscheidende politische Moment der agrarischen Entwicklung des Ostens.

[...] Wenn ich mich frage, ob das Bürgertum Deutschlands heute reif ist, die politisch leitende Klasse der Nation zu sein, so vermag ich heute nicht diese Frage zu bejahen [...] Wer heute der deutschen Arbeiterklasse sagen würde, sie sei politisch reif oder auf dem Wege zur politischen Reife, der wäre ein Schmeichler und strebte nach der fragwürdigen Krone der Popularität.

[...] Kümmerliche politische Kleinmeister sind sie – es fehlen ihnen die großen Machtinstinkte einer zur politischen Führung berufenen Klasse [...] Wir fragen auch sie nach ihrer politischen Reife, weil es für eine große Nation nichts Vernichtenderes gibt als die Leitung durch ein politisch unerzogenes Spießbürgertum.

Das Drohende unserer Situation aber ist, daß die bürgerlichen Klassen als Träger der Machtinteressen der Nationen zu verwelken scheinen und noch keine Anzeichen dafür vorhanden sind, daß die Arbeiterschaft reif zu werden beginnt, an ihre Stelle zu treten.«

Wäre es gelungen, die vorbürgerlichen Schichten mit den nachbürgerlichen Schichten zu einer Einheit zu verschmelzen, so wäre in Deutschland eine politische Kraft entstanden, die das Schicksal Deutschlands für immer hätte wenden können. Diese Möglichkeit aber hat die Weimarer Republik verpaßt. Männer wie Stauffenberg, Beck, Witzleben, Tresckow, Julius Leber und Adolf Reichwein haben es erkannt und bestätigt. Aber sie kamen zu spät. Das deutsche Volk hat sie nie verstanden. So unterlagen die Deutschen denn dem Gesetz, daß es dem Christen wohl gegeben ist zu sterben, aber nicht gegeben ist zu siegen.

Wäre die Tat vom 20. Juli 1944 gelungen, so wäre die Zerstörung des Deutschen Reiches um ein erhebliches Maß geringer gewesen. Die Zahl der Toten und Verwundeten wäre in einem Rahmen geblieben, den ein großes und starkes Volk noch gerade hinnehmen kann. Aber dem Kampf um die Macht stand das deutsche Volk fern. Es glaubte nicht an Tatsachen, sondern an Ideologien. Wie sagt doch Martin Luther von dem deutschen Volk?: »Es sah mehr auf das Maul als auf die Fäuste.« So erscheint denn der Deutsche – von wenigen Ausnahmen abgesehen – auch in der Geschichte des 20. Jahrhunderts in seiner großen Sternstunde als Don Quijote. Eines wird man anerkennen müssen: Unter den Millionen von Deutschen fand sich eine nicht geringe Zahl, für die das Wort der Bibel verpflichtend war: »Was hülfe es dem Menschen, wenn er die ganze Welt gewönne und nähme doch Schaden an seiner Seele?« Diese Menschen gleichen den Lilien auf dem Felde. Ihnen gebührt Ehrfurcht. Die anderen dagegen, die für Freiheit und Gleichheit, für Fortschritt und Zivilisation, für Völkerversöhnung und den ewigen Frieden schwärmten, wurden das Opfer der Politik anderer.

Der staatliche Daseins- und Machtwille hat etwas anderes zum Ziele. Machiavelli drückt es wie folgt aus: »Wo es sich um Sein oder Nichtsein des Vaterlandes handelt, darf nicht in Betracht kommen, ob etwas gerecht oder ungerecht, menschlich oder grausam, löblich oder schändlich ist, man muß vielmehr mit Hintansetzung jeder Rücksicht die Maßregeln ergreifen, die ihm das Leben retten und die Freiheit erhalten.«

Man sah und sieht in Machiavelli nur die tiefe Unsittlichkeit seiner Staatslehre. Was uns abstößt, ist die Tatsache, daß er nur weiß, wie man die Macht erwirkt und bewahrt. Aber die Macht selber hat für ihn gar keinen Inhalt. Wir dagegen wissen: Die erworbene Macht muß sich rechtfertigen. Sie muß das Leben und die Freiheit des Volkes schützen. Was man auch gegen Machiavelli sagen mag, eines wird bleiben: Er hat zum ersten Mal die Tatsache ausgesprochen: »Der Staat ist Macht.« In der Antike hat niemand an dieser Wahrheit gezweifelt, weil das Altertum den tiefgreifenden Unterschied zwischen dem Einzelmenschen einerseits und dem Menschen in der Gesamtheit des Staates andererseits nicht kennt. In der Antike hat man gewußt, daß Mäßigung ein Teil des Machtbewußtseins ist. Man wußte um die Grenzen weltlicher Macht.

Der Mensch unseres Jahrhunderts unterliegt dem Irrtum, daß die Idee des Fortschritts die eigentliche Lokomotive der Geschichte sei. Er glaubt an Argumente. Er hat vergessen, daß ein politischer Mensch allenfalls Gründe anzuführen weiß, weil er gehandelt hat. Nur der unpolitische Mensch wird durch Ideologien zum Handeln veranlaßt.

Vielen unserer Zeitgenossen fällt es unangenehm auf, daß in dem Widerstand gegen Hitler und den Nationalsozialismus die Militärs mehr und mehr in den Vordergrund getreten sind. Das liegt einmal daran, daß Widerstand gegen einen Tyrannen nicht mit Worten zum Siege geführt werden kann, auch nicht mit den Mitteln des persönlichen Martyriums. Zum anderen wußte der im Widerstand stehende Soldat aus bitterer Erfahrung, daß die Ablehnung des Tyrannenmordes einer Proklamation des Willens zur Ohnmacht gleichkam. So war es denn notwendig, alle Gesetze und alle Lehrbücher aus der Hand zu legen. Wer um die Macht im Staate kämpfte, mußte wissen: Der Staat ist keine Akademie der Künste, keine moralische Anstalt und keine Wohlstandsinstitution. Wie sagt doch Schiller vom Menschen: »Zum letzten Mittel, wenn kein andres mehr verfangen will, ist ihm das Schwert gegeben.« Theodor Heuss hat im Jahre 1954 bei einer Gedenkrede über den 20. Juli 1944 aus Wilhelm Tell zitiert. Diesen Satz zu erwähnen, hat er unterlassen.

Die Vorstellungen eines Goerdeler, eines Popitz, des Kreisauer Kreises und anderer Persönlichkeiten über die Zukunft des Deutschen Reiches tragen alle – so verschieden sie auch im einzelnen sein mögen – einen illiberalen Zug. Das zeigt sich am besten darin, daß sie der Persönlichkeit, die sie an die Spitze des neuen Deutschen Reiches stellen wollten, den Generaloberst Ludwig Beck, eine nicht unerhebliche Machtbefugnis in die Hand zu geben gewillt waren. Gewiß, der Reichsverweser sollte außerhalb der Tagespolitik stehen. Diese zu leiten war Sache des Reichskanzlers. Aber für den Fall der Not und der mangelnden Übereinstimmung der Staatsorgane sollte der Reichsverweser das Recht und die Pflicht haben, die Autorität des Staates zu wahren.

Es liegt auf der Hand, daß und warum die Bundesrepublik Deutschland diese Ideen nicht übernommen hat. Sie war eben nicht mehr das Deutsche Reich. Sie war nur noch ein Fragment der Macht, die einst im Jahre 1871 durch die Einigung des deutschen Volkes unter der gleichzeitig starken und feinfühligen Hand eines Bismarck zustande gekommen war. Nicht nur in den Geschäften des alltäglichen Lebens, sondern auch in der Geschichte können Rechte für immer verwirkt werden. Dieser Zustand war 1945 eingetreten. Es mußte deshalb ein Neuaufbau gewagt werden. Diese Vorstellungen hatten mit der Mentalität der Vergangenheit nichts mehr gemein. Mit ihnen aber ist das Andenken an den 20. Juli 1944 nur schwer zu vereinbaren. Wer Gespür für das Empfinden des deutschen Volkes von heute hat, weiß, daß man den 20. Juli 1944 nur wenig kennt. Und wenn man ihn kennt, empfindet man ihn beinahe als einen Vorwurf. Der 20. Juli war kein Ereignis aus der Tiefe des deutschen Volkes. Hieran ändern auch keine noch so gut gemeinten Festreden, Rückbesinnungen und Deklamationen etwas. Der 20. Juli 1944 ist eben in der Geschichte des deutschen Volkes keine Epoche, sondern nur eine Episode.

Der Bundestag der Bundesrepublik war schlecht beraten, als er im Jahre 1968 dem Art. 20 des Grundgesetzes einen vierten Absatz hinzufügte. Dieser lautet wie folgt: »Gegen jeden, der es unternimmt, diese Ordnung zu beseitigen, haben alle Deutschen das Recht zum Widerstand, wenn andere

Abhilfe nicht möglich ist.« Das klingt zwar sehr gelehrt, aber ist politisch instinktlos, weil man das Widerstandsrecht nicht positiv gesetzlich regeln kann. Der Widerstand bedarf keiner rechtsstaatlichen Weihe. Wer nur über Intellekt verfügt, mag vielleicht meinen, man könne alle Dinge des Lebens normieren. Aber Ferdinand v. Martitz wußte es besser. Als er im Jahre 1880 zum preußischen Verfassungskonflikt über das Haushaltsrecht sprach, erklärte er, es klinge geradezu wie Hohn, Krisen zu Rechtsinstituten zu machen, Krisen, wo der Staat am Rande des Abgrundes stehe und wo ein Sprung in das Dunkle zu wagen sei.

Einer unserer Großen hat diese der deutschen Geschichte eigene Einmaligkeit und Einsamkeit gefühlt. Nur so läßt es sich erklären, daß Bismarck am 17. Februar 1847 an seine Braut schrieb: »Das irdisch Imponierende und Ergreifende, was mit menschlichen Mitteln für gewöhnlich dargestellt werden kann, steht immer in Verwandtschaft mit dem gefallenen Engel, der schön ist, aber ohne Frieden, groß in seinen Plänen und Anstrengungen, aber ohne Gelingen, stolz und traurig.«

EWALD HEINRICH VON KLEIST

Ein Brief über Eugen Gerstenmaier

Ich habe Gerstenmaier zum ersten Mal am 20. 7. 1944 gesehen, wo er in einer zum Teil ungewöhnlich hektischen und auch konfusen Situation eine bemerkenswerte Ruhe und Gelassenheit ausstrahlte. Es ist besonders überraschend, daß man dies damals realisierte, denn er war in der Bendlerstraße als Zivilist, und das, was dort abrollte, hatte ein ausgesprochen militärisches Vorzeichen. Ich habe ihn dann kennengelernt im Gefängnis des Volksgerichtshofs, später als Abgeordneten, als Präsidenten des Bundestages und in der Zeit danach. Der für mich mit großem Abstand beeindruckendste Gerstenmaier war der Häftling im Gefängnis des Volksgerichtshofs. Es waren damals viele bekannte und schätzenswerte Persönlichkeiten ebenfalls dort. Auch bei diesen Vergleichen war die Haltung Gerstenmaiers eminent. Sie können sich vorstellen, daß, wenn man nicht weiß, ob man den Abend des Tages noch erlebt, Masken und Theater, die sonst von Bedeutung sind, unwichtig werden. Ich habe damals wenige Menschen erlebt, die eine so feste, aufrechte, entschlossene, nichts bereuende, sondern im Gegenteil, zu ihren Taten stehende Haltung zeigten, wie Eugen Gerstenmaier. Mich hat dabei immer besonders beeindruckt, daß man das Gefühl hatte, daß er seine Kraft aus einem ganz fest fundierten und klaren Glauben an Gott bezog. Eine andere, unter den damaligen Umständen höchst ungewöhnliche Seite an ihm war, daß er sich nicht nur für seinen eigenen Kopf interessierte, sondern wohl mehr noch Anteil nahm am Geschick seiner Mitgefangenen. Unter den wirklich sehr schweren Bedingungen damals war Gerstenmaier ein beeindruckendes und überzeugendes Beispiel.

Dieses ist der kurze Tatbestand, von dem ich vorhin sprach und er ist, wie ich finde, ganz ungewöhnlich – auch nach über 30jährigem Abstand finde ich das immer noch –, aber er reicht nicht für 30 Seiten.

München, 5. Mai 1976

GERHARD LEIBHOLZ

Die Deutschlandpolitik Englands im Zweiten Weltkrieg und der Widerstand

I.

Mit den Männern und Frauen des deutschen Widerstandes gegen die nationalsozialistische Gewaltherrschaft verband Eugen Gerstenmaier, der dem Kreisauer Kreis angehörte, der Glaube, daß das deutsche Volk durch dieses Regime gröblich verführt und getäuscht worden war.

Für den Widerstand war dieses Regime letzthin unerträglich geworden, weil es die Subjektqualität und den Eigenwert des Menschen aufgehoben und den Menschen nur noch zu einem rein instrumental zu verstehenden Objekt herabgewürdigt hatte. Nur unter diesen Denkvoraussetzungen war es z. B. möglich gewesen, den Plan, Millionen von Menschen, von Juden und Angehörigen anderer angeblich minderwertiger Rassen und Völker, von Kranken im Reich und in den okkupierten Ländern, auszulöschen, in die politische Wirklichkeit umzusetzen.

Unter diesen Umständen gab es für den Widerstand keine andere Wahl – gegebenenfalls auch entgegen der das wahre Recht denaturierenden Legalität – als aufzustehen und eingedenk des Wortes Jeffersons, daß Revolution gegen Tyrannis Gehorsam gegen Gott sei, ihr Leben für die Beseitigung derselben einzusetzen.

Dabei unterschied sich grundsätzlich die deutsche Widerstandsbewegung von allen anderen Widerstandsbewegungen in den vom Nationalsozialismus überrannten Ländern dadurch, daß die letzteren zugleich nationale Freiheitsbewegungen waren, mit deren Hilfe das Joch einer Okkupation beseitigt werden sollte. In Deutschland war die Situation eine grundsätzlich andere. Hier war man sich der besonderen, tragischen Situation bewußt, in der sich das deutsche Volk befand. Diesem konnte nicht – wie den anderen Völkern mit Hilfe ihrer Widerstandsbewegungen – bei einem Gelingen des Umsturzes die nationale Freiheit in Aussicht gestellt werden.

Trotzdem war auch unter national-patriotischen Motiven der deutsche Widerstand, wie er sich am 20. Juli 1944 am sichtbarsten offenbarte, legitim; und es war kein geringerer als Eugen Gerstenmaier selbst, der 1944 im Hofe des damaligen Oberkommandos des Heeres in Berlin gerade die patriotischen Motive der deutschen Widerstandsbewegung eindrücklich hervorhob.

Gewiß war der Krieg im Sommer 1944 hoffnungslos verloren. Und doch hätte ein Gelingen des Umsturzes die Gesamtsituation um ein vieles verbessern können. Ein Erfolg des 20. Juli hätte das sofortige Ende des Krieges bedeutet. Die Folgen wären gewesen: Millionen von Menschen in der Heimat und im Felde wäre das Leben erhalten geblieben, vielen deutschen Städten wäre das Schicksal erspart geblieben, das einige Monate später z. B. Dresden ereilte. Hunderttausende von Menschen wären vor der Vergasung bewahrt worden.

Hinzu kommt, daß ein gelungener Umsturz auch noch zur rechten Zeit die Ehre der deutschen Nation den anderen Nationen gegenüber wiederhergestellt haben würde. Ein sichtbares Zeichen wäre gesetzt worden, daß es auch im Dritten Reich noch ein anderes Deutschland gab als das, dem Hitler seinen Namen geliehen hatte. Gesehen unter diesem Aspekt, hat vielleicht die Tatsache, daß der Umsturz gewagt wurde, als er kaum noch erfolgversprechend zu sein schien, besser seine Leuchtkraft entfalten können, als wenn dem Versuch, das Regime zu beseitigen, Erfolg beschieden gewesen wäre.

Die Ereignisse des 20. Juli bezeugten, daß hier – vor die letzte Alternative gestellt – Männer bereit waren, in einer militanten Form gegen eine Unrechtsordnung, die das Leben zu zerstören geeignet war, aufzustehen, um an deren Stelle eine neue politische Ordnung zu setzen, die auf dem Respekt der Freiheit, der Menschenwürde, der Humanität und des Rechtes gegründet war. Diese Männer standen auf – letzthin, weil ihr Gewissen sie so zu handeln zwang. Man hat nicht zufällig in diesem Zusammenhang von einem »Aufstand des Gewissens«, einem »moralischen Aufstand gegen die Barbarei« gesprochen (M. Beaumont). Wie Graf Stauffenberg sagte: »Wir haben uns vor Gott und unserem Gewissen geprüft. Es muß geschehen!« Es war diese Unruhe des Gewissens, die die mit dem Sterben konfrontierten Männer ihren Opfergang gehen ließ.

Von einer anderen Perspektive aus gesehen, kann man die damaligen Geschehnisse auch so umschreiben: Beim deutschen Widerstand handelte es sich im Grunde genommen um ein säkulares Ereignis von geschichtlicher Bedeutung – ein Ereignis, das vom Nationalsozialismus sozusagen gegen seinen Willen produziert wurde, weil hier die humanitas das nationalstaatliche Prinzip transzendiert und damit zugleich relativiert hat. Daher können die Ereignisse des 20. Juli 1944 und des gesamten Widerstandes mit den uns geläufigen, aus dem Zeitalter des Nationalstaates und des bürgerlichen Rechtsstaates stammenden Kategorien auch nicht gemessen werden. Abwegig ist daher der Versuch, diese Bewegung danach zu beurteilen, ob etwa an ihr Konservative oder Liberale oder Sozialisten oder auch Kommunisten beteiligt gewesen waren. In Wirklichkeit waren diese Unterscheidungen durch den Gang der Ereignisse längst eingeebnet, und Begriffe wie Kaste, Klasse, Partei, Konfession einer dem Gewissen und den Befehlen Gottes unterworfenen Gemeinschaft unterstellt worden, die eines zusätzlichen Mandates nicht bedurfte. So erklärt sich, warum letzten Endes auch die Ereignisse des 20. Juli mit den traditionellen Kategorien des politischen Strafrechtes des Nationalstaates nicht gemessen werden können. Die Paragraphen des Hoch- und Landesverrates erweisen sich in einer solchen Situation nicht mehr als anwendbar;

sie waren im Grunde genommen obsolet geworden. Im übrigen war das nationalstaatliche Prinzip durch die totalitären Ideologien schon vor dem Kriegsausbruch in Frage gestellt worden. Der Nationalsozialismus ebenso wie der Marxismus-Leninismus bisheriger Prägung – man denke an die Geschehnisse in der DDR (1953), in Ungarn (1956) und in der Tschechoslowakei (1968) wie überhaupt an die Breshnew-Doktrin – fordern ideologisch den Vorrang vor dem nationalstaatlichen Prinzip und scheuen sich nicht, rücksichtslos die Konsequenzen zu ziehen, die sich aus diesem Vorrang ergeben. Insoweit handelte es sich bei den das nationalstaatliche Prinzip transzendierenden Ereignissen des 20. Juli – wenn man dies so ausdrücken darf – eigentlich nur um einen »Nachholbedarf«, der, wie es bei Geschehnissen von weltpolitischer Bedeutung nicht selten der Fall ist, mit einem Meer von Blut erkauft worden ist. So versteht man, warum die Führer des deutschen Widerstandes das Exemplarische ihres Handelns nicht mehr an realpolitischen Kategorien des Erfolges messen konnten und wollten.

II.

Diese Auffassungen liegen auch einem zeitgeschichtlichen Aufsatz zugrunde, den Eugen Gerstenmaier vor etwa zwei Jahren in einem ihm nahestehenden Blatt (Deutsche Zeitung/Christ und Welt vom 23. Mai 1975) veröffentlicht hat:

Hier ist u. a. bemerkt worden, daß es sich bei dem Zweiten Weltkrieg anders als bei dem Ersten um eine Auseinandersetzung zwischen zwei Ideologien gehandelt hat. Möge es sich bei diesem Konflikt auch zugleich um die Bewahrung und Ausweitung von Herrschaftsbereichen gehandelt haben, wie dies bei den herkömmlichen nationalstaatlichen Auseinandersetzungen der Fall zu sein pflegt, so handle es sich doch bei dem Zweiten Weltkrieg zunächst und primär um die Niederzwingung der totalitären Diktatur in der Gestalt des Nationalsozialismus. Daß diese ideologische Frontstellung durch Hitlers Angriff auf Rußland und der sich hieraus ergebenden ideologischen, sinnwidrigen Kriegsallianz der Westmächte und Sowjetrußlands verzerrt wurde und aus diesem Bündnis sich eine ideologische Widersprüchlichkeit ergab, die mühsam durch Illusionen und Fehldeutungen, wie z. B. der Atlantik-Charta, den Erklärungen von Teheran und Jalta zugedeckt wurde, ist von Gerstenmaier in diesem Zusammenhang ebenso erkannt worden wie die Tatsache, daß die allgemeinen Grundsätze der Atlantik-Charta im Verlaufe des Krieges hinter den nationalstaatlichen Zielsetzungen der Westmächte mit fortschreitender Zeit immer mehr in den Hintergrund traten.

Zugleich aber wird in diesem Aufsatz mit Nachdruck hervorgehoben, daß es – wenn auch nur vereinzelt – Stimmen in England gab, die der offiziellen Kriegs- und Bündnispolitik der von Churchill in Übereinstimmung mit der von Lord Vansittart maßgeblich bestimmten öffentlichen Meinung mutig widersprachen.

In diesem Zusammenhang wird mit Recht vor allem der Bischof von Chichester hervorgehoben, der der nationalistischen Verfälschung eines primär ideologischen Konfliktes im Laufe der Jahre immer entschiedener widersprach und vor den Gefahren einer solchen Fehldeutung seine warnende Stimme erhob. In Wirklichkeit war der Bischof – so meinte Gerstenmaier – mit der These vom primär ideologischen Charakter dieses Zweiten Weltkrieges geschichtlich realistischer als ... Winston Churchill. Er kämpfte während des ganzen Krieges gegen die Formel von der »bedingungslosen Kapitulation Deutschlands«. Am 10. März 1943 kam es wegen dieses »Slogan« zu der berühmten Anfrage des Bischofs im House of Lords[1], in der er unter eingehender Begründung und Hinweis auf die Existenz einer starken Opposition in Deutschland die englische Regierung bedrängte, endlich eine klare Unterscheidung zwischen »the Nazis and the Hitlerite State« auf der einen Seite und »the German people as a whole« zu machen. Tatsächlich hat die unglückselige Formel von Casablanca viel dazu beigetragen, daß der zum Äußersten entschlossene Widerstand gegen Hitler in eine lähmende, tragische Lage geriet.

III.

Der Verfasser dieses Beitrages hat während des Krieges in England persönlich engen Kontakt mit dem Bischof von Chichester (und einigen, dem Bischof und dem Verfasser gemeinsam bekannten Persönlichkeiten) unterhalten. Dieser Kontakt hat u. a. auch in einer umfangreichen Korrespondenz ihren Niederschlag gefunden. Es sei gestattet, einige aus dem Englischen ins Deutsche übertragene Äußerungen des Verfassers hier zum Abdruck zu bringen, die die Koincidenz seiner Auffassung mit der des Bischofs von Chichester und des Widerstandes unter Beweis stellen.

Im einzelnen beziehen sich diese Äußerungen auf den primär ideologischen Charakter des Zweiten Weltkrieges, auf das mit diesem nicht zu vereinbarende Sicherheitsdenken, das schon in der Atlantik-Charta ihren Niederschlag gefunden hatte (vgl. die geplante, einseitige Abrüstung eines nach-nationalsozialistischen Deutschlands), auf den Rückfall in ein mehr und mehr nationalstaatliches Denken in England im Gefolge des Zweiten Weltkrieges, auf den Kampf gegen den als spezifisch »preußisch« empfundenen Militarismus und die Formel von der »bedingungslosen Kapitulation«, sowie schließlich auf die Unfähigkeit, eine konstruktive Friedenspolitik zu treiben und von der reinen Machtpolitik sich zu trennen und zwischen dem Phänomen des Nationalsozialismus als solchem und Deutschland zu unterscheiden[2].

»Oxford, 2. September 1941
Rußland bekämpft die Deutsche Nation nicht als Ganzes [...] vor allem nicht ein kommunistisches Deutschland. Im

Gegenteil würde ein solches alle erdenkliche politische, militärische und wirtschaftliche Hilfe empfangen. Rußland würde nicht auf einer Besetzung beharren, nicht auf Umerziehung, moralischer Diskriminierung, [...] selbst nicht auf Abrüstung [...]

Daher könnte wieder geschehen, was schon früher geschehen ist: Einem liberalen Deutschland wurden gewisse Lebensrechte verweigert, die dann einem nationalsozialistischen Deutschland vorbehaltlos zugebilligt wurden. Es könnte wieder geschehen, daß einer neuen Regierung ein diktierter Friede angeboten wird, der zur Folge haben könnte, daß Deutschland friedlich kommunistisch werden würde [...] Eine spätere, westlich orientierte deutsche Regierung sollte vom Westen ebenso behandelt werden, wie Rußland ein kommunistisches Deutschland behandeln würde.

Eine neue internationale Ordnung, die diesen Namen verdient, setzt gemeinsam verbindende Werte voraus, durch die die Glieder der Gemeinschaft miteinander verknüpft werden [...] Ein gemeinsames geistiges Band zwischen den Nationen ist wichtiger als der Gebrauch reiner Macht und von auf Gewalt beruhenden Absicherungen und Plänen, Verfassungen usw.«

»Oxford, 11. Januar 1942
Die entscheidende Frage ist, wie kann man Sicherheit garantieren? Die Westmächte verweisen auf den Atlantik-Pakt mit seinem Vorbehalt, Deutschland einseitig abzurüsten. Aber eine echte Sicherheit kann doch nur dann gewährleistet werden, wenn die Nationen durch gemeinsame Überzeugungen sittlicher und religiöser Art miteinander verbunden sind [...]

Macht allein im Sinne der in Aussicht genommenen einseitigen Abrüstung, wie sie der Atlantik-Pakt vorsieht, vermag eine neue Ordnung nicht wahrhaft zu sichern [...]

Eden sagte u. a.: ›Nicht die innere Regierungsform einer Nation spielt bei auswärtigen Angelegenheiten eine Rolle, sondern ihr internationales Verhalten. Das Unangenehme bei

Hitler war nicht, daß er zu Hause ein Nazi war, das Unangenehme war, daß er nicht zu Hause bleiben wollte.‹

Diese These, daß das innere Regierungssystem eines Landes nicht einen notwendigen Einfluß auf die Außenpolitik ausübt, ist jedoch antiquiert.«

»Oxford, 27. März 1942
Das ganze Dilemma und die Diskrepanz zwischen der russischen und der westlichen Politik Deutschland gegenüber rührt daher, daß beide auf verschiedene Weise Sicherheit zu erlangen suchen, die sie vor einer Wiederholung der jetzigen Ereignisse bewahrt.

In dem britisch-russischen Pakt vom 12. Juli 1941 wird von einem gemeinsamen Krieg gegen ›Hitler-Deutschland‹ gesprochen. Dieser Satz ist in einer Anzahl öffentlicher Reden, Radiosendungen immer aufs neue wiederholt worden – selbst, als die deutschen Armeen die Tore Moskaus fast erreicht hatten. Stalins letzter Tagesbefehl zeigt klar, daß Rußland bereit ist, Frieden zu schließen, sobald der russische Boden ›von dem Eindringling befreit‹ ist. Dabei wird angenommen, daß eine solche entscheidende Niederlage Hitlers zum Sturz der ›Hitler-Clique‹ und des ganzen jetzigen Regimes führen würde [...]

Wenn die Russen auf dem Kontinent den Krieg gewinnen sollten, so werden sie mit ihrem politischen Konzept Erfolg haben, wenn die angelsächsischen Mächte das ihre nicht rechtzeitig von Grund auf ändern. Denn deren gegenwärtige Politik Deutschland gegenüber ist im Grunde rein nationale Machtpolitik, die vielleicht dem Charakter des Ersten Weltkrieges entsprochen haben mag, aber ganz gewiß nicht dem jetzigen; wenn dieser Krieg – wie ich glaube – ein revolutionärer und internationaler ist, so kann eine Politik, die ihn erfolgreich beenden will, nicht nach Vorstellungen des 19. Jahrhunderts geführt werden. Eine solche Politik ist ›out of date‹. Sie muß dazu führen, daß diejenigen Kräfte in Deutschland, die vom Westen das Heil erhoffen, sich in gleicher Weise verraten sehen wie zur Zeit der ›Appeasement‹-Politik, als die Westmächte praktisch immer wieder Hitler denen gegenüber beistanden, die sich ihm widersetzten.

Warum beispielsweise nicht den Sätzen von Stalins Tagesbefehl beipflichten: ›Es ist nicht unser Ziel, das deutsche Volk auszurotten und den deutschen Staat zu zerstören. Solche idiotischen Ziele haben wir nicht. Die Vernichtung von Hitlers Clique würden wir begrüßen. Doch wäre es lächerlich, diese Clique mit dem deutschen Volk und dem deutschen Staat gleichzusetzen. Die Geschichte lehrt, daß die Hitler kommen und gehen, während das Deutsche Volk und der Deutsche Staat bleiben.‹

Wenn die Regierung sich entschließen könnte, realistisch die russische Politik zu beurteilen und klar auszusprechen, daß sie bereit sei, mit jeder deutschen Regierung Frieden zu schließen, deren nicht-nationalsozialistischer Charakter nicht bezweifelt werden könnte, so wäre schon ein entscheidender Schritt in der richtigen Richtung getan [...] Man hätte dann wenigstens einen Ausgangspunkt für eine konstruktive Friedenspolitik [...]

Eine solche Politik würde allerdings das Gerede über einseitige Abrüstung bei einem zukünftigen Frieden, über Gleichberechtigung nur auf wirtschaftlichem Gebiete [...] ausschließen.

Die im Stalinschen Tagesbefehl verkündeten Kriegsziele [...] würden Großbritannien die Chance geben, bei dem Wiederaufbau Deutschlands nach dem Kriege eine führende Rolle zu spielen und den Deutschen einen Weg eröffnen, der sie in die Lage versetzt, eine Nachkriegswelt mehr an den Grundsätzen und Werten des Westens als an denen des Ostens zu orientieren [...] So könnte man nicht nur den Krieg, sondern auch den Frieden gewinnen. Dies ist jedoch nur möglich, wenn man die gegenwärtige Politik einer Revision unterzieht, die Propagandataktik der Russen übernimmt und den Deutschen hilft, sich der Nazis zu entledigen, und ihnen eine ehrliche Alternative anbietet.«

»Oxford, den 15. Juli 1942
Was die These anbelangt, die Beseitigung des Preußentums sei eine Notwendigkeit, [...] so dürften folgende Tatsachen von Interesse sein: 1. Die führenden Nationalsozialisten und Ideologen sind keine Preußen (Hitler, Heß, Darré, der baltische Autor Rosenberg, der Franzose Gobineau, der Engländer Chamberlain). Ferner, die nationalsozialistische Bewegung ist in Österreich und Süddeutschland entstanden und gerade nicht in Preußen. – Weiterhin hat die Bekennende Kirche ihre stärksten Wurzeln in den alten preußischen Provinzen. Schließlich waren die als preußisch bezeichneten Gesellschaftsschichten diejenigen, die den Bund von Thron und Altar befürworteten. Selbst wenn man dieses Bündnis als auf einem Mißverständnis der christlichen Lebensauffassung beruhend betrachten will, kann man nicht umhin, zuzugeben, daß die Kräfte, die heute noch in der Armee wirksam sind, vielfach solche sind, die zur Bekennenden und Katholischen Kirche enge Beziehungen haben und am ehesten geneigt sind, sich dem Regime gegenüber oppositionell zu verhalten.«

»30. Oktober 1942
Man kann es sich einfach nicht leisten, die Hilfe der Armee zurückzuweisen [...] Sie ist der einzige Machtfaktor, der gegen das Regime handeln kann.«

»6. Januar 1943
Wir müssen uns darüber klar werden, daß in den hochindustrialisierten Staaten die Armee nicht mehr eine Autorität beanspruchen kann, die von der ganzen Struktur der modernen Massengesellschaft unberührt ist [...] Soziologisch und politisch nimmt die Armee die Stellung eines Dieners, und nicht eines Herrn ein. Die Ereignisse in Rußland, Deutschland und Italien bestätigen dies. In all diesen Staaten verfügen die politischen Führer über die Armee. Der Versuch, den politischen Ansprüchen eines totalen Systems entgegenzutreten, hat überall zu einer Katastrophe geführt [...] Im Grund ist

die Armee von heute nur ein gigantisches technisches Instrument. Sie ist nicht mehr in der Lage, die Grundlage für eine neue Ordnung zu vermitteln. Der Armee wohnt keine eigenständige Kraft geistiger oder politischer Art mehr inne.«

»20. Mai 1943
Die Zentralmächte werden – so befürchte ich – ›Casablanca‹ mit jenem Trend der öffentlichen Meinung verbinden, nach der reine Machtpolitik die Politik der Westmächte ist.«

»28. Dezember 1943
Es ist ein verhängnisvoller Irrtum zu glauben, daß lediglich eine überwältigende Macht organisatorisch den zukünftigen Frieden zu sichern vermag und daß ideologische Erwägungen beiseite geschoben werden können. Eine solche Politik würde nur dann sinnvoll sein, wenn die Alliierten die Vernichtung Deutschlands anstreben würden. Die Aussagen der verantwortlichen Staatsmänner in West und Ost weisen deutlich in die gegenteilige Richtung. Was heute die westlichen Mächte politisch betreiben, muß – in die Wirklichkeit transponiert – zu nie endender Repression führen [...]

Wirkliche Sicherheit setzt eine gemeinsame ›Ideologie‹ voraus, und politische Macht kann nur im Dienste derselben praktiziert werden. Heute wird im Westen ideologische Scheinpolitik getrieben, die nicht über die Tatsache hinwegtäuschen kann, daß man in Wahrheit meint, nur die Macht sei eine Realität.«

»2. Juni 1944
Mr. Churchill sagt, daß der Krieg immer weniger ideologisch geworden ist. Dies scheint mir zuzutreffen; nur vergißt er hinzuzufügen, daß dieser tragische Wandel vor allem der Politik der Westmächte zu verdanken ist. Wenn ein ideologischer Konflikt von dem einen der Kriegführenden als ein nationalstaatlicher geführt wird mit dem Ziel, den Feind zu vernichten, so muß dieser aus existentiellen Gründen bis zum

letzten Mann kämpfen, da die Tyrannei Hitlers selbst denen, die ihn hassen, noch verhältnismäßig besser erscheinen muß als Chaos und Vernichtung. Keine Nation würde anders reagieren!«

»30. Juli 1944
Wenn die politische Kriegsführung heute ein stumpfes Instrument geworden ist, so deshalb, weil die politischen Führer der Westmächte alles in ihrer Macht Stehende getan haben, um den gegenwärtigen Konflikt zu einem nationalen zu machen. Man hat behauptet, nur die Politik der bedingungslosen Kapitulation liefert einen wirksamen Schutz vor einer Wiederholung der Legende, daß die deutsche Armee im letzten Kriege nicht besiegt, sondern durch einen Dolchstoß in den Rücken niedergeworfen sei. Wie kann ein derartiges Argument zum Leitmotiv der britischen Politik gemacht werden? Jederzeit kann eine raffinierte Propaganda eine andere Geschichte erfinden, um zu zeigen, daß auch dieser Krieg durch Zufall verloren worden sei [...]

Die ›Verschwörer‹ in Deutschland, für die ich eine tiefe Bewunderung hege, werden in ihrem eigenen Lande verachtet, entehrt, gemordet. Sie waren bereit, gegen ein Regime sich zu erheben, dessen Sturz die bedingungslose Kapitulation mit sich gebracht hätte. Sie werden von den Alliierten verdächtigt, verlacht, ›schlechtgemacht‹; ja, gerade von denen, die ihnen helfen müßten, und die – ob sie es begreifen oder nicht – für dieselbe Sache gekämpft haben wie sie selber. Aber man sieht in ihnen nur die Militaristen, die, um das Ärgste zu verhüten, retten wollten, was zu retten ist und nur einen neuen Weltkrieg vorbereiten wollten.«

»19. September 1944
Wenn dieser Krieg seinem Charakter nach primär ideologischer Natur ist, muß man zu dem Schluß kommen, daß die Exekutionen von Deutschen in Deutschland ebenso wie die in den besetzten Ländern Verbrechen sind und die Verant-

wortlichen ebenso zur Verantwortung gezogen werden müssen wie andere Kriegsverbrecher. Sieht man aber den jetzigen Konflikt als eine nationalstaatliche Auseinandersetzung, so wird man einwenden, daß man nicht das Recht habe, sich in innere Angelegenheiten eines anderen Staates einzumischen. Das mag die vorherrschende Ansicht sein; sie ist aber falsch.

Die Erklärung des Führers der französischen Widerstandsbewegung nach der Befreiung von Paris lautete: ›Deutsche Soldaten, ich bin der Führer der französischen Widerstandsbewegung [...] Möget Ihr morgen in einem ebenso freien Deutschland und Europa leben!‹ Warum findet man in diesem Lande nicht entsprechende Äußerungen?«

»11. Dezember 1944
Eine Europäische Vereinigung hängt von dem Bestehen einer gemeinsamen geistigen Grundlage ab, die letzten Endes – vom Organisatorischen und Technischen her gesehen – zur Aufgabe des traditionellen Dogmas von der nationalen Souveränität führen wird, d. h. ein Europäischer Bund kann nur lebensfähig sein, wenn er entweder auf der östlichen oder westlichen Lebensauffassung beruht. Darum wird man einen brauchbaren und dauerhaften Europäischen Bund aus so verschiedenen Staaten, wie etwa Großbritannien und der Sowjetunion nicht schaffen können. Staaten, die nicht eine gemeinsame geistige Grundlage haben, können Bündnisse schließen und ihre Machtmittel mit Hilfe der traditionellen Methoden der Machtpolitik kombinieren [...] Aber derartige konzentrierte Macht wird niemals den Frieden der Welt sichern.

Ideologisch gesehen ist folgende Frage heute entscheidend: Soll die Welt nach totalitären Richtlinien organisiert werden – oder sich auf der Grundlage von Werten der westlichen Lebensauffassung orientieren? Der Begriff ›Demokratie‹ ist hier irreführend. Da auch ein totalitäres Regime unter gewissen Voraussetzungen von sich aus behaupten kann, demokratisch zu sein.

Was schwer begreiflich ist, ist, daß der Premierminister das Ideologische für von geringerer Bedeutung hält als die Verfolgung seiner reinen Machtpolitik. Wie ist es möglich, Mitteleuropa gegenüber Machtpolitik zu betreiben, ohne die ideologischen Konsequenzen zu berücksichtigen? Der Vansittartismus in all seinen Schattierungen treibt Mitteleuropa dem Osten in die Arme. Andere befürworten eine Europäische Vereinigung Großbritanniens mit den Westmächten. Der springende Punkt scheint mir jedoch zu sein, daß gerade Mitteleuropa ein integraler Teil Europas ist. Mitteleuropa auszuschließen, hieße, Europa zu vernichten. Ich glaube, wer Mitteleuropa für sich gewinnen kann, wird am Ende den Krieg gewinnen. Der Preis für den Vansittartismus ist der Verlust Europas.«

»3. März 1945
Die ganze Mentalität und Ausdrucksweise der jetzigen Politik erinnert mich an die frühere Appeasement-Politik dem Nationalsozialismus gegenüber. Die Notwendigkeit, Kompromisse zu schließen, um den Frieden zu sichern, hat man auch zur Rechtfertigung der Appeasement-Politik Hitler gegenüber angeführt. Kompromisse sind nur Mittel der Taktik in den Händen von Führern totalitärer Staaten, die sie nur ›entsprechend den Umständen‹ nutzen. Denn Kompromisse sind ihrem Wesen nach mit dem Totalitätsprinzip unvereinbar. Ost- und Mitteleuropa – soweit sie unter russischem Einfluß stehen – werden daher nicht ›frei‹ und ›unabhängig‹ sein in dem Sinne, wie der Westen das versteht. So ist es nicht verwunderlich, daß die Polen in England nicht in ihr Vaterland zurückkehren wollen. Der Frieden, den man jetzt Deutschland auferlegen will, scheint mir ein Super-Versailles zu sein, ohne jede konstruktive Idee. Jalta scheint der Welt die einzige Möglichkeit zu bieten, diese vor einer erneuten Katastrophe zu bewahren. Frieden kann man einem Volke nicht bringen, das durch den Krieg mehr gestraft ist als irgendein anderes und außerdem eine totale Besetzung

über sich ergehen lassen und zusätzlich große territoriale Verluste erleiden soll. Macht man mit dieser Politik ernst, so wird Europa ganz zerfallen. Ich sehe unter diesen Umständen keine Möglichkeit, wie man zu einer solchen Politik die Hilfe von Deutschen gewinnen kann, ohne diese gleichzeitig zu Quislingen zu machen. So begrüße ich es, daß die Alliierten selbst eine Regierung in Deutschland bilden wollen, weil dadurch wenigstens den europäisch gesonnenen Deutschen – soweit sie den Nazi-Terror überlebt haben – das Schicksal von Quislingen erspart bleiben wird. Europa wird so nicht eine rosige Zukunft bevorstehen. Alles wird anders werden, als die Staatsmänner von heute glauben, und bestimmt wird die Welt in 50 Jahren nicht so aussehen, wie Mr. Roosevelt es sich vorstellt.«

IV.

Jahre hat es bedurft, bis man in England bereit war, die während des Krieges gegenüber Deutschland praktizierte Politik einer grundsätzlichen Überprüfung zu unterziehen und die Argumente ernst zu nehmen, die der Widerstand in Deutschland dieser Politik gegenüber bereits während des Krieges »for consideration« der britischen Regierung gegenüber unterbreitet hatte und deren berufendster und beredtester Interpret der Bischof von Chichester, George Bell, war, dessen Name allein hierdurch in die Geschichte der deutsch-englischen Beziehungen eingegangen ist.

Gewiß gab es gelegentlich Erklärungen der englischen Regierung, wie z. B. die von Viscount Simon vom 10. März 1943 im House of Lords: »I now say in plain terms, on behalf of His Majesty's Government, that we agree with Premier Stalin, first that the Hitlerite State should be destroyed, and, secondly, that the whole German people is not thereby doomed to destruction.«

Aber Erklärungen dieser Art – mehr oder weniger wider

Willen und unter Druck abgegeben – hatten während des Krieges nur theoretische Bedeutung und keinen Einfluß auf die praktische Politik.

Ein grundsätzlicher Wandel in der politischen Grundkonzeption der englischen Politik bahnte sich erst sehr allmählich in den Nachkriegsjahren an – vielleicht am eindrücklichsten bei Vansittart selbst, der während der Kriegsjahre das politische Denken Englands mitbestimmt und dessen öffentliche Meinung im Sinne des sogenannten Vansittartismus maßgeblich mitbestimmt hatte. 1951 anläßlich eines Treffens von ausländischen Journalisten war dieser nämlich genötigt, öffentlich zuzugeben, daß »all die Reden, die er jahrelang über Deutschland gehalten habe, auf völlig irrigen Voraussetzungen beruht hätten, und daß seine politische Grundkonzeption völlig abwegig gewesen sei« (Vgl. z. B. Brief des Bischofs von Chichester an den Verfasser vom 15. Februar 1951).

Dieser erstaunliche Wandel in den Auffassungen von Vansittart wird ergänzt durch die Beurteilung der englischen Politik durch den durch seine ungewöhnliche Sachkunde bekannt gewordenen englischen Militärschriftsteller Liddell Hart, der unter dem 15. Juni 1959 im »Daily Telegraph« geschrieben hat:

»For the wisdom and foresight of George Bell's wartime speeches in the House of Lords, although they met much disagreement at the time, have now come to be widely recognized – and especially by military historians of the war. Hardly anyone would now question the truth of his repeated warnings about the folly of the Allies' unconditional surrender policy [...] While the horizon of technical strategy is confined to immediate success in a campaign, grand strategy looks beyond the war to the subsequent state of peace – and thus tends to coincide with morality. In this way George Bell standing for the principles of his creed, came to achieve a far clearer grasp of grand strategy than did the statesman. The present situation of the West would be better if more attention had been paid to his temporarily unpalatable warnings and guidance.«

Diese späteren Erkenntnisse hindern nicht die Feststellung, daß im Gefolge des Mangels einer rechtzeitig konstruktiv schöpferischen Friedenspolitik während des Zweiten Weltkrieges, die dem besonderen Charakter dieses primär ideologischen Konfliktes Rechnung getragen hätte, Europa schließlich gespalten und entmachtet worden ist. Oder, wie man es – vom Widerstand aus gesehen – ausgedrückt hat: Die englische Politik während des Zweiten Weltkrieges ist mitverantwortlich dafür, daß »die Gescheiterten des deutschen Widerstandes noch einmal gescheitert waren«[3]. Diese Mitverantwortung nicht zuzugeben, heißt nichts anderes, wie David Astor einmal zutreffend bemerkt hat, »als die Fortsetzung einer teilweise unbewußten nationalistischen-britischen Haltung, die der Grund für unsere Unfähigkeit war, uns mit den deutschen Gegnern Hitlers zu verständigen«[4].

1. Der Text der Rede ist nachgedruckt in: George Kennedy und Allen Bell, The Church and Humanity, London–New York 1946, S. 95-109.
2. Zum folgenden vgl. Eberhard Bethge und Ronald C. D. Jasper (Hrsg.), An der Schwelle zum gespaltenen Europa. Der Briefwechsel zwischen George Bell und Gerhard Leibholz (1939-1951), Stuttgart–Berlin 1974.
3. Vgl. Bethge, Jasper, S. 8.
4. Vgl. Armin Boyens, Kirchenkampf und Ökumene 1939-1945, München 1973, S. 229.

KIRCHE

CHRISTIAN BERG

Eugen Gerstenmaier – der Gründer und Leiter des Hilfswerks der Evangelischen Kirchen in Deutschland

Zwischen Eugen Gerstenmaiers Teilnahme an dem tragisch verlaufenen Versuch vom 20. Juli 1944, Deutschland von Adolf Hitler zu befreien, um dadurch die Katastrophe für Deutschland auf Grund des von ihm frevelhaft entfesselten Zweiten Weltkriegs zu mildern, und seiner mehrjährigen politischen Tätigkeit im zweithöchsten Amt der Bundesrepublik Deutschland als Präsident ihres Parlaments liegt der eigentlich schöpferisch gestaltende Abschnitt seines Wirkens als Gründer und Leiter des Hilfswerks der Evangelischen Kirchen in Deutschland. Darüber soll in diesem Beitrag einiges gesagt werden. Legitimiert dafür weiß sich der Verfasser einmal durch die Tatsache, daß er als einstiger Gemeindepfarrer in der Geburtsstadt Eugen Gerstenmaiers in Kirchheim unter Teck in Württemberg mehrfach Gelegenheit hatte, während der Jahre ab 1940 Grundgedanken für den Aufbau des Hilfswerks nach der als unvermeidlich angesehenen Niederlage Deutschlands mit ihm zu erörtern; zum anderen, weil er dann als erster theologischer Mitarbeiter im Zentralbüro des Hilfswerks ab 1945 an dessen Arbeit mehr als ein Jahrzehnt hindurch beteiligt war; sowohl in Stuttgart als Generalsekretär des Hilfswerks wie in Berlin als Nachfolger von Robert Tillmanns in der Leitung des Zentralbüros Ost.

Die intensiven Gespräche im Kirchheimer Elternhaus Eugen Gerstenmaiers, das zu meiner Parochie gehörte und dessen Gliedern ich freundschaftlich nahestand, hatten die gemeinsame Überzeugung des verlorengehenden Krieges und einer nur erst zu ahnenden Notsituation des Vaterlandes zur Voraussetzung. Die beiden großen Kirchen würden halbwegs intakte, moralisch qualifizierte und deshalb handlungsfähige und -verpflichtete Helfer und Sprecher für das zerschlagene und geistig weithin desorientierte Volk sein können und müssen. Die Größe und Schrecklichkeit der Flüchtlingsströme, die in das ausgeblutete, zerstörte und von siegreichen Armeen der Kriegsgegner besetzte deutsche Land hineingepreßt werden würden, war noch nicht in ihrer späteren Wirklichkeit vorauszusehen. Das Ausmaß der Isolierung unseres Volkes in der Welt mußte aber nach allen Exzessen der nationalsozialistischen Barbarei nüchtern veranschlagt werden. Die Kirchen der Welt – das wußte Gerstenmaier von seinem in Genf tätigen Freund Hans Schönfeld – würden sich allerdings darauf rüsten, in das kriegszerstörte Europa mit einem Höchstmaß an Hilfsbereitschaft zu kommen, sowie die Möglichkeit dazu gegeben sei. Das würde aber zur Vorbedingung haben, daß in Deutschland eine kooperationsfähige kirchliche Stelle vorhanden sei, die auch ihrerseits alle nur möglichen Wege der Selbsthilfe zu gehen sich verpflichtet wisse. Es war freilich nicht nur das Gebot der unerbittlich näher rückenden Stunde der Wahrheit und ihrer noch nicht vorstellbaren Lage in Deutschland, welche die Gedanken und Gespräche beflügelte. Wir hatten doch auch als Christen – zumal als Theologen – gelernt, daß die Kirche Jesu Christi nicht eigentlich eine Institution zur Befriedigung allfällig vorhandener religiöser Bedürfnisse, sondern als Gemeinschaft des Glaubens in Wahrheit eine durch Jesus Christus geprägte Bruderschaft der gegenseitigen Hilfe unter ihren Gliedern sei, also eine Tatgemeinschaft sein solle und müsse. Das Vermächtnis Johann Hinrich Wicherns, welches seine Lehrer Friedrich Brunstäd und Helmut Schreiner in Rostock ihm – wie auch mir – groß und lebendig gemacht hatten, war in jenen Gesprächen gegenwärtig. Und vollends, als dann Gerstenmaier die Zeit im Tegeler Gefängnis nutzte, um die Konzeption des Hilfswerks zu Papier zu bringen, und Gefängnispfarrer Harald Pölchau – der bedeutende Helfer und Seelsorger vieler Gefangener jener Zeit – die Entwürfe an sich nahm, unter Lebensgefahr aus dem Gefängnis brachte und so vor der Vernichtung bewahrte, da war das Höchstmaß des unter einem Terrorregime Möglichen an Vorbereitung auf die ihm zugemessene Aufgabe geleistet.

Eugen Gerstenmaier war also gerüstet, als Gott ihm das Leben in der schrecklichen Gefährdung des letzten Kriegsjahres – auch und gerade vor dem Sondergericht Freislers – erhielt, um auf der ersten Kirchenversammlung in Treysa (Hessen) im September 1945 den Vertretern der Evangelischen Kirchen Deutschlands die Gründung des Hilfswerks vorzuschlagen, das von allen Landes- und Freikirchen Deutschlands sowie ihren Gemeinden zu tragen sei, um einen Damm in den Fluten der Not zu bilden und Zuflucht wie Hilfe für die Menschen zu gewähren. Sein Vorschlag fand einmütige Billigung, zumal Landesbischof Wurm (Stuttgart) als anerkannter Sprecher und Vertrauensmann des deutschen Protestantismus voll in die Konzeption Gerstenmaiers eingeweiht war und hinter ihr stand. Eugen Gerstenmaier selber wurde mit der Leitung betraut und hatte in Stuttgart während der folgenden Monate das Zentralbüro des Hilfswerks aufzubauen, das die Arbeit der in den einzelnen Landes- und Freikirchen entstehenden Hauptbüros des Hilfswerks koordinierte und unter gemeinsamen Richtlinien der Arbeit vereinte. Natürlich hatte Gerstenmaier Alternativen erwogen. Was hatte näher gelegen, als schon frühzeitig, noch während des Krieges, mit dem Zentralausschuß der Inneren Mission Verbindung aufzunehmen, um ihn zu veranlassen, sich auf eine große Hilfsaufgabe zu rüsten, wenn die Waffen niedergelegt sein würden und das Elend von allen Seiten sich erheben würde. Aber der Präsident des Zentralausschusses hatte Gerstenmaier gegenüber ein Gespräch über diese Frage strikt abgelehnt; denn darüber zu verhandeln, das wäre ja nur möglich gewesen unter der Hypothese, daß der Krieg für Deutschland verloren ging. Dies erschien aber dem Sprecher der Inneren Mission als hochverräterisch, und er lehnte es ab. So geschah es also, daß die Innere Mission der Deutschen

Evangelischen Kirche als Ganze unvorbereitet auf das Ende des Krieges war und als Hilfsorganisation nicht zur Verfügung stand.

In den Monaten vor der Entscheidung in Treysa seitens der Evangelischen Kirche hatte Gerstenmaier noch Kardinal Frings (Köln) als Vorsitzenden der römisch-katholischen Bischofskonferenz in Deutschland aufgesucht. Ob es denkbar sei, so hatte er den Kardinal gefragt, daß ein »nationales Hilfswerk« mit beiden Kirchen als tragenden Säulen errichtet werden könne, wofür dann die entsprechenden organisatorischen Regelungen zu schaffen seien. Frings hatte geantwortet, daß eine solche Entscheidung nicht von ihm allein, sondern nur von der Deutschen Bischofskonferenz gefällt werden könne; einen Termin dafür könne er nicht nennen. Jedenfalls war dieser vor der bevorstehenden Konferenz in Treysa nicht herbeizuführen. Gerstenmaier mußte dann handeln und hat uns, als seinen späteren leitenden Mitarbeitern, diese Unterredung etwa folgendermaßen wiedergegeben: Ich konnte eigentlich nicht erwarten, daß mein hochgestellter Gesprächspartner mir angesichts der bedeutungsvollen Frage eine, wie ich gewünscht hätte, hoffnungsvolle Antwort gab; es war eben auch noch Jahre vor dem Vatikanischen Konzil von Papst Johannes XXIII. Aber die Kooperation mit der katholischen Kirche entwickelte sich zunehmend verständnisvoll und freundlich; Kontroversen blieben eine Ausnahme.

Welches waren die gemeinsamen Leitlinien der Arbeit, die das Hilfswerk verband, wo immer es tätig wurde?

1. Der dringlichste Notstand hat Vorrang. Bei der Vielzahl der Bitten und Anträge war diese Regel für alle Hilfswerkstellen eine klare Maxime.

2. Hilfe wird gewährt ohne Ansehen der Person, der Rasse, der Konfession und der politischen Überzeugung – eben in Ansehung der Dringlichkeit der Not.

Es sollte keine Bevorzugung geben, weil der Bittsteller etwa »gut evangelisch« war oder eine Benachteiligung, weil er sich als ein »böser Nazi« herausstellte.

3. »Allgemeine Nothilfe« und »kirchlicher Wiederaufbau« waren gleichermaßen wichtig. Kinderspeisungen waren keine periphere, sondern eine vorrangige Aufgabe; Versammlungsräume der Gemeinde wieder zu schaffen, das wurde nicht auf später vertagt; es wurde vielmehr gleich in Angriff genommen. 30 »Bartning-Notkirchen« sind deshalb in zerbombten Städten Deutschlands von Stralsund bis Stuttgart in frühen Programmen des Hilfswerks errichtet und zahllose Behelfsräume geschaffen worden.

4. Ökumenische Hilfe von außen und Selbsthilfe sind möglichst zu kombinieren. Wir erbaten nicht gedruckte Bibeln, sondern Papier, um selbst und mehr im Land drucken zu können. Nicht Wolldecken erbaten wir, sondern möglichst Wolle, um deutsche Arbeiter Decken und andere Textilien herstellen zu lassen. »Es ist über jeden Zweifel, daß durch das vom Hilfswerk frühzeitig betriebene Veredlungsgeschäft hochwertige, wichtigste Hilfsmittel vervielfacht wurden und damit einer wesentlichen größeren Zahl von Hilfsbedürftigen geholfen werden konnte.« So Eugen Gerstenmaier 1955 in seinem Vortrag »Zehn Jahre Hilfswerk«, der sich wie andere grundlegende Äußerungen von ihm über die Arbeit in dem 1956 vom Evangelischen Verlagswerk in Stuttgart herausgegebenen Band 1, »Reden und Aufsätze« von Eugen Gerstenmaier findet.

Statistische Angaben über das Volumen der vom Hilfswerk getanen Arbeit sind im Rahmen dieses Eugen Gerstenmaier ehrenden Beitrags und Bandes gewiß entbehrlich – zumal sie anderwärts nachgelesen werden können; ebenso ist es die Erörterung organisatorischer Probleme eines Werks, das über den ganzen deutschen Volksraum gespannt war, der von vier sehr unterschiedlichen Besatzungsmächten kontrolliert wurde, die, aufs Ganze gesehen, der Arbeit ein Höchstmaß an Wohlwollen erwiesen, wenn sie – was allerdings erforderlich war und nicht geringe Mühe kostete – über Motive und Aktionen des Hilfswerks klar ins Bild gesetzt wurden!

Aber ein Entscheidendes würde der Jubilar vermissen,

wenn nicht deutlich hervorträte, daß über der Fülle der täglichen praktischen Aufgaben für das Hilfswerk, über allen Reisen zu Gesprächen mit führenden Persönlichkeiten in den deutschen Kirchen, in der Ökumene, in hohen staatlichen Funktionen der Welt (bis hin zu Präsident Truman in Washington) Eugen Gerstenmaier im Blick auf seine Evangelische Kirche von einer tiefen Hoffnung erfüllt war, die Arbeit des Hilfswerks der Evangelischen Kirchen in Deutschland (Genetivus subjectivus!) möchte dazu helfen, das große, schöne und unverzichtbare Diakonische Amt in ihr wieder zu entdecken und lebendig werden zu lassen. Er hatte lange genug in und mit seiner Kirche gelebt (in der Evangelischen Jugendarbeit, als Student und Dozent der Theologie, in kirchenleitender Funktion im kirchlichen Außenamt Berlin), um nicht von dem tiefen Mangel in der Struktur und im Leben seiner Kirche zu wissen, für die das Diakonische eigentlich ein ad libitum war. Vor allem Wicherns Anstöße im letzten Jahrhundert reflektierend, sagt Gerstenmaier auf der Jahrhundertfeier der Inneren Mission in Bethel 1948: »Das Diakonat muß, den Bereich der kirchlichen Armen- und Krankenpflege übersteigend, im Sinn des Neuen Testaments neu verstanden und neu gestaltet werden als gemeinsame gegenseitige Lebens- und Dienstgemeinschaft unserer Kirche. Das Diakonat ist in die unmittelbare Verantwortung und Gestaltung unserer Gemeinden gestellt und bedarf heute vor allem der Männer unserer Kirche« (Reden und Aufsätze, S. 108). Und kurz zuvor: »Das Laienapostolat und das Diakonat der Kirche sind organische Verwirklichungen des allgemeinen Priestertums. Ihre Neugestaltung als eigenständige, aber mit dem Pfarramt, mit dem Wort der Verkündigung eng verbundene Ämter der Kirche, ist eine nicht abweisbare Aufgabe der ganzen Kirche.« Diese Konzeption in der Kirche mit aller Kraft und der großen, von ihm als Gründer und Leiter des Hilfswerks gewonnenen Autorität durchzusetzen, fand Eugen Gerstenmaier leider nicht mehr die Zeit; er ging in die Politik.

Dem Rat vieler Freunde und seinem eigenen Drang folgend, hatte er für ein Abgeordnetenmandat im ersten gewählten Parlament der Bundesrepublik Deutschland erfolgreich kandidiert. Der rasche Aufstieg in die Führungsspitze seiner Partei und zu breiter öffentlicher Wirksamkeit – wo hatte der Herr Bundestagspräsident nicht überall zu reden! – zwang Gerstenmaier, sein bedeutendes kirchliches Amt niederzulegen und ließ Dr. Herbert Krimm ihm als Leiter des Zentralbüros des Hilfswerks nachfolgen.

Nach meinem Dafürhalten hätte Eugen Gerstenmaier, wäre er im Amt geblieben, in der Reihe der Wichern, Stöcker und Naumann das Diakonat seiner Evangelischen Kirche tief und kirchengeschichtlich unverlierbar zu prägen vermocht; was seinen Nachfolgern – vollends, als das Hilfswerk mit der Inneren Mission 1957 zum Diakonischen Werk zusammengeschlossen und von der Synode der EKD 1976 formell aufgelöst wurde – nicht durchzusetzen gegeben war.

HERMANN KUNST

»Jedermann sei untertan der Obrigkeit«

Dieser Satz steht nicht im »Büchmann«, und zwar nur deshalb, weil er zu bekannt war, als daß der Berliner Gewerbeschullehrer Georg Büchmann vor über 100 Jahren ihn in seine erste Ausgabe der »Geflügelten Worte« aufzunehmen für nötig hielt. Er steht auch heute noch nicht darin (obwohl hier viele Worte des Apostels Paulus verzeichnet sind), weil sein Bekanntheitsgrad unverändert geblieben ist, wenn auch mancher, der ihn heutzutage gebraucht, möglicherweise nicht mehr weiß, daß mit ihm das 13. Kapitel des Römerbriefes beginnt und daß er Martin Luthers Übersetzung zitiert.

»Jedermann sei untertan der Obrigkeit, die Gewalt über ihn hat. Denn es ist keine Obrigkeit ohne von Gott; wo aber Obrigkeit ist, die ist von Gott verordnet«, so lautet der erste Vers dieses Kapitels in der Übersetzung Martin Luthers, wie sie seit beinahe 450 Jahren verbreitet ist[1]. Wenn ich diesen Text zum Gegenstand einer Betrachtung anläßlich des 70. Geburtstages Eugen Gerstenmaiers mache, so hat das einen äußeren Anlaß und einen inneren Grund. Zunächst der äußere Anlaß: Die neue Revision der Luther-Übersetzung des Neuen Testaments, welche im vorigen Jahr vom Rat der Evangelischen Kirche in Deutschland genehmigt worden ist und Ende dieses oder Anfang nächsten Jahres im Druck vorliegen wird, wird diesen Wortlaut ändern. Hier wird Röm. 13,1 folgendermaßen übersetzt: »Jedermann soll sich denen unterordnen, die die Regierungsgewalt ausüben. Denn es gibt keine staatliche Gewalt, die nicht von Gott kommt; die bestehenden Gewalten sind von Gott eingesetzt.«

Das Wort »Obrigkeit« kommt hier – und zwar nicht nur

hier, sondern auch in allen anderen in den letzten Jahren neu erschienenen Übersetzungen – nicht mehr vor. Der sich wandelnde Sprachgebrauch hat es zum Verschwinden gebracht, sicher zum Kummer vieler, denn in diesem Wort »Obrigkeit« schwingt vieles mit, was in der nüchternen Beschreibung: »Die Regierungsgewalt ausüben« auch mit gutem Willen nicht unterzubringen ist. Bischof Otto Dibelius hat – anläßlich des 60. Geburtstages von Bischof Hanns Lilje, in einem Zusammenhang, auf den noch einzugehen sein wird – geschrieben:

»Obrigkeit – das ist ein schönes Wort. In dem Wort ist Seele und Gemüt. Es ist etwas von väterlicher Autorität darin – wie denn auch Martin Luther nicht müde geworden ist, die Parallele zu ziehen zwischen der väterlichen Autorität und der Obrigkeit. Die Obrigkeit findet man vor, wenn man zur Welt kommt. Man kann sie sich nicht machen, ebensowenig, wie man sich seinen Vater selber machen kann. Sie steht da, von Gott gesetzt. Sie mag von guten oder schlechten Menschen dargestellt werden, von Christen oder Türken – sie ist da, und wir müssen uns ihr willig beugen.«

Damit bin ich beim inneren Grund für die Themenwahl dieses Aufsatzes. Je nach der Generationszugehörigkeit wird sich jedem die Personifikation dessen, was Obrigkeit bedeutet, verschieden darstellen – für Otto Dibelius, der 1880 geboren und beim Ende des Ersten Weltkrieges 38 Jahre alt war, anders als für jemand, der im Jahre 1906 geboren ist und 1918 die ersten Klassen des Gymnasiums besuchte. Aber im Verständnis dessen, was Obrigkeit ist, dürften die beiden Generationen sich nicht sehr unterscheiden. Mindestens der Jubilar, dem dieser Aufsatz gewidmet ist, kann sich die eben zitierten Worte von Dibelius wie seine Bejahung der Obrigkeit und ihrer Autorität voll zu eigen machen und hat in den Auseinandersetzungen der Jahre nach 1960 über die Obrigkeitsschrift von Otto Dibelius ohne Zweifel voll auf dessen Seite gestanden. Deshalb ist es wohl passend, diesen »Grabgesang« auf die alte Formulierung von Röm. 13,1 »Jedermann sei untertan der Obrigkeit« gerade in der Festschrift zum 70. Geburtstag von Eugen Gerstenmaier zu behandeln.

Soviel zu den Voraussetzungen dieses Beitrags. Nun aber zur Sache. Das Wort »Obrigkeit« komme in den neuen Übersetzungen von Röm. 13,1 nicht mehr vor, hieß es vorhin. Das ist tatsächlich so. Von den »Trägern der staatlichen Gewalt« spricht die katholische Einheitsübersetzung, von der »staatlichen Gewalt«, den »vorhandenen Ordnungsmächten« die »Gute Nachricht«, von »den Behörden, die Gewalt über ihn (den Jedermann) haben«, von der »Staatsordnung«, von der »politischen Gewalt« die Übersetzung von Ulrich Wilckens, von der »Staatsordnung«, in der man lebt und in die man sich fügen soll, von der »politischen Gewalt« die von Jörg Zink. Das sind die heute maßgebenden neuen Übersetzungen des Neuen Testaments. Lediglich die Jerusalemer Bibel redet noch von »obrigkeitlicher Gewalt«; beinahe rückständig erscheint dem gegenüber die Zürcher Bibel, die von »vorgesetzten Obrigkeiten« spricht, sie ist im gegenwärtigen Text aber auch schon 1931 abgeschlossen worden. Ganz charakteristisch ist, daß auch die Übersetzung von Ludwig Albrecht zwar zunächst von »herrschenden Gewalten«, dann aber von der »obrigkeitlichen Gewalt« und von den »bestehenden Obrigkeiten« redet, ebenso wie die von Ludwig Thimme, die zunächst »obrigkeitliche Gewalten« übersetzt, dann aber mit »Obrigkeit« fortfährt, damit deutlich dokumentierend, daß sie in die Epoche gehören, die mit der Zürcher Bibel abschließt.

Denn »Obrigkeit« ist nun einmal nicht der Sprachgebrauch von heute. Otto Dibelius hat schon 1959, mit einiger Brutalität, wie man zugeben muß, dazu gesagt:

»Es ist kein Zufall, daß das Wort praktisch aus unserer Sprache verschwunden ist. Kein Mensch redet mehr von ›Obrigkeit‹ – höchstens, daß der Polizeiwachtmeister einmal von einer fröhlichen Tisch-Gesellschaft begrüßt wird: Da kommt die hohe Obrigkeit! Nur die Kirche, altmodisch, wie sie glücklicherweise ist, bewahrt das Wort noch in ihrer

Liturgie, in ihren Liedern und in ihrer Bibel. Das Wort ist verschwunden, weil die Sache verschwunden ist. Und zwar ist sie seit dem Tage verschwunden, an dem man eine Staatsordnung aufgerichtet hat, die sich auf Parteien aufbaut. Jetzt setzt die Partei, die die meisten Stimmen hat, die Obrigkeit ein. In Amerika geschah das noch bis vor kurzem bis hinunter zum Briefträger. Jetzt pflegt man so weit nicht mehr zu gehen. Jedenfalls aber wechseln die Inhaber der Macht, je nachdem die Wahlen ausfallen.«

Diese Äußerung entstammt wie das vorhin angeführte Zitat einer kleinen Schrift, die Dibelius als Privatdruck zum 60. Geburtstag des damaligen Landesbischofs von Hannover, Hanns Lilje, erscheinen ließ. Diese, in wenigen Exemplaren erschienene Schrift, hat nun ebenfalls ein »schlechthin einmaliges« Echo gefunden: Man muß sich nur das »Violett-Buch zur Obrigkeitsschrift von Bischof D. Dibelius« ansehen, das 1960 im Stimme-Verlag Darmstadt erschien, um einen Eindruck davon zu bekommen. Offene Briefe wurden veröffentlicht, die Tagespresse nahm sich der Auseinandersetzung in breitem Umfang an ebenso wie der Rundfunk. Die Kirchenleitung Berlin-Brandenburg trat zu Beratungen zusammen, auf der Provinzialsynode fand eine ausführliche Debatte darüber statt, ja selbst die Synode der EKD wurde damit befaßt – jedesmal gingen die Wogen hoch. 1963 veröffentlichte Dibelius abschließend (im Kreuz-Verlag Stuttgart) eine Schrift: »Obrigkeit«, in der er sich noch einmal ausführlich mit Röm. 13, dem was Paulus gemeint und dem, wie Luther es übersetzt hat sowie der Frage der »Obrigkeit« im modernen Verständnis auseinandersetzte.

Diese ausgedehnte und leidenschaftliche Debatte gehört der Vergangenheit an – ob jeder daran Beteiligte das, was er damals gesagt oder geschrieben hat, heute noch einmal genau so sagen oder schreiben würde, ist eine andere Sache – die Frage von Röm. 13,1 ist Gegenwart, und zwar genau in der damals von Dibelius behandelten Doppelung: Was hat der Apostel Paulus vor über 1900 Jahren gemeint, was bedeutet das für uns heute? Will man eine für die heutige Exegese repräsentative Antwort auf die erste Frage, liegt es nahe, den (im Verlag J. C. B. Mohr, Tübingen 1973 erschienenen) Kommentar von Ernst Käsemann zu befragen, der um seiner Qualität willen innerhalb weniger Monate nach Erscheinen die dritte Auflage erreicht hat, was auf dem wissenschaftlich-theologischen Büchermarkt ein exzeptionelles Ereignis darstellt. Dazu kommt, für unsere Frage wichtig, daß Käsemann sich mit Röm. 13 schon seit langem speziell beschäftigt hat (vgl. z. B. seinen eindrucksvollen Forschungsbericht »Römer 13, 1-7 in unserer Generation«, Zeitschrift für Theologie und Kirche 56, 1959, S. 316-376). Nach Käsemann geht der Römerbrief mit Kapitel 12 in die Paränese über und bleibt bei ihr bis Kapitel 15. Schon aus dem Kontext ergibt sich also, daß Paulus Röm. 13, 1-7 »Paränese geben will und das Hauptgewicht nicht auf der theologisch-metaphysischen Begründung, sondern der Mahnung zur Unterordnung unter die politischen Gewalten liegt« (S. 338). Paulus will hier keine Staatstheorie bieten, keine grundsätzliche Aussage über das Verhältnis von Staat und Kirche – dazu würden ja 13,6 mit dem Hinweis auf die Steuerzahlung und 13,7 mit der Aufforderung, Steuern und Zoll zu zahlen, in ihrer, sagen wir ruhig, Trivialität, nicht passen:

»Mit Nachdruck [...] muß konstatiert werden, daß Pls keine theoretischen Erwägungen anstellt, erst recht keine erschöpfenden Aussagen über das Verhältnis zu den Obrigkeiten gibt und deshalb etwa über mögliche Konflikte und die Grenzen der irdischen Autorität schweigt. Die Begründung seiner Forderung ist auf ein Minimum reduziert, während die Auslegung ihr zumeist ein Maximum zu entnehmen suchte. Sodann wird, wieder gegen das traditionell vorherrschende Interesse an unserm Text, überhaupt nicht vom Staat als solchem oder vom römischen Imperium gesprochen. Die personale Redeweise ist nicht zufällig« (S. 338 f.).

Sämtliche technischen Ausdrücke, die Paulus Röm. 13, 1-8 gebraucht, gehören zur »Ausdrucksweise hellenistischer Administration« (gemeint sind die Repräsentanten lokaler und regionaler Behörden; S. 338), was er sachlich aussagt, in die »Überlieferung des Judentums und zumal der Diasporasynagoge« (S. 339). Zwar muß zugegeben werden: »Unser Abschnitt ist ein selbständiger Block, der angesichts seines singulären Skopus zugespitzt ein Fremdkörper in der paulinischen Paränese genannt werden kann, selbst wenn das Stichwort der Unterordnung ihn mit andern Mahnungen verbindet« (S. 337). Aber das ändert nichts an der Feststellung, daß sich die Begrenztheit der paulinischen Aussagen aus ihrer paränetischen Absicht erklärt, der es fern liegt, das Gesamtproblem zu erörtern, daraus, daß sie in eine ganz bestimmte Situation hineingesprochen sind.

Die Frage ist natürlich, an wessen Adresse sich diese situationsbedingte und situationsgebundene Paränese richtet. Käsemann entscheidet sich für eine »Frontstellung gegen das Schwärmertum« (S. 341), (und zwar mit Ridderbos, Schrage, Bornkamm) »gegen eine Haltung [. . .], welche den politischen Gewalten im Bewußtsein, Bürger der himmlischen Polis zu sein, indifferent oder sogar verächtlich gegenübersteht« (S. 335). »Auffälligerweise wird selbst die Einschränkung unterlassen, daß sie sich selbstverständlich nicht zum Verstoß gegen den göttlichen Willen und ihren Christenstand zwingen lassen darf. Pls kämpft offensichtlich völlig einseitig gegen die enthusiastische Gefahr« (S. 341).

Soweit die Interpretation Käsemanns von Röm. 13, 1-7. Mit seiner Feststellung: »Es ist nicht fraglich, daß Pls gültige Ordnung aufrichten will, andererseits es durchaus zeit- und situationsgebunden tut« (S. 341), gelangen wir zur zweiten Frage: Was bedeutet das, was der Apostel Paulus vor über 1900 Jahren ausgesagt hat, für uns heute? Denn es darf ja nicht vergessen werden – das tritt bei Käsemanns Interpretation zu sehr in den Hintergrund: Was Paulus an die Römer schreibt, steht unter dem Vorzeichen der Naherwartung, dem festen Glauben an das Ende der Welt noch zu Zeiten der damals lebenden Generation. Auch die Kirche und die Christen von heute leben im Bewußtsein der Vergänglichkeit und Vorläufigkeit dieser Welt mit allen ihren Institutionen – aber es ist doch etwas anderes, wenn die Kirche und die Christen ganz praktisch davon ausgehen, daß diese Welt täglich zu Ende gehen kann, und es spätestens in wenigen Jahren tun wird, als wenn die Vorläufigkeit der Welt nur im theoretischen Bewußtsein bleibt. Da verlieren etwa die Institutionen des Staates, mit denen sie es zu tun haben, völlig an Bedeutung, da ist es auch absolut nebensächlich, ob in einem zum christlichen Glauben gekommenen Haus der Sklave weiter in seinem Stande bleibt und was dergleichen mehr ist (von hier aus verliert – am Rande bemerkt – manche moderne Kritik an sozialen Weisungen des Neuen Testaments ihre Voraussetzungen). Daß bei Röm. 13 diese Erwartung des unmittelbar bevorstehenden Endes der Welt im Hintergrund steht, wird im Text selbst ganz deutlich (vgl. Röm. 13, 11 f.): »Und das tut, weil ihr die Zeit erkennt, nämlich daß die Stunde für euch da ist, vom Schlaf aufzustehen; denn unser Heil ist jetzt näher als zu der Zeit, da wir zum Glauben kamen. Die Nacht ist vorgerückt, der Tag aber nahe herbeigekommen.« Insofern stehen zwischen den Worten des Paulus in Röm. 13, 1-7 und uns nicht nur eine Spanne von über 1900 Jahren, sondern auch ein völlig anderes Verständnis der irdischen Existenz. Was bedeutet nun angesichts dieser so vertieften Distanz die »zeit- und situationsgebundene« Aussage des Paulus, um Käsemann noch einmal zu zitieren, für uns Menschen des 20. Jahrhunderts?

Wie die Vergangenheit sie in ihre jeweilige Gegenwart umgesetzt hat, ist bekannt, und die Kirche, insbesondere die lutherische Kirche, hat sich deswegen mancherlei Vorwürfe gefallen lassen müssen. Die Berechtigung mindestens eines Teiles dieser Vorwürfe kann nicht bestritten werden, denn aus dem Schrifttum ebenso wie der praktischen Haltung beispielsweise des 19./20. Jahrhunderts (aber auch früherer Zeiten) läßt sich mancherlei an abschreckenden Beispielen für eine Haltung gegenüber Staat und Obrigkeit anführen, die weder dem Staat noch der Kirche gerecht wird. Dieses Thema ist oft genug abgehandelt worden, zahlreiche Male allerdings mit nicht ausreichender Sachkenntnis (und nicht selten leider auch noch dazu mit emotional begründeten negativen Absichten). Darauf einzugehen ist hier nicht der Ort und auch nicht der Raum. Nur eine Bemerkung zum Thema kann gemacht werden, denn sie bringt uns der Beantwortung unserer Frage nach der Bedeutung von Röm. 13 für unsere Zeit näher. Sie gilt der Richtigstellung der weitverbreiteten Anschauung, daß die Entwicklung zur Überschätzung, ja Verabsolutierung des Staates, der »Obrigkeit« bei Luther beginne. Selbst Otto Dibelius hat erklärt: »Durch Martin Luther – nicht durch den Urtext des Neuen Testaments! – ist das Luthertum obrigkeitsfromm geworden – was uns die anderen Kirchen noch heute vorhalten« (Obrigkeit, S. 61 f.). Das ist ein grundlegendes Mißverständnis. Die »obrigkeitsfromme« Haltung ist ein Produkt des Luthertums und weithin auch nur des deutschen. Das amerikanische Luthertum etwa hat stets eine andere Haltung zur »Obrigkeit« eingenommen, und in Europa beweist z. B. die führende Rolle der lutherischen Kirche Norwegens beim Widerstand gegen die Regierung während der deutschen Besetzungszeit, daß auch hierzulande eine andere Haltung möglich war, als sie das Luthertum in Deutschland zu erheblichen Teilen und in erheblichen Zeiträumen praktiziert hat.

Die »obrigkeitsfromme« Haltung des deutschen Luthertums ist ein Produkt der Epigonen und geht nicht auf Luther selbst zurück, sie rührt aus einer Fehlinterpretation seiner Zwei-Reiche-Lehre her, die noch nicht einmal das Wort, geschweige denn den Geist des Reformators für sich in Anspruch nehmen kann. Jedem, der an dieser These zweifelt, sei die Lektüre von Luthers Hauptschrift zum Gegenstand: »Von weltlicher Obrigkeit« empfohlen. Sie ist nicht lang und, da sie in moderner Übertragung vorliegt (Luther-Deutsch, Bd. 7: Der Christ in der Welt, Verlag Vandenhoeck & Ruprecht, Göttingen, 2. Auflage 1967, S. 9-51), auch leicht zu lesen. Hier wird der erstaunte Leser feststellen, daß Luther, der angebliche Verherrlicher des Staates und seiner Institutionen, diesen Staat und das Kostbarste an ihm, seine Rechtsordnung, für Christen rundweg als überflüssig erklärt hat:

»Nun siehe, diese Menschen bedürfen keines weltlichen Schwerts noch Rechts. Und wenn alle Welt rechte Christen, das ist rechte Gläubige wären, so wäre kein Fürst, König, Herr, Schwert noch Recht notwendig oder von Nutzen. Denn wozu sollts ihnen dienen? Dieweil sie den heiligen Geist im Herzen haben, der sie lehrt und macht, daß sie niemand Unrecht tun, jedermann lieben, von jedermann gerne und fröhlich Unrecht leiden, auch den Tod. Wo nichts als Unrechtleiden und nichts als Rechttun ist, da ist kein Zank, Hader, Gericht, Richter, Strafe, Recht noch Schwert nötig. Deshalb ists unmöglich, daß unter den Christen weltlich Schwert und Recht zu schaffen finden sollte, sintemal sie viel mehr von selbst tun, als alle Rechte und Lehre fordern könnten. Gleichwie Paulus 1. Tim. 1, 9 sagt: ›Dem Gerechten ist kein Gesetz gegeben, sondern den Ungerechten.‹« (Weimarer Ausgabe der Werke Luthers – künftig WA – 11, 249 f., Luther Deutsch – künftig LD – 7, 13).

Nur weil die Menschen in ihrer Mehrzahl eben nicht Christen sind, »ob sie gleich alle getauft sind und Christen heißen« – die rechten Christen »wohnen, wie man sagt, fern voneinander«; WA 11, 251; LD 7, 16 – bedarf es des Staates und seiner Institutionen, die verhindern sollen, daß die Menschen sich in ihrem Eigennutz gegenseitig auffressen. Nur um dieser Ordnungsfunktion willen stellt der Christ sich dem Staat zur Verfügung, dessen er eigentlich nicht bedarf.

Wie will nun aber Röm. 13, 1 zu dieser Grundhaltung passen? Luther geht ausführlich darauf ein:

»Hier wendest du ein: Wenn denn die Christen weder des weltlichen Schwertes noch Rechts bedürfen, warum sagt denn Paulus Röm. 13, 1 zu allen Christen: ›Jedermann sei untertan der Obrigkeit, die Gewalt über ihn hat?‹ und 1. Petr.

2, 13: ›Seid untertan aller menschlichen Ordnung‹ usw., wie oben erzählt ist? Antwort: Jetzt hab ichs gesagt, daß die Christen untereinander und bei sich und für sich selbst keines Rechts noch Schwerts bedürfen; denn es ist ihnen nicht nötig noch von Nutzen. Aber weil ein rechter Christ auf Erden nicht sich selbst, sondern seinem Nächsten lebt und dient, so tut er der Art seines Geistes entsprechend auch das, dessen er nicht bedarf, sondern was seinem Nächsten von Nutzen und nötig ist. Nun das Schwert aber aller Welt ein großer nötiger Nutzen ist, daß Friede erhalten, Sünde gestraft und den Bösen gewehrt werde, so ergibt er sich aufs allerwilligste unter des Schwertes Regiment, zahlt Steuern, ehrt die Obrigkeit, dient, hilft und tut alles, was er kann, das der Gewalt förderlich ist, auf daß sie im Schwang und in Ehren und Furcht erhalten werde; obwohl er nichts davon für sich bedarf, noch es ihm nötig ist. Denn er sieht danach, was andern von Nutzen und gut ist, wie Paulus Eph. 5, 21 ff. lehrt« (WA 11, 253; LD 7, 18).

Zwei Regimente unterscheidet Luther: das geistliche (»das fromm macht«) und das weltliche (»das äußerlich Frieden schaffe und bösen Werken wehret«, WA 11, 252; LD 7, 16). Die Grenze zwischen beiden ist scharf gezogen: »Das weltliche Regiment hat Gesetze, die sich nicht weiter erstrecken als über Leib und Gut und was äußerlich auf Erden ist. Denn über die Seele kann und will Gott niemand regieren lassen als sich selbst allein. Deshalb: wo weltliche Gewalt sich vermißt, der Seele Gesetze zu geben, da greift sie Gott in sein Regiment und verführt und verdirbt nur die Seelen.« (WA 11, 262; LD 7, 29). Wieder vollzieht Luther die Abgrenzung gegen eine falsche Inanspruchnahme von Röm. 13, 1:

»Da wendest du ein: Hat doch Paulus Röm. 13 gesagt, jedermann solle der Gewalt und Obrigkeit untertan sein, und Petrus sagt, wir sollen aller menschlichen Ordnung untertan sein. Antwort: Da kommst du mir recht; denn die Sprüche dienen für mich. Paulus redet von der Obrigkeit und Gewalt. Nun hast du jetzt gehört, daß über Seelen niemand

Gewalt haben kann als Gott. So muß Paulus von keinem Gehorsam reden können als da, wo die Gewalt sein kann. Daraus folgt, daß er nicht vom Glauben redet, nicht davon, daß weltliche Gewalt den Glauben zu gebieten haben solle, sondern von äußerlichen Gütern, diese auf Erden zu ordnen und zu regieren. Das ergeben auch seine Worte deutlich und klar, da er beiden, der Gewalt und dem Gehorsam, das Ziel steckt und Röm. 13, 7 sagt: ›So gebet nun jedermann, was ihr schuldig seid: Steuer, dem die Steuer gebührt, Zoll, dem der Zoll gebührt, Furcht, dem die Furcht gebührt, Ehre, dem die Ehre gebührt.‹ Siehe da, weltlicher Gehorsam und Gewalt erstrecken sich nur über äußerliche Steuer, Zoll, Ehre, Furcht. Ferner: Wenn er V. 3 sagt: ›Die Gewalt haben, sind nicht bei den guten Werken, sondern bei den bösen zu fürchten‹, beschränkt er abermals die Gewalt, daß sie nicht den Glauben oder Gottes Wort, sondern böse Werke meistern soll.

Das will auch Petrus, wenn er sagt: ›menschliche Ordnung‹. Nun kann menschliche Ordnung sich ja nicht in den Himmel und über die Seele erstrecken, sondern nur auf Erden, auf den äußerlichen Wandel der Menschen untereinander, wo Menschen sehen, erkennen, richten, urteilen, strafen und erretten können« (WA 11, 265 f.; LD 7, 33 f.).

Luthers Stellung zur »Obrigkeit« seiner Zeit, den Fürsten, und zur »Obrigkeit« aller Zeiten ist dabei von unüberhörbarer Deutlichkeit und Schärfe:

»Und du sollst wissen, daß es von Anbeginn der Welt gar ein seltener Vogel ist um einen klugen Fürsten, noch viel seltener um einen frommen Fürsten. Sie sind im allgemeinen die größten Narren oder die ärgsten Buben auf Erden; weshalb man bei ihnen allezeit auf das ärgste gefaßt sein und wenig Gutes von ihnen erwarten muß, besonders in göttlichen Sachen, die der Seelen Heil belangen« (WA 11, 267 f.; LD 7, 36).

Jener Luther, den man immer wieder zum Urheber der Autonomie und der Verherrlichung des Staates macht, hat seiner Schrift einen »dritten Teil« angehängt, in dem er um derentwillen, »die auch gern christliche Fürsten und Herren sein wollen und auch in jenes Leben zu kommen gedenken« darlegt, wie eine solche christliche Obrigkeit sich in ihrem Regiment verhalten solle. Dieser Abschnitt ist von kühler Nüchternheit geprägt, denn Luther geht davon aus, daß es »gar sehr wenige sind«, die dafür in Betracht kommen. Mit diesen Anweisungen können wir uns hier nicht beschäftigen (obwohl Luther sehr aktuelle Ratschläge gibt), denn uns geht es um die Umsetzung von Röm. 13, 1 in die Gegenwart. Dabei ist sehr wichtig, weil es von der modernen theologischen Diskussion über Luthers Zwei-Reiche-Lehre (die übrigens mit ihren rein theoretischen Betrachtungen das Problem gelegentlich mehr verdunkelt als erhellt) in der Regel übersehen wird: Die Praxis Luthers bestätigt seine Theorie nicht nur, sondern geht noch weit über sie hinaus. Schon seine Schrift »Von weltlicher Obrigkeit« hat einen sehr konkreten Anlaß und gibt sehr konkrete Weisungen: in Meißen, Bayern und Brandenburg, aber auch anderswo, war angeordnet worden, alle Exemplare des deutschen Neuen Testaments auf den zuständigen Amtsstellen abzuliefern. Dazu erklärt Luther:

»Hier sollen ihre Untertanen so tun: nicht ein Blättlein, nicht einen Buchstaben sollen sie überantworten, bei Verlust ihrer Seligkeit. Denn wer es tut, der übergibt Christus dem Herodes in die Hände. Denn sie handeln als Christusmörder wie Herodes« (WA 11, 267; LD 7, 35).

Wenn die Polizei zu Hausdurchsuchungen antritt, soll man das leiden, aber nicht »mit einem Schritt oder Finger« dazu Beistand leisten. Das ist direkter Aufruf zum Ungehorsam, Luther hat ihn oft genug in seinen Schriften wiederholt und hat sich nicht gescheut, die »Obrigkeiten« seiner Zeit in einer Schärfe anzugreifen, die weit über alles hinausgeht, was heutzutage an politischer Polemik produziert wird, und das ist gewiß nicht wenig. Das tut Luther nicht nur, wenn diese »Obrigkeit« sich Übergriffe ins »geistliche Regiment« erlaubt, sondern auch stets dann, wenn sie den Boden des Rechts verläßt, und zwar ohne Ansehen dessen, ob diese staatliche Stelle evangelischen oder katholischen Bekenntnisses ist. Eine Lektüre der Briefe Luthers gibt die erstaunlichsten Aufschlüsse darüber, wie sehr und wie weit Luther die Grenzen überschreitet, die ein Repräsentant des Luthertums vergangener Zeiten für den Inhaber des geistlichen Amtes als unüberschreitbar anzusehen pflegte. Das kann hier nicht ausgeführt werden, ich verweise auf meine Untersuchung, die das am Beispiel der Grafen von Mansfeld, der eigentlichen »Landesherren« Luthers, wie des Kurfürsten Friedrichs des Weisen im einzelnen darlegt (Martin Luther als politischer Berater seines Landesherrn, Festschrift für Ulrich Scheuner zum 70. Geburtstag, Berlin 1973, S. 307-362). Dabei verfängt auch nicht der Einwand, hier handle es sich um den jungen, den »revolutionären« Luther. Denn gerade die entscheidenden Eingriffe Luthers in die Mansfelder Ereignisse gehören in die Spätzeit, außerdem hat er, was ich (Deo volente) in einer künftigen Arbeit nachzuweisen hoffe, gegenüber den Nachfolgern Friedrichs des Weisen seine Eingriffe (das Luthertum vergangener Zeit würde gesagt haben: Übergriffe) in das »politische« Gebiet vermehrt und erweitert wiederholt.

Soviel zu Martin Luther, der mit Absicht ausführlich zitiert wurde, denn Beweise sind immer besser als Behauptungen. Wie steht es nun aber mit der Umsetzung von Röm. 13, 1 im gewohnten Text: »Jedermann sei untertan der Obrigkeit« oder mit dem der Revision von 1975: »Jedermann soll sich denen unterordnen, die die Regierungsgewalt ausüben« in die Gegenwart? Ich denke, daß der Weg – oder meinetwegen: Umweg – über Luther sich gelohnt hat, weil wir hier die Antwort auf unsere Frage finden. Der Apostel Paulus spricht in eine Gemeinde hinein, welche täglich das Ende der Welt mit dem Kommen Jesu Christi erwartet. Der säkularisierte Mensch von heute hat sich an den Gedanken der Fortdauer der Welt gewöhnt. In dieser naiven Zuversicht sollte ihn der Ausblick auf eine mögliche atomare Katastrophe, zu der das nukleare Potential schon der Gegenwart ausreichend ist, eigentlich wankend gemacht haben. Aber gehen wir einmal von der Voraussetzung aus, daß – sei es auch säkular verwässertes christliches Verantwortungsbewußtsein und – meinetwegen atheistisch bestimmtes – nüchternes Kalkül die atomare Katastrophe zu verhindern imstande sind und diese Welt vorläufig weiterbesteht, bis sie einst mit der Wiederkunft Christi ihr Ende findet. Was sagt uns angesichts dessen Röm. 13, 1 heute? Wenn wir an Martin Luther denken, welcher der »Obrigkeit« die Aufgabe zuschrieb, die Menschheit daran zu hindern, sich gegenseitig aufzufressen, können wir nur wiederholen: »Jedermann sei untertan der Obrigkeit«, zumal die Situationen damals und heute auf fatale Weise miteinander verwandt sind. Der Apostel Paulus wandte sich vor über 1900 Jahren gegen Enthusiasten, welche die Ordnungsfunktion dieser Obrigkeit verneinten. Diese Enthusiasten stellen auch die Gefahr von heute dar, wobei die theologisch Motivierten, derer wir mehr als genug haben, schlimm genug sind, sehr viel schlimmer aber noch sind die säkular Bestimmten – wir haben gerade in der jünsten Vergangenheit die schrecklichsten Beispiele dafür erlebt. Wenn wir die »Obrigkeit« in der nüchternen Beschreibung Luthers nehmen – nur so kann sie für uns gültig sein – bleibt die Weisung des Apostels Paulus trotz aller Wandlung der Voraussetzungen bestehen: »Jedermann sei untertan der Obrigkeit«, denn sie ist eine »Anordnung Gottes«, der wir gehorsam zu sein haben – innerhalb der Grenzen, die dem Christen nach Apg. 5, 29 gesetzt sind: »Man muß Gott mehr gehorchen als den Menschen«, und dies im Rahmen der Definition der Zwei-Reiche-Lehre Luthers wie der von ihm geübten Praxis.

Worum es geht, ist auf der 1. Bekenntnissynode der Deutschen Evangelischen Kirche in Barmen im Mai 1934 mit Deutlichkeit herausgestellt worden. In der Theologischen Erklärung dieser Synode kommt es in unserem Zusammenhang vor allem auf Artikel V an. Aber es ist für den Leserkreis dieser Festschrift vielleicht nicht überflüssig, auch auf die anderen Artikel einzugehen. Sie sind sämtlich nach dem gleichen

Prinzip aufgebaut: Voran steht ein Schriftwort, dann folgt die positive Aussage, im dritten Abschnitt wird dann die Verwerfung der dieser entgegenstehenden falschen Lehre festgestellt. Für die Artikel I bis IV und VI genügt es hier wohl, jeweils die positive Aussage und die Verwerfung der falschen Lehre anzuführen[2], während das zugrundeliegende Schriftwort nur mit seiner Stelle angegeben wird:

I. »Jesus Christus, wie er uns in der heiligen Schrift bezeugt wird, ist das eine Wort Gottes, das wir zu hören, dem wir im Leben und im Sterben zu vertrauen und zu gehorchen haben.
Wir verwerfen die falsche Lehre, als könne und müsse die Kirche als Quelle ihrer Verkündung außer und neben diesem einen Worte Gottes auch noch andere Ereignisse und Mächte, Gestalten und Wahrheiten als Gottes Offenbarung anerkennen« (Schriftwort: Joh. 14, 6; 10, 1, 9).

II. »Wie Jesus Christus Gottes Zuspruch der Vergebung aller unserer Sünden ist, so und mit gleichem Ernst ist er auch Gottes kräftiger Anspruch auf unser ganzes Leben; durch ihn widerfährt uns frohe Befreiung aus den gottlosen Bindungen dieser Welt zu freiem, dankbarem Dienst an seinen Geschöpfen.
Wir verwerfen die falsche Lehre, als gebe es Bereiche unseres Lebens, in denen wir nicht Jesus Christus, sondern anderen Herren zu eigen wären, Bereiche, in denen wir nicht der Rechtfertigung und Heiligung durch ihn bedürften« (Schriftwort: 1. Kor. 1, 30).

III. »Die christliche Kirche ist die Gemeinde von Brüdern, in der Jesus Christus in Wort und Sakrament durch den Heiligen Geist als der Herr gegenwärtig handelt. Sie hat mit ihrem Glauben wie mit ihrem Gehorsam, mit ihrer Botschaft wie mit ihrer Ordnung mitten in der Welt der Sünde als die Kirche der begnadigten Sünder zu bezeugen, daß sie allein sein Eigentum ist, allein von seinem Trost und von seiner Weisung in Erwartung seiner Erscheinung lebt und leben möchte.

Wir verwerfen die falsche Lehre, als dürfe die Kirche die Gestalt ihrer Botschaft und ihrer Ordnung ihrem Belieben oder dem Wechsel der jeweils herrschenden weltanschaulichen und politischen Überzeugungen überlassen« (Schriftwort: Eph. 4, 15-16).

IV. »Die verschiedenen Ämter in der Kirche begründen keine Herrschaft der einen über die anderen, sondern die Ausübung des der ganzen Gemeinde anvertrauten und befohlenen Dienstes.
Wir verwerfen die falsche Lehre, als könne und dürfe sich die Kirche abseits von diesem Dienst besondere, mit Herrschaftsbefugnissen ausgestattete Führer geben oder geben lassen« (Schriftwort: Matth. 20, 25-26).

VI. »Der Auftrag der Kirche, in welchem ihre Freiheit gründet, besteht darin, an Christi Statt, und also im Dienst seines eigenen Wortes und Werkes durch Predigt und Sakrament die Botschaft von der freien Gnade Gottes auszurichten an alles Volk.
Wir verwerfen die falsche Lehre, als könne die Kirche in menschlicher Selbstherrschaft das Wort und Werk des Herrn in den Dienst irgendwelcher eigenmächtig gewählter Wünsche, Zwecke und Pläne stellen« (Schriftwort: Math. 28, 20; 2. Tim. 2, 9).

Damit wird der Standort der Barmer Synode klar. Man hat sie als »kirchengeschichtliche Wendung im deutschen Protestantismus« bezeichnet, und das nicht zu Unrecht. Schon das Faktum der Synode war erstmalig: 139 Delegierte von 18 Landeskirchen waren anwesend, die überwiegende Mehrzahl von ihnen im Gegensatz zu ihrem »offiziellen« Kirchenregiment, das sich in den Händen der Deutschen Christen befand; neben ihnen stand eine beachtliche Zahl anderer Teilnehmer.

Es hat wahrlich noch eine ganze Reihe bedeutender Synoden der Bekennenden Kirche während des »Dritten Reiches« gegeben, aber keine von ihnen ist, einmal allein von der Größenordnung her gesprochen, mit Barmen zu vergleichen. Das gilt auch für die Geschlossenheit, mit welcher die verschiedenen »Richtungen« in der evangelischen Kirche jener Zeit hier zusammenstanden; sehr bald sollte diese Einheit zerbröckeln. Und schließlich: Alle großen Dogmengeschichten (das gilt für Harnack wie für Loofs und Seeberg) brechen ihre Darstellung des Protestantismus im Reformationszeitalter ab, im Normalfall bei der Konkordienformel und der Synode von Dordrecht, weil hier die Bekenntnisbildung zum Abschluß gekommen sei. In der Tat: Trotz aller Versuche späterer Zeit ist es seitdem zu einem von allen oder wenigstens wesentlichen Teilen der evangelischen Kirchen angenommenen Bekenntnis im deutschen Sprachgebiet nicht mehr gekommen. Mit der Theologischen Erklärung von Barmen ist dieses scheinbare Gesetz durchbrochen worden. Sie wurde von der Synode einstimmig angenommen, sie hat der Bekennenden Kirche für die ganze Zeit ihrer Existenz die Lehr- und Bekenntnisgrundlage abgegeben, auf sie werden neben den Bekenntnisschriften der Reformationszeit in einer ganzen Reihe von Kirchen heute die Pastoren ordiniert. Und das ist so, obwohl die Erklärung bewußt keine Konkurrenz oder auch nur Parallele zu den Bekenntnisschriften der Reformationszeit sein will. Nicht umsonst lautet ihr vollständiger Titel: »Theologische Erklärung zur gegenwärtigen Lage der Deutschen Evangelischen Kirche«.

Die sechs Leitsätze von Barmen wollen keine vollständige Darlegung evangelischen Glaubens geben (das wollen übrigens auch die Bekenntnisschriften des 16. Jahrhunderts nicht – mit Ausnahme der beiden Katechismen Luthers), sondern die durch die Irrtümer der Zeit gefährdeten Grundwahrheiten des Glaubens in Schriftbegründung, These und Antithese herausstellen. So ist die Barmer Erklärung zeitbedingt (wie die Bekenntnisschriften des 16. Jahrhunderts, die ebenfalls an bestimmte zeitgeschichtliche Situationen und Voraussetzungen gebunden sind). Die Gültigkeit einer Bekenntnisschrift erweist sich daran, ob ihr Inhalt sich nach Abstreifung der zeitgeschichtlichen Umstände, die zu ihrer Entstehung geführt haben, auch unter ganz anderen Voraussetzungen bewährt. Und das gilt für Barmen in vielfacher Hinsicht. Barmen IV hat dabei – glücklicherweise – noch keine unmittelbare Dringlichkeit bekommen, um so mehr gilt das aber für Barmen I, II, III, VI. Sie waren damals gegen die Voraussetzungen der nationalsozialistischen Zeit gesprochen, aber alles, was hier verworfen wird, hat man uns inzwischen von neuem zugemutet. Die Ausgangspositionen, von denen aus das geschieht, sind völlig andere; sie brauchen hier nicht dargelegt zu werden, jedem wird Entsprechendes einfallen, der die oben zitierten Verwerfungssätze aufmerksam liest. Die Zahl der Theologen, die dafür in Betracht kommt, ist zwar gering, aber die Lautstärke, mit der sie ihre Forderungen vortragen, um so größer.

Nach diesen einführenden Bemerkungen zunächst den vollen Text von Barmen V:

»›Fürchtet Gott, ehret den König!‹ (1. Petr. 2, 17.)

Die Schrift sagt uns, daß der Staat nach göttlicher Anordnung die Aufgabe hat, in der noch nicht erlösten Welt, in der auch die Kirche steht, nach dem Maß menschlicher Einsicht und menschlichen Vermögens unter Androhung und Ausübung von Gewalt für Recht und Frieden zu sorgen. Die Kirche erkennt in Dank und Ehrfurcht gegen Gott die Wohltat dieser seiner Anordnungen an. Sie erinnert an Gottes Reich, an Gottes Gebot und Gerechtigkeit und damit an die Verantwortung der Regierenden und Regierten. Sie vertraut und gehorcht der Kraft des Wortes, durch das Gott alle Dinge trägt.

Wir verwerfen die falsche Lehre, als solle und könne der Staat über seinen besonderen Auftrag hinaus die einzige und totale Ordnung menschlichen Lebens werden und also auch die Bestimmung der Kirche erfüllen.

Wir verwerfen die falsche Lehre, als solle und könne sich die Kirche über ihren besonderen Auftrag hinaus staatliche Art, staatliche Aufgaben und staatliche Würde aneignen und damit selbst zu einem Organ des Staates werden.«

Zweierlei fällt hier auf: zunächst, daß nicht Röm. 13 als Schriftgrundlage gewählt wird, sondern der dazu parallele Abschnitt aus dem 1. Petrusbrief. Das ist sicher kein Zufall. Immerhin wird man sagen müssen, daß der (sehr viel spätere) 1. Petrusbrief theologisch in der Nachfolge des Paulus steht und sich in seinen Sachausführungen mit denen des Römerbriefes deckt. Man muß den Text von 1. Petr. 2, 13-17 nur einmal vollständig lesen, um das festzustellen (zitiert wird wieder nach der neuen Revision der Übersetzung Luthers):

»Fügt euch jeder menschlichen Ordnung um des Herrn willen: dem Kaiser als dem Höchsten, den Statthaltern, weil sie von ihm beauftragt sind, die Übeltäter zu bestrafen und die Rechtschaffenen zu belohnen. Denn das ist der Wille Gottes, daß ihr mit guten Taten den unwissenden und törichten Menschen das Maul stopft – als Freie und nicht als Leute, die die Freiheit zum Deckmantel der Bosheit machen, sondern als Menschen, die Knechte Gottes sind. Ehrt alle Menschen, habt die Brüder lieb, fürchtet Gott, ehrt den Kaiser!«

Das Neue Testament ist in der Zweigliedrigkeit seiner Aussage: Gehorsam gegen die »Obrigkeit«, die Grenze des Gehorsams da, wo die »Obrigkeit« selbst die ihr gesetzten Grenzen überschreitet, einheitlich (lediglich die Offenbarung des Johannes macht möglicherweise eine Ausnahme; sicher ist das aber nicht zu entscheiden, weil bei ihr nur der Staat in Sicht kommt, welcher diese Grenze überschritten hat). Der Schlußsatz der Ausführungen des 1. Petrusbriefes zum Thema gibt deutlich diese Doppelung, deshalb hat man ihn wahrscheinlich für Barmen V gewählt.

Als zweites wird deutlich, daß man Barmen V nicht aus dem Zusammenhang mit den anderen Artikeln der Theologischen Erklärung lösen kann. Wenn vorhin Barmen I-IV und VI im Wortlaut zitiert wurden, so geschah das mit der Absicht, den Leser mit einem ihm sonst nicht ohne weiteres zugänglichen Text bekanntzumachen, aber gleichzeitig, um ihn auf die Interpretation von Barmen V vorzubereiten. Nur wenn man die Aussage über Aufgabe und Dienst der Kirche hinzunimmt, die hier vorgetragen wird, bekommt man das volle Verständnis der in Barmen V getroffenen Aussage über das Verhältnis der Christen zur »Obrigkeit«. Sie fügt sich in ihrem Gesamtduktus den Aussagen Luthers wie denjenigen der Bekenntnisschriften des 16. Jahrhunderts ein, nicht in Wiederholung, sondern in neuer Besinnung und in Anwendung auf die Gegenwart, wie das für alle Botschaft der Kirche gilt. Sie kann nicht anders, als den Inhalt unverändert stehen lassen, sie muß ihn aber immer neu aussagen, damit er den Menschen der Gegenwart verständlich wird. Das gilt auch für das Wort des Paulus: »Jedermann sei untertan der Obrigkeit«, das hier für den Kreis der Leser dieser Festschrift zu interpretieren versucht wurde.

1. Im Septembertestament von 1522 lautet die Übersetzung noch: »Iderman sey unterthan der ubirkeyt und gewalt, denn es ist keyne gewalt, on von Gott. Die gewalt aber die allenthalben ist, ist von Gott verordnet.« WA Deutsche Bibel 7, 68. Erst 1530 führt Luther die neue Übersetzung ein, die von da an bis zur Ausgabe letzter Band 1546 (hier »Oberkeit«) und bis in die Gegenwart Geltung gehabt hat.
2. Zitiert wird nach dem Originaldruck. Eines der von Hans Asmussen, Karl Barth, Joachim Beckmann, Eduard Putz, Harmannus Obendiek unterzeichneten maschinenschriftlichen Originalexemplare befindet sich im Archiv der Landeskirche Westfalens. Die »Vorträge und Entschließungen« der Synode sind 1934, herausgegeben von Karl Immer, im Kommissionsverlag Emil Müller, Wuppertal-Barmen, erschienen. Bei Gerhard Niemöller, Die erste Bekenntnissynode der Deutschen Evangelischen Kirche zu Barmen I. Geschichte, Kritik und Bedeutung der Synode und ihrer Theologischen Erklärung (Arbeiten zur Geschichte des Kirchenkampfes 5) Göttingen 1959 wird S. 95-113 nach den Akten der Synode über Einzelheiten der Ausschußberatungen berichtet sowie eine Übersicht über die Textunterschiede in den verschiedenen Entwürfen zur Theologischen Erklärung gegeben.

HELMUT THIELICKE

Brauchen wir Leitbilder für die junge Generation?

Angesichts der Ost-West-Spannung hört man immer wieder die These vertreten, der Westen habe im Grunde keine Parole, die er dem Osten entgegenhalten könne, er habe kein mitreißendes Leitbild. Um diese These zu prüfen, kommt es mir zunächst darauf an, festzustellen, was ein Leitbild und was ein Ideal überhaupt ist.

Doch ich habe noch eine zweite Absicht: Ich möchte nämlich zu einer Art westlicher Selbstkritik führen helfen. Diese Selbstkritik, oder besser: diese »Selbstreinigung« in der Auseinandersetzung mit östlichen Ideologien kann sich nur so vollziehen, daß wir eine weitere Frage im Auge behalten: Ich meine die Frage, ob nicht gerade unsere junge Generation, die »skeptische«, um ihre Identität ringende Generation, in erhöhtem Maße unter der Last dieser Bedrohung steht. Denn in ihren Augen ist ja der Begriff »Ideal« weithin zur Makulatur geworden. Sie hat für ihren Zweifel, für ihre oft übergroße Nüchternheit, durchaus honorige Motive; sie hat viele Ideale herniederrasseln sehen und möchte daraus nun realistische Konsequenzen ziehen. Wenn der Begriff des Leitbildes vielleicht nicht dem gleichen Feuer der Kritik überantwortet ist wie der des Ideals, so mag das daran liegen, daß im Begriff des Leitbildes nicht unbedingt jener normative »werthafte« Charakter liegen muß wie im Begriff des Ideals. Mit dem Worte »Leitbild« ist manchmal nur eine unbewußt steuernde wertneutrale Imago der Psyche gemeint (man mag etwa an die Pop-Idole unserer Teenager denken).

Jedenfalls: In unserer jungen Generation ist der Begriff des Ideals oft nur der Ausdruck für eine etwas unrealistische

Schwärmerei. Deshalb schien es mir sehr charakteristisch, als vor einigen Jahren ein Studententag mir das Thema stellte: »Das Ideal als Versuchung(!)«.

Um eine einigermaßen saubere Begriffsarbeit leisten zu können, müssen wir uns zunächst über unsere Terminologie verständigen: Ich beginne mit einer Definition dessen, was ich unter »Ideal und Leitbild« – die ich zunächst synonym gebrauche, verstehen will: Ideale haben heißt, davon überzeugt zu sein, daß wir selbst und die uns umgebende Wirklichkeit nicht mehr kongruent mit unserer Bestimmung sind.

Das ist ein sehr kritischer Satz. Er mag uns verwunderlich erscheinen, weil wir unbewußt mit dem Begriff des Ideals und des Leitbildes doch etwas Schwingentragendes, Stimulierendes verbinden, während ich im Gegensatz dazu in diesen Begriffen etwas sehen möchte, das uns kritisiert. Im Ideal steckt ja immer ein Protest gegen das faktische Sosein, genau wie man etwa bei Kants kategorischem Imperativ beobachten kann, daß in jedem Sollen ein Protest gegen den Menschen, so wie er konkret ist, steckt: Du sollst nicht so sein, wie du bist! Diese Verneinung kommt auch in der normativen Funktion jedes Ideals zum Ausdruck: Wenn ich die Vorstellung eines »idealen« Professors bilde, dann bedeutet das stets eine sehr erhebliche Infragestellung dessen, was ich in »Wirklichkeit« bin. Man kann keine echten Ideale haben, ohne Minderwertigkeitsgefühle gegenüber seinem faktischen Zustand zu kriegen (wenn ich das ein bißchen psychologisierend und häßlich sagen darf).

Im Begriff der Utopie liegt ein ähnlicher Gedanke. Da Utopien eine Art Ideale sind, die kollektivierend einen Gesamtzustand der Welt am Ende der Geschichte zu bezeichnen pflegen, könnte man zu der Annahme versucht sein, sie seien nur ein irreales Wolkenkuckucksgespinst, sie seien Inhalte einer leeren Träumerei. In Wirklichkeit steckt aber auch in den Utopien – jetzt nur auf den Großraum der Geschichte übertragen – jenes verneinend kritische Element: Indem man sich eine Welt vorstellt, die einmal frei von Ungerechtigkeit, frei von Hunger und Knechtschaft sein wird, verneint man das Präsens, in dem die eigentliche Bestimmung der Welt nur verzerrt zur Erscheinung kommt.

Jede Utopie hat deshalb eine kritische Funktion. So will etwa die klassenlose Gesellschaft, um eine sehr verbreitete utopische Vorstellung zu nennen, die Geschichte der Klassenkämpfe und also den wirklichen Zustand der Welt in Frage stellen. So ist es bei allen Utopien. Sie sind deshalb keine Träumerei, sondern erheben den Anspruch, eine Aussage über das Eigentliche menschlicher Geschichte auszusagen, also etwas sehr Realistisches zu sein. Sie bezeichnen in einer realistisch gemeinten Diagnose den Jetztzustand der Welt als eine Art Degeneration oder als ein Noch-ferne-sein von ihrer eigentlichen Bestimmung.

Nun bedarf es aber noch einer kurzen dritten Begriffsanalyse. Es geht um den Begriff der Ideologien. Ich möchte diesen Begriff zu den beiden vorher besprochenen Begriffen des Ideals und der Utopie in Beziehung setzen:

Ideale und Utopien enthielten noch echte und wesentliche Aussagen, sie drückten noch eine »Wahrheit« aus, nämlich die Wahrheit über das Eigentliche des Menschen und seiner Welt. Die Ideologie aber wächst aus einem ganz anderen Motivbereich. Sie entsteht aus einer reinen Zwecküberlegung; und alles, was bei der Ideologie nach Wahrheit und nach wissenschaftlicher Argumentation aussieht, ist in Wirklichkeit nur ein nachträgliches intellektuelles Alibi, das sie sich zu verschaffen versucht. Die Ideologie erwächst – wenn ich recht sehe – vor allem aus zwei Zielsetzungen, die vor allem in totalitären Herrschaftsgebieten (aber keineswegs nur dort!) gepflogen werden und hier repräsentative Bedeutung bekommen:

Die erste Überlegung: Wir – etwa die totalitären Machthaber – stellen fest, daß Ideale und Utopien auf den Menschen Faszination ausüben. Wer Ideale hat, ist begeisterungsfähig. Und wer begeisterungsfähig ist, leistet etwas. Daraus wird folgende Konsequenz gezogen: Wer über die Auslösung solcher Faszinationen verfügt, verschafft sich einen Zuwachs an Macht. So entsteht etwa der Mythos vom Dritten Reich oder von der klassenlosen Gesellschaft, weil dieser Mythos als visionäres Leitbild eine ansaugende Kraft besitzt und so motorische Bedeutung für den Trend der Leidenschaften und der Willensbildung gewinnt. Die erste Überlegung beim Zustandekommen der Ideologien entstammt also nicht der Frage, ob solche Visionen wahr seien, sondern was man dafür tun könne, daß sie für wahr gehalten werden. Denn nur dann, wenn diese Ideologien Inhalte einer Überzeugung von Wahrheit werden, können sie imstande sein, den Fanatismus auf dem Weg über die Phantasie zu mobilisieren und ihre Funktion als produktive Selbsttäuschung zu übernehmen.

Die zweite Überlegung bewegt sich in folgender Richtung: Der totale Staat verfügt zwar über nahezu grenzenlose physische und psychische Macht. Er übt z. B. die Diktatur des Terrors aus. Da es keine Bezirke gibt – keine Vereine, keine Schulen, keine Institutionen –, die der staatlichen und damit ideologischen Kontrolle entzogen wären, gibt es nicht einmal mehr eine Wüste, in die man die Bewohner solcher Gebiete schicken könnte. Daß diese Landschaft des Totalitarismus nicht einmal mehr Wüsten kennt, erscheint mir immer als ihr düsterster Aspekt.

Trotzdem steht aber der totale Machtstaat vor einer Grenze seiner Macht, die durch keinen Terror zu beseitigen ist: Seine Bewohner können die Faust in der Tasche ballen, das heißt, sie können die innere Emigration antreten. Innerhalb der Welt der Gedanken, die auch bei ihm frei ist, gibt es keine Kontrolle. Diese Opposition des inneren und in seiner Innerlichkeit unkontrollierbaren Menschen kann natürlich in Krisenzeiten virulent werden. Darum muß auch dieser Intimbezirk des Menschen in irgendeiner Form unter Kontrolle gebracht werden. Das ist nur möglich durch Bakterien, die die menschliche Haut durchdringen und gleichsam in das Personenzentrum einsickern. Diese Bakterien sind die Ideologien. Ihnen wird die Aufgabe zugewiesen, die opponierende Vernunft zu überwältigen. Deshalb bedienen sie sich des Arguments und verschaffen sich eine scheinwissenschaftliche Fassade. Diese wohl dumpfe, mehr instinktive Erkenntnis stand wohl auch hinter Hitlers Postulat, daß Terror nie alleine Herrschaft begründen könne, sondern daß der Terror mit einer Idee verbunden werden müsse. Was er hier Idee nennt, ist das, was in unserem Zusammenhange »Ideologie« heißt; nämlich der Versuch, ein geistiges Instrumentarium für die innere Überwältigung und für die Beseitigung jener latenten Opposition zu schaffen, die auch in ihrem Inkubationszustand gefährlich ist.

Die Ideologien sind folglich nicht Hüllen einer Wahrheit, die für den Menschen Autorität wäre, sondern sie sind zynisch gebrauchte Mittel zum Zweck der Machtausübung. Die Ideologien unterscheiden sich darum vom Ideal und vom Leitbilde dadurch, daß sie ein Abfallprodukt, ein Nebenprodukt des Ideals absolut setzen. Dieses Nebenprodukt des Ideals besteht darin, daß Ideale und Utopien – wie wir sahen – das innere Potential des Menschen mobilisieren und daß sie darum eine aktivierende und suggestive Kraft besitzen, die der ideologische Machthaber für sich auszunutzen versucht.

Hierbei ist es den Trägern ideologischer Machtausübung relativ gleichgültig, ob die Ideologien »wahr« sind. Nicht die Wahrheit, sondern die Funktion ist ihnen interessant. Sie sind ja Pragmatisten! Damit aber diese Funktion der Ideologien funktioniert, können sie nicht auf die Suggestivkraft der Wahrheit verzichten. Darum vertauscht die Ideologie das Räuberzivil des Pragmatismus mit dem Ornat und der Legitimation seriöser Wissenschaften. Wir kennen die entsprechenden institutionellen Ausdrucksformen dieser Versuche: Akademien und ähnliches.

Hier ergibt sich nun die Frage: Wie kommt es denn überhaupt zu diesem Prozeß, das heißt zu diesem Gefälle, das von dem Ideal zur Ideologie zu führen scheint?

Diese Frage ist sehr wichtig. Es könnte ja sein, daß das sozusagen à la Spengler ein »notwendiger« Prozeß wäre, der in naturgesetzlicher Autonomie abliefe. Andererseits aber könnte es auch sein, daß sich in dieser Entstehung von Ideologien eine Schuld und ein Scheitern des Menschen verriete. Das zu erkennen müßte wesentlich werden, sobald man an die Fragen der Therapie gegenüber unserer jungen Generation denkt.

Wie kommt es also zu diesem Gefälle?

Der Verlauf dieses Gefälles ist an einigen Modellen sehr leicht zu veranschaulichen. Das Wort Kaiser Wilhelms I. (das in diesem ehrwürdigen Munde sicher noch keinerlei ideologische Hintergedanken hatte, aber später ideologisch interpretiert wurde) »Dem Volke muß die Religion erhalten werden!«, dieses Wort kann doch bedeuten und bedeutet auch jetzt noch oft genug: »Ich persönlich, der ich diese Meinung vertrete, halte zwar nichts von der Religion, aber die Masse braucht so etwas, weil Religion gute Untertanen macht und weil wir sie als eine Art innerer Kandare und als psychische Bändigungsmittel des Menschen nicht entbehren können.«

In diesem Falle wird die Religion selbstverständlich ideologisch mißbraucht: Sie ist mir selber keine Autorität, ich distanziere mich sogar von ihr und belächle sie womöglich. Aber ich benutze den Nebeneffekt der Religion, binden zu können und damit auch bändigen zu können. Das Jüngste Gericht ist mir ein Spott, aber die Angst vor diesem Gericht ist ein Mittel meiner psychischen Strategie.

Ebenso ist es möglich – ich sage: es ist möglich, es muß nicht so sein –, daß ich die Humanität zur Ideologie mache. Ich sage mir etwa – und das läuft dann ganz ähnlich wie bei dem Beispiel von der Religion soeben –: Ich muß »human relations« treiben. Das kann ich zwar sehr ehrenhaft, ernsthaft und durchaus philantropisch meinen, ich kann es aber auch zynisch sagen. Ich denke dann: Mein Lebenszweck ist Geldverdienen, Lebensstandard und Sozialprestige. Die Menschen, die dabei behilflich sind, meine Arbeiter und Angestellten, sind mir offen gestanden ziemlich gleichgültig. Ich bin sogar ein Menschenverächter und, wenn ich ehrlich bin, eine Sozialbestie. Aber selbst wenn ich so dächte, dürfte ich mir das um Gotteswillen nicht anmerken lassen! Denn das würde mein Betriebsklima stören und mein Produktionsvolumen schrumpfen lassen. Ich weiß doch, daß Arbeitsfreude die Leistung hebt und daß gute Behandlung wieder die Arbeitsfreude steigert: Kraft durch Freude, Kraft durch Freude, ja! Also muß ich mich sozial und humanitär »gerieren«: Die Pflege des Menschen, Betriebsausflüge, die freundliche Erkundigung nach Weib und Kind, ein ewig lächelndes Sozialgesicht beim Gang durch den Betrieb – das alles ist genau so wichtig, sage ich mir dann (wenn ich so jemand sein sollte) wie die Wartung der Maschinen. Ich mobilisiere also das ökonomische Potential, das in einer guten Technik der Menschenbehandlung steckt. Ich sage noch einmal: Nicht als ob die Idee der human relations so verstanden werden müßte, ich deute vielmehr nur ihre mögliche Entartung zur Ideologie an.

Diese Entartung zeigt wirklich genau dieselben Degenerationsformen wie die bei Religion und bei Humanität: Ich benutze die Abfall- und Nebenprodukte von Humanität und Nächstenliebe. Diese Abfall- und Nebenprodukte der Nächstenliebe bestehen darin, daß sie das menschliche Potential entbinden: Denn überall da, wo ich Interesse für mich bemerke, bin ich menschlich aufgeschlossen und werde zu Schwung und Willigkeit aktiviert. Der genannte Sozialzyniker aber lacht sich ins Fäustchen und denkt: Ich selbst weiß mich von der Sache, die ich da offiziell vertrete, distanziert; ich selbst verachte den Menschen; aber ich brauche das Potential, das durch die scheinbare Achtung vor dem Menschen entbunden wird. Also gebe ich mich sozial und humanitär, also bestreue ich als Sozialwolf meine Pfote mit Mehl und schlucke Kreide, um die Stimme des Gemütes in meinem Wolfsrachen zu erzeugen.

Haben wir eigentlich schon einmal die Frage erwogen, ob

nicht viele Phänomene des Säkularismus dadurch erzeugt werden – und wurden! –, daß man die Absicht der ideologisierten Religion durchschaut hat und entsprechend verstimmt ist? Das Wort »Opium des Volkes«, das der junge Marxismus prägte, ist nicht umsonst gesagt worden, und der wäre töricht, der nur polemisch und sauer darauf reagierte. Ist nicht wirklich die Religion als dieses Opium mißbraucht worden? Sind die Adjektive »christlich« und »humanitär« nicht in vielen Fällen tatsächlich nur Mehl auf der Wolfspfote? Hat man wirklich einmal der Frage standgehalten, ob das Mißtrauen der Sozialpartner nicht zum Teil ebenfalls auf die Unglaubwürdigkeit eines rein ökonomisch verstandenen Sozialbetriebs und also auf jenes degenerierte Sozialideal zurückgeht, das längst zur Ideologie geworden ist?

Wenn David Friedrich Strauß einmal gesagt hat, die Dogmengeschichte sei das Dogmengericht, das heißt, sie führe sich letzten Endes selbst ad absurdum, so könnte man nach allem Gesagten vielleicht zu der Feststellung geneigt sein: Auch die Geschichte der Leitbilder und Ideale sei ihr Gericht, weil diese Geschichte eben identisch zu sein scheint mit jenem Gefälle, das das Ideal auf die Stufe der Ideologien hinabzieht.

Mit dieser Feststellung, daß das sozusagen ein notwendiger, eigengesetzlicher Prozeß sei, würde man aber einer sehr verhängnisvollen optischen Täuschung verfallen. Denn das Leitbild und das Ideal kann selbst gar keine Geschichte haben, sondern nur eins kann eine Geschichte haben: unser Verhältnis zu ihm. Wir Menschen neigen allerdings dazu, in mythisierender Weise den Dingen und Kräften eine Geschichte zuzuschreiben, und zwar gerade dort, wo wir unsere eigene Geschichte schreiben müßten. So sagt etwa Jacob Burckhardt – und bei allem Respekt vor seiner Größe darf ich sagen, daß jetzt etwas Kritisches gegen ihn kommt –, die Macht sei böse, und beschreibt dann ihren Trieb zur Unersättlichkeit, zum Arrondieren und immer weiterer Expansion. So sprechen wir auch heutzutage gerne und sehr oberflächlich von der sogenannten »Dämonie der Technik« und tun so, als ob die Technik ein eigenes Wesen, als ob sie Subjekt einer Geschichte sei, in der wir Menschen willenlos (als blinde Passagiere sozusagen!) mitgenommen würden. So sprechen wir dann schließlich auch vom Ideal als einer gefährlichen, vergötzenden, versucherischen Möglichkeit, als dem Beginn des Gefälles zur Ideologie, wobei wir wiederum so tun, als ob das Ideal eine Art mythischer Person, eine Art Sirene oder auch Lorelei sei, die uns mit ihrem Gesang betört, um unseren Kahn an ihren Klippen scheitern zu lassen.

Die Macht, die Technik und das Ideal sind besonders beliebte Gegenstände für derart mythisierende Akte, mit deren Hilfe wir dann von unserer eigenen Geschichte ablenken als von der Geschichte des mächtigen, des technischen, des idealistischen Menschen, um uns zu entschuldigen. Die Hauptschuldigen sind Technik, Macht und Ideal. Ich und du aber, wir sind nur Mitläufer und Statisten, wir sind tragisch Entführte und vielleicht sogar nur Opfer in diesen Prozessen.

Eine so gesehene Welt bekommt unter der Hand eine apokalyptische Tönung. Überall lauern in diesem Weltbilde Unholde und heimliche Mächtigkeiten. Alles wird sozusagen gefährlich und führt einen heimlichen Dolch im Gewande, alles: die Wissenschaft, weil sie Wissen schafft und weil sie offenbar im Atombereich ein Wissen erzeugt, das letzten Endes tödlich sein könnte. Die Sprache ist gefährlich, weil man mit ihr lügen kann; die Kunst, weil sie dem L'art pour l'art-Prinzip verfällt; die großen Städte, weil sie anonymisierende Ballungsräume sind, und die Kirchen, weil sie zu Klerikalismus und Theokratie führen. Alles wird gefährlich. So feiern die mythischen Projektionen, die in Wirklichkeit nur Ablenkungsmanöver des Menschen von sich selbst sind, wahre Orgien.

Nehmen wir hier die so dringend nötige Entmythisierung vor, so wird man doch so formulieren dürfen:

Nicht die Macht ist gefährlich oder gar böse, sondern nur die Handhabung der Macht kann von diesem Verdikt getroffen werden. Nicht das Ideal ist so etwas wie eine dämonische Versuchung, sondern die Art, wie ich mit Leitbildern und Idealen umgehe, erweist sich als versuchliche Möglichkeit.

Die Entmythisierung der Dinge und Mächte führt also dazu, daß ich aus scheinbar eigengesetzlichen Prozessen der Geschichte ein Stück Autobiographie zu machen lerne; daß ich mit der tragisch-sentimentalen Illusion, ich sei nur Opfer und Objekt von Mächten, die ich vorher mythisiert und personifiziert habe, gründlich aufräume und sie als einen dummdreisten Kunstgriff meines alten Adam verstehen lerne, der nicht an seine Brust schlagen, sondern der sich Blitzableiter für das Gericht schaffen will.

Wenn diese Diagnose stimmt, welche Therapie wäre vorzuschlagen?

Ganz allgemein müßte man auf diese Frage nach der Therapie im Bereich der Leitbilder sicher antworten: Wenn die Schuld an der Handhabung des Ideals entsteht, dann werden auch die heilenden Kräfte nur an dieser Stelle einsetzen können.

Wenn ich recht sehe, eignet allen Fehlhaltungen gegenüber Leitbildern und Idealen ein gemeinsamer Zug – ich glaube, es kommt viel darauf an, den zu entdecken –: daß nämlich eine dingliche und unpersönliche Perfektion geträumt wird. Der Utopist, von dem wir sprachen, träumt eine perfekte Weltordnung und – das würde ich als Theologe sagen – setzt sie anstelle des Herrn der Weltordnung. Gott ist, sofern es sich nicht um atheistische Utopien handelt, hier immer nur um seines Reiches willen wichtig, genauso wie Christus nur um des Brotes willen wichtig ist, das er den Fünftausend verschafft hat. Das Ding und die Ordnung und die Sättigung verdrängen die Person. Gerade in der Geschichte von der Speisung der Fünftausend kommt das ja zum Ausdruck, wenn Christus sich darüber beklagt, daß die Menschen nur froh darüber seien, daß er sie satt gemacht habe, daß sie aber gar nicht das semeion, gar nicht das Zeichenhafte, das Transparente dieses Geschehens beachtet hätten, um ihn als Person dahinter zu sehen. Er beklagt sich sozusagen darüber, daß die Menschen nicht sagen: »Soli Deo gloria!«, sondern daß sie sagen: »Mahlzeit!«

Wir denken ferner an die ideologisch gebrauchten human relations. Die perfekte ökonomische Apparatur, also wieder der Dingbereich, verdrängt durch dingliche relations die human person, so wie das dann im Extrem beim kompletten Wohlfahrtsstaat der Fall ist.

In diesen Entpersönlichungen und Verdinglichungen, zu denen uns die Fehlhaltung gegenüber den Leitbildern und Idealen verführt, scheint mir ein wichtiger Hinweis für die Therapie zu liegen. Wir müssen uns nämlich bemühen, eine Haltung gegenüber den Leitbildern herauszufinden, die menschlich und persongebunden bleibt und die es also verhindert, daß sich zwischen uns und den Nächsten die Scheidewand einer Apparatur oder auch einer utopischen Kulisse schiebt. Das Leitbild kann nur dann – das wäre meine These – legitim sein, das heißt: Es ist solange nicht Auflehnung wider Gott und die Vergötzung, wie es uns den Nächsten erhält und wie es die Sorge für ihn, den unmittelbaren Nächsten, nicht einfach an ein perfektes System, zum Beispiel an den selbstzwecklichen Wohlfahrtsstaat, delegiert. Das ist so vielleicht gefährlich allgemein gesagt; darum will ich gleich das Kriterium dafür nennen, daß und wann wir nahe am Nächsten sind:

Das Kriterium dafür, ob wir den Nächsten noch haben, besteht in der Frage, ob wir lieben können. Jean Paul ist es, glaube ich, der einmal das Wort geprägt hat: »Liebe ist die Kraft zu idealisieren.« Man könnte auch sagen: sie sei die Kraft zu verklären. Diese Verbindung von Liebe, Ideal und Verklärung könnte uns vielleicht in unserem Suchen weiterhelfen, jedenfalls kann sie es dann, wenn wir hier unter Idealisieren nicht den trivialen Akt einer bloß blinden Träumerei und Schwärmerei, sondern einen Vorgang verstehen, in dem ich das Wesen des anderen verstehe und darauf zugehe. Wenn es eine Gestalt des Idealisierens und des Verklärens geben sollte, die nicht einer pragmatischen Absicht oder menschlicher Hybris entstammt, sondern die aus der Liebe geboren wäre, dann könnte uns das ein Fingerzeig sein, wo man – jedenfalls als Christ – das legitime Ideal zu suchen hätte.

Und in der Tat: Ich meine, es gebe diesen Ursprung des Leitbildes in der Liebe, also in der Personnähe. Ich darf einfach an einem Modell verdeutlichen, was ich meine:

Wenn ein Kind zu seiner Mutter sagt: »Du bist die Allerschönste auf der Welt!« –, dann ist die so idealisierte, die so verklärte Mutter ein Bild, das dem Ereignis der Liebe entstammt. Ich will es noch an einem anderen, sehr viel delikateren Beispiel zeigen, und ich tue das, obwohl ich damit wunde Stellen berühre und sozusagen in unbewältigte Neurosen hineinlange (ich weiß aber, daß ich gerade darin – nicht nur darin! – dem Gedankengut Eugen Gerstenmaiers nahe bin): Ich halte es für gefährlich, nach wie vor den Nazis darin hörig zu sein – wenn auch in Form einer bloß negativen Reaktion –, daß wir bestimmte Werte, wie etwa die des Vaterlandes, für uns »shocking« sein lassen, nur weil die Nazis eben mit ihnen Schindluder getrieben und es fertiggebracht haben, uns bis heute nachschwelende Komplexe zu versetzen. Das Modell, auf das ich so vorsichtig vorbereitet habe, besteht in unserer Nationalhymne. Das Lied »Deutschland, Deutschland über alles« kann uns die beiden Grundformen der Ideale, nämlich das der Liebe Entstammende und das zur Ideologie Pervertierte, in großer Prägnanz sichtbar machen. In seinem ursprünglichen Sinne war es ja sicher ein Lied, das genau der Liebeserklärung jenes Kindes gegenüber seiner Mutter entsprach: »Du bist das schönste Land mit deinen Burgen, Flüssen und Wäldern. In der ganzen Welt geht mir nichts über dich.« Es ist die Liebeserklärung ans Vaterland, das so wohl jeder Bewohner jedes Landes ausspricht. In diesem Satze »Deutschland, Deutschland über alles!« aber eine objektive Aussage sehen zu wollen, wäre ebenso läppisch, wie wenn man dem Kinde unterstellen würde, daß seinem Bekenntnis: »Mutter, du bist die Schönste!«, der Charakter einer objektiven Diagnose zukäme, die sich auf exakte Testvergleiche mit anderen Frauen gegründet hätte.

Das gleiche Ideal des Vaterlandes nun, das so der Liebe entstammt, kann im nächsten Augenblick, und wir haben diesen Augenblick ja erlebt!, zum ideologischen Stimulans des Nationalismus werden und dann als Paraphrase jenes anderen Liedes verstanden werden: »Denn heute gehört uns Deutschland und morgen die ganze Welt!« Das ist genau der Endpunkt dieses Gefälles, der hier wirklich in examplarischer Prägnanz beobachtet werden kann.

Wenn wir unsere Leitbilder und Ideale reinigen wollen, wenn wir ihnen die Vergötzungstendenz, die Hybris, das Versucherische nehmen wollen, dann kann das offenbar nur so geschehen, daß wir das Idealisieren, das Verklären personal füllen, oder besser: daß wir es in seiner möglichen Personalität entdecken. Das aber ist nur so möglich, daß wir es nicht in bloßen Zielbildern, in bloßen Perfektionen bestehen lassen, sondern daß wir im Idealisieren den Akt suchen, durch den wir uns auf den Menschen zubewegen. Das heißt ganz konkret: Der Staat, das Reich, die Demokratie können meines Erachtens niemals in diesem Sinne Ideale sein, denn sie sind Ordnungen, Apparaturen und Dingbereiche, die wir nicht lieben können, jedenfalls nicht in einem personalen Sinne. (Und wenn wir doch hier von Liebe sprechen, dann hat es allenfalls symbolischen Sinn.) Wohl aber kann ich in diesem gefüllten Sinne der Liebe das Vaterland eines meiner Leitbilder sein lassen, weil ich es lieben kann, weil es eine personale Qualität hat. Und ich hege die Meinung, daß man nur dann, wenn man durch diese Schicht der Bindung an das Vaterland gegangen ist, auch einen echten Weg innerer Gebundenheit an Demokratie, an Staat, an Europa, sogar an die Welt der Verwaltungsapparaturen finden kann. Aber man muß erst diese Schicht durchschritten haben – diese Schicht des so perhorreszierten, in unserer heutigen Jugend perhorreszierten »Vaterlandes«: Denn es ist ja das Land des Vaters und der Väter, es ist mit dem Bilde des Nächsten gefüllt. Es ist als Heimat der Inbegriff für den Raum, in dem ich durch Häuser und Straßen, Täler und Berge, Erinnerungen und Gegenwart auf Menschen bezogen bin, die mir Gott auf meinen Weg gegeben und zum Schicksal gemacht hat.

Wenn wir in diesem Zusammenhange die so überaus schmerzvolle Frage stellen (die ich mir immer wieder stellen muß, wenn ich z. B. am Volkstrauertag zu reden habe): wofür eigentlich die deutschen Soldaten des letzten Krieges gefallen seien, dann geraten wir in eine beklemmende Ausweglosigkeit, wenn wir die Sinnhaftigkeit ihres Sterbens in einer utopischen Idee suchen. Denn für welches Deutschland sollten sie gestorben sein, für welche politische Idee? Etwa für das Dritte Reich? Aber vielleicht dürfen wir so sagen: Wie verfehlt und vor allem wie irregeführt auch die Ideale vieler von ihnen gewesen sein mögen, hinter den falschen Etiketten lebte ihre Opferbereitschaft für Weib und Kind, für Eltern und Freunde, die sie bedroht wähnten, auch wenn dieses Wähnen ihnen von den vaterlandslosen, aber nationalistischen Verführern eingeredet sein mochte. Man braucht nur einmal die Kriegsbriefe gefallener Studenten zu lesen oder auch die ebenfalls erschienenen Kriegsbriefe aus allen Nationen, um sich klar zu machen, daß hinter den falschen Etiketten jene echte personale Schicht stand. Für das Ethos auch des heutigen und des kommenden Soldaten wird es meines Erachtens ganz entscheidend sein, daß seine Kampfbereitschaft nicht nationalistisch, aber auch nicht utopisch-menschheitlich und auch nicht im ersten Stadium sofort für Europa mobilisiert wird, sondern daß wir an diese opferbereite Liebe zu Weib und Kind, Freunden und Kameraden, an diese personale Fülle unseres Lebens appellieren und den jungen Soldaten von hier erst in die größeren Räume zu führen beginnen. Wir fangen meist bei dem Allgemeinen an. Darum wird dann vieles so leer und manches sogar unglaubwürdig.

Nun scheint mir eines festzustehen: Falsche Ideale, so wie sie etwa der Nationalismus erzeugt, sind nicht durch Entmythisierung und Ernüchterung zu überwinden, sondern nur durch legitime Ideale, durch Ideale, die der Liebe entstammen. Auch dem Bolschewismus kommt man eben nicht so bei, daß man ihn rational widerlegt und sein Ideal der klassenlosen Gesellschaft als eine Ideologie entlarvt und also wieder nur entmythisiert. Das würde ja nur der Versuch sein, die Dynamik ideologischer Besessenheit mit der Intellektualität einer nur verneinenden Aufklärung, mit »staatsbürgerlichem Unterricht«, zu bekämpfen. Und dieser Unterricht scheint mir im heutigen Stadium deshalb ein totgeborenes Kind zu sein, weil man ihn eben im Sinne der Aufklärung betreibt und weil wir überdies noch an Neurosen leiden, die selbst die bloße »Aufklärung« belasten. Nur wenige Lehrer wagen ja das Wort »Vaterland« überhaupt in den Mund zu nehmen.

Wir können das falsche, wir können das ideologisierte Ideal nur mit dem wahren, mit dem legitimen Leitbild bekämpfen. Und welches andere Leitbild könnte das sein als eben das Bild, das unsere Liebe erzeugt: Weib und Kind, die wir nicht versklavt sehen möchten; lebendige Gemeinschaften, die nicht zu Kollektiven werden sollen; eine Freiheit, die nicht zur Hörigkeit der Funktionierer werden soll. Wir haben nicht einfach nur andere Leitbilder als der Marxismus-Leninismus, sondern wir haben ein anderes Wesen von Leitbildern. Für diese personale Füllung der Ideale und Leitbilder ist es mir immer als bezeichnend erschienen – das darf ich als Theologe hier sagen –, daß Jesus Christus überhaupt nicht von der Struktur des Reiches Gottes spricht, daß dieses Reich auch nicht andeutungsweise unter dem Aspekt einer perfekten utopischen Dingwelt auftaucht. Vielmehr taucht es immer nur so auf, daß er es bringt, indem er zu seinem konkreten Nächsten geht. Dieses Reich Gottes ist dort mitten unter uns, wo er heilend und wirkend da ist, das heißt, wo die Lahmen gehen, die Blinden sehen und den Armen das Evangelium gepredigt wird. Und Albert Schweitzer, der wahrlich das Zeug gehabt hätte, um spekulative Utopien zu ersinnen, konzipierte keine ideale Gesellschaftsordnung, in der etwa die Ehrfurcht vor dem Leben oberster Verfassungsgrundsatz wäre, sondern er ging nach Lambarene und lebte die Ehrfurcht vor dem Leben so, daß sie als Ideal dem Akte eines sehr konkreten Liebens entstieg und auf diesen Akt begrenzt blieb, also nicht liebelos und utopisch umhergeisterte.

Albert Schweitzer, der als Paradigma hier unendlich lehrreich ist, proklamierte also nicht das Ideal, etwa den Entwicklungsländern irgendeine Perfektion zu bringen, sondern er schnitt einigen bedrängten und leidenden Eingeborenen die Geschwüre auf.

Die Liebe zum Ideal kann nur gebändigt werden und gesund bleiben, wenn das Ideal, wenn das Leitbild aus der Liebe kommt. Der Exzeß des falschen Ideals kann darum nicht durch rationalen Abbau, sondern nur durch jene Kraft des Verklärens bekämpft werden, die aus der Liebe geschenkt wird.

Freilich muß ich hier noch etwas Ketzerisches sagen. Man sollte nämlich Leitbilder und Ideale, die so gerne zu einer schwirrenden, faszinierenden und irrealen Leuchtkugel werden, deshalb doch einmal fröhlich in die Luft schießen, ohne dem Krampf eines permanenten Zielens zu verfallen. Man sollte zwar wissen – und wir haben uns ja jetzt ein wenig damit beschäftigt –, worin Wahrheit, Irrtum und Versuchung des Leitbildes bestehen. Doch wie schrecklich wäre die Vorstellung, daß man nun seine – oder unserer Jugend – Ideale tantenhaft hüten und in einer gezähmten Bravheit erhalten müßte, so wie die skeptische Generation das ja tatsächlich tut. Sie hat nämlich bei aller ihrer Großartigkeit – wenn man mit ihr zusammen lebt, weiß man, wie viele Vorzüge sie hat! – dieses Tantenhafte, auf Sekurität Bedachte, Betreut-sein-wollende, und dagegen muß man kämpfen. Wie furchtbar wäre es, sage ich, wenn man seine Ideale tantenhaft hüten wollte! Wer aus Angst vor dem Unkraut an jedem Hälmchen herumtastet, kaum daß es seine Spitze aus dem Erdreich reckt, der jätet wider Willen auch die Ähren in spe mit aus. Aber eben diese Haltung, die uns Jesus im Gleichnis verbietet, nehmen wir oft genug gegenüber unseren Idealen und Leitbildern ein. Wer Angst vor den Unkraut-Idealen hat und darum die Weizenideale auch nicht aufkommen läßt oder vorzeitig ausreißt, der rechnet nicht mit dem Herrn der Ernte, der uns den Gleichmut und die Gelassenheit von freien Kindern gibt, weil er es ja ist, der königlich über den Feldern der Welt wacht. Der verfällt dem Sorgengeist und dem Krampf moralischer Seelen.

Jeder nämlich, der die Leidenschaft zu großen Zielen besitzt, muß von seinen Zielen auch träumen können. Man braucht kein Phantast zu sein, um Phantasie haben zu können. Wer ergriffen ist, ist ja auch in seiner Bildschicht ergriffen. Und wer Großes will, der will ja gar nicht nur, sondern den peitschen auch seine Leidenschaften. Träume aber, die ständig kontrolliert und mit Ordnungsrufen bombardiert werden, die nicht frei ausströmen können, sind gar keine Träume, sondern angstvolle Krämpfe. Der Imperativ des Neuen Testamentes: »Seid nüchtern und wachet!« will aber nicht den Krampf, sondern dieser Imperativ meint doch: »Seid bereit zur Ernüchterung und laßt euch wecken!« – Wer jedoch Wachbleiben und Nüchternheit zum Selbstzweck macht und sich so, als skeptische Generation, in Träume sinkend gar nicht mehr fallenlassen kann, der droht dem Krampf eines permanenten Gähnens zu verfallen und wird zum Zeugen jener Langeweile und jenes Grau in Grau, das den Herrn der Christenheit, den Herrn also jener Ernte von Kraut und Unkraut, zur Karikatur macht. Jedenfalls suche ich in meinem Wirkungsbereich, soviel ich kann, die Koketterie mit der Nüchternheit, mit der vermeintlichen »Rationalität«, wie sie sich in weiten Kreisen unserer akademischen Jugend findet, zu bekämpfen und zu ironisieren.

Darum soll man seine Ideale nicht mit der Elle messen. Wer die abgeklärte Stille des Alters haben will, indem er sich Sturm und Drang verweigert und alle Zonen der Wetter umgeht und sich schon mit 20 Jahren dann logischerweise nach der Pensionsberechtigung erkundigt – was sehr häufig vorkommt –, der bezahlt diesen unerlaubten Vorgriff damit, daß er nicht zur rechten Zeit weise, sondern daß er zur Unzeit altklug wird und daß er im Grunde gar nicht zum Alter, sondern zur Senilität durchfindet. Er huldigt dann nicht der Tugend der Nüchternheit, sondern der Kalorienmangel seiner Seele hat ihm einen Streich gespielt.

Darum also soll man die Ideale nicht mit der Elle messen. Ich habe einmal zu meinen Studenten gesagt: Ich liebe dionysische Jünglinge, einfach um ihnen anzudeuten, daß einer auch wagend, riskierend an etwas glauben oder an etwas zweifeln soll, daß er dabei auch irren darf und zum Scheitern bereit sein muß. Die Ideale haben – theologisch gesprochen – jene Qualität, die Dietrich Bonhoeffer, der Blutzeuge der Bekennenden Kirche, einmal als das »Vorletzte« bezeichnete. Wer dem Vorletzten, dem Sozialstaat und der gerechten Gesellschaft, wer den Leitbildern des Heiligen und des Helden auch jenes Interim versagt, in dem sie einmal der Gegenstand des Träumens und des Idealisierens und des Verklärens sein dürfen, der macht sie zu reinen Zweckgebilden und der raubt ihnen damit den Glanz der Schöpfung und die Würde der Autorität. Wer nur im Namen des Letzten lebt und dieses Vorletzte überspringt, versündigt sich einmal am Diesseits, indem er es pragmatisch verachtet und indem er dem gottgewollten Großen, dem Vaterland, der Freundschaft und der Autorität mit Besserwisserei und Snobismus gegenübertritt. Aber auch jenes Letzte selber, in dessen Namen er zu leben und jene Relativierungen vorzunehmen meint, geht ihm verloren. Bonhoeffer hat darüber das tiefe Wort gesagt: »Nur wenn man die Erde so liebt, daß mit ihr alles verloren zu sein scheint, darf man an die Auferstehung der Toten glauben.« Dieses sehr merkwürdige und hintergründige Wort meint doch wohl: Wem das Leuchten der Welt und wem die funkelnden Träume erlöschen, wem die Erde wieder – wahrhaftig ein Rückfall hinter die Schöpfung! – wüst und leer wird, der hört aus der Botschaft von Tod und Auferstehung nicht mehr das weltüberwindende Wunder Gottes heraus, das Dennoch Gottes zu einer verlorenen Welt, und dem verhärtet sich das Ohr für den Klang dessen, daß das Evangelium die Überbietung aller geliebten Dinge ist.

Wie sollte noch etwas vom Trotz und auch vom Dennoch in einem Menschen sein, bei dem Auferstehung und ewiges Leben nur noch die Konkurrenz mit einer erloschenen Mondlandschaft zu bestehen haben? Muß man immer – so frage ich meine Mitchristen –, muß man vorher immer alles schlecht und glanzlos machen, damit das himmlische Jerusalem zu leuchten beginnt? Muß die Vision von Jammertälern beschworen werden, um den Himmel attraktiv zu machen? Soll das Christentum eigentlich nur bei schlechtem Wetter gedeihen können? Muß der Pfarrer deshalb Schlechtwetter machen? Muß er soviel vom letzten Stündlein reden, muß er aus dem Inventar von biologischer Manipulation und Nukleartechnik so viele Requisiten entleihen, um jenen apokalyptischen Hintergrund zu schaffen? Die Konkurrenz des Reiches Gottes mit dem Grau in Grau des Jammertales: Diese Konkurrenz ist zu billig!

Gewiß, die Firmamente und die Ideale stürzen letzten Endes ein, weil die Welt vergeht mit ihrer Lust. Aber vorher haben sie gefunkelt! Wer jedoch meint, das Licht der Ewigkeit nur so zum Leuchten zu bringen, daß er die Erde verdunkelt und die Ideale verlöschen läßt, der traut Gott wenig Herrlichkeit zu. Er raubt sich die Erde, ohne damit den Himmel zu ehren. Er nimmt sich das Vorletzte und macht das Letzte zum doketischen Gespenst. »Wir leben aber« – sagt Bonhoeffer wieder – »im Vorletzten und glauben an das Letzte«. Und nur der, der das Meer geliebt hat, weiß, was es heißt, wenn die Bibel sagt: daß das Meer einmal nicht mehr sein wird.

Ich möchte uns alle und vor allem unsere Jugend, die wir lieben, davor bewahren, daß wir allzu einfach sagen: Das Ideal sei gefährlich und gelobt sei die Nüchternheit, und: Wer sich in Gefahr, doch Ideale zu haben, begibt, kommt darin um. Das ist kein Satz des Glaubens, sondern das ist ein Satz aus der Spießbürgerfibel. Denn gefährlich ist alles: Rauchen, Trinken, Tanzen, Lieben, Schwärmen – aber auch die Askese ist gefährlich! Auf welchen rohen Eiern sollen wir denn nun – das möchte ich gerade als Theologe fragen – als Christen gehen, wenn die Gefährlichkeit zur Parole des Lebens wird? Daß der Weg zur Hölle mit guten Vorsätzen gepflastert ist, habe ich zwar schon vernommen, daß aber der schmale Pfad zum Reiche Gottes – und also zu unserer Bestimmung – mit rohen Eiern gepflastert sei, das scheint das Kakaggelion mancher heutiger Christen zu sein, die auf Gottes Erde nicht mehr aufzutreten wagen. Ist es nicht jammervoll, für wie viele von uns und unseren Zeitgenossen das Christentum nur noch in Erscheinung tritt als bloße Prophylaxe, als Warnungstafel gegenüber vielen Feuern, mit denen wir nicht spielen dürfen? Und dabei haben wir doch die königliche Verheißung, ein Brand zu sein, der aus dem Feuer gerissen ist – wie der Prophet Amos einmal sagt. Ist jener Eine nicht gekommen, ein Feuer anzuzünden auf Erden –, und was tun seine Christen, jedenfalls weithin? Sie entzünden allenthalben rote Warnlichter: Hier geht es zum Abgrund der Ideale, dort zum Dämonenhorst der Kunst einschließlich Existentialismus und Surrealismus, dort zum Dschungel der Weltweisheit. Die Welt von roten Blinklichtern umstellt: Ist das die Welt, die die Erlösung meint? War für diesen kläglichen Feuerzauber der Aufwand von Golgatha nötig?

> Trotz dem alten Drachen
> Trotz des Todes Rachen
> Trotz der Furcht dazu:
> Tobe, Welt, und springe,
> Ich steh hier und singe
> In gar sichrer Ruh –

Von den brüchigen Wänden dieser vergehenden Welt klingt

das Lob der Christenheit wider, und nur im Loben, in der Anbetung des Letzten, hat sie die sichere Ruh, die Gelassenheit. Sie hat sie dort, wo Gott über ihr wacht, wo sie weinen und lachen, nüchtern sein und schwärmen, dem Ernste gehören und spielen darf. – Die selbstgewählten Etappen aber und ängstlichen Nüchternheiten sind nicht die Vorhöfe des Reiches Gottes. Die Welt tobt und springt, und das Ideal ist gefährlich. Der Christ aber steht im Sturmschatten der göttlichen Bewahrung und weiß etwas von der Kunst, sich Ideale leisten zu können und den Versucher zu verachten.

STAAT

FRANZ JOSEF STRAUSS

Eugen Gerstenmaier, ein Deutscher und Europäer, der Recht behalten hat

Man kann den Politiker Eugen Gerstenmaier, dessen Lebenswerk untrennbar mit der deutschen Nachkriegsgeschichte verbunden ist, nicht im richtigen Bezuge sehen, wenn man den Blick nicht zuerst auf den Menschen, die Herkunft, den Charakter wirft. Schon seine Jugend im schwäbischen Kirchheim unter Teck war geprägt von den Tugenden der Sparsamkeit und des Fleißes im besten Sinne. Sein Ausbildungsweg war nicht vorgezeichnet und glatt, wie es bei vielen anderen der Fall war und ist. Eugen Gerstenmaier hat sich von seiner Kindheit an alles hart erarbeiten müssen. Als Ältester von neun Kindern hat er eisern sein Abitur nachgeholt. So bildete sich früh einer seiner bemerkenswertesten Wesenszüge heraus, die dauernde Spannung zwischen einem ausgeprägten Eigenwillen einerseits und der in der Landschaft, aus der er stammt, häufig anzutreffenden Neigung zu philosophischer Nachdenklichkeit; die Spannung zwischen Überzeugungstreue und Toleranz auf der Grundlage breiter Bildung, zwischen Frömmigkeit und praktisch-politischer Welthaltung; die Spannung zwischen Sehnsucht nach dem akademischen Lehramt als intellektueller Erfüllung und politisch-sozialem Wirken als sittlichem Auftrage. Stationen, die diese hervorragende Grundhaltung Eugen Gerstenmaiers belegen, sind zu finden in seinem Wirken beim Außendienst der evangelischen Kirche vor 1945 und im Evangelischen Hilfswerk nach dem Zusammenbruch von 1945, dessen segensreiche Tätigkeit für immer untrennbar mit dem Namen Eugen Gerstenmaiers verbunden sein wird.

Das Spannungsfeld des Menschen und des Charakters hat

sich ohne Zweifel zuungunsten des Mannes bei seinem »Sturz« Anfang 1969 ausgewirkt, der von seinen politischen Gegnern deshalb so zielstrebig herbeigeführt wurde, weil sie längst begriffen hatten, daß sie damit nicht »irgendeinen« ausschalteten, sondern den unverwechselbaren Politiker, an hervorragender Stelle unbeugsam stehend. Eugen Gerstenmaier war und ist – und er muß es gerade in dieser tragischen Stunde empfunden haben – im Grunde immer ein einsamer Mann, obgleich er, wie es seinem aufgeschlossenen Wesen entspricht, stets das unverzichtbare Gespräch und die Diskussion gesucht hatte und sucht. Als Beispiel möchte ich dafür nur die Nützlichkeit seines »Vierherrenwald-Kreises« anführen. Von heute her betrachtet ist sein politisches »Ende«, wenn man einmal diesen verführerisch kurzsichtigen Begriff verwendet (denn ein Talent von so beeindruckender Größe »endet« nie), vor allem auf eine Neidwelle in den eigenen Reihen und eine törichte Angst zurückzuführen, hinter der die unbegründete Vermutung stand, Gerstenmaier könne der CDU bei den entscheidungsvollen Wahlen des Jahres 1969 so etwas wie »schaden«. Es ist sicher kein Ruhmesblatt seiner Parteifreunde, ihn in dem Wahlkreis, den er so lange vertrat, nicht mehr aufgestellt zu haben. Dies wurde ihnen sogar leicht gemacht. Denn außer seiner Leistung ist seither an Eugen Gerstenmaier nichts mehr zu bewundern als die vornehme Zurückgezogenheit, in der er lebt. Diejenigen, die glaubten, ohne diesen Mann auskommen zu können, müssen sich heute bittere Vorwürfe machen. Eugen Gerstenmaier fehlt den Unionsparteien nirgendwo mehr als in diesen siebziger Jahren, die uns gerade heute, da er sein siebtes Lebensjahrzehnt vollendet, vor Entscheidungen stellen, die möglicherweise unwiderruflich sind, in jedem Falle aber so oder so das Schicksal unseres freiheitlichen deutschen Staates und damit das Schicksal Westeuropas bestimmen. Alles, was diese Entscheidungen ausmacht, die große Auseinandersetzung zwischen Freiheit und Sozialismus, die fehlende europäische Einigung, die Hilflosigkeit der NATO, Radikalisierung im

Inneren der Bundesrepublik, Staatssozialismus in immer bedrohlicherem Ausmaße, dies zusammen auf dem Hintergrund einer sowjetimperialistischen Politik, deren Hand nach ganz Westeuropa greift – all dies verlangte geradezu nach einem Warner und Denker vom Schlage und Format Eugen Gerstenmaiers. Was hätte er gerade 1976, wenn man so sagen darf, auch als »einfaches« Mitglied des Deutschen Bundestages, Entscheidendes zu sagen gehabt, das er unverwechselbar hätte vortragen können, mit der Kraft seines Gewissens ebenso wie mit der Kraft seines Geistes! Denn von Eugen Gerstenmaier kann man sagen, daß er die Entwicklung, vor deren Ergebnis wir heute stehen, von Anfang an klar erkannt und vorausgesagt hat.

Eugen Gerstenmaier kam vom Widerstand gegen den Nationalsozialismus her, den man ihm hernach auf gemeinste Weise bestritt: Der die SED bewundernde Theologe Karl Barth ebenso wie ehemalige Nazis vom Schlage des Generals Ramcke standen hier bezeichnenderweise in einer Front. Er aber hatte diesen Widerstand nicht nur im stillen Kämmerlein praktiziert, sondern mutig vor Freislers Bluttribunal; die geistige und seelische Gemeinsamkeit des Widerstandes hat ihn geprägt.

Mit dem schon erwähnten Hilfswerk ist die große soziale Grenzüberschreitung nach dem Kriege zu betrachten. Diese Schöpfung prägte Gerstenmaiers Vorstellung von richtiger und gerechter Sozialpolitik bis zum heutigen Tage. Schon im Sommer 1952 hat er die Solidarität aller christlichen Arbeitnehmer gegen die damals bereits erkennbare Ideologisierung des DGB, wie sie sich heute in bedrohlichster Weise ausgeprägt hat, leidenschaftlich gefordert. Es ist nicht zu hoch gegriffen, wenn man sagt, daß sich gerade auf diesem Gebiete die Grundideen der Unionsparteien unverändert in der Persönlichkeit Eugen Gerstenmaiers symbolisieren.

In diesen beginnenden fünfziger Jahren zeichnete sich auch ebenso unübersehbar das Profil des leidenschaftlichen Kämpfers ab für die Bindung der Bundesrepublik an den freien Westen, für die Westverträge als dem Kernpunkt der Politik Adenauers. Kaum einer der führenden Männer hat leidenschaftlicher und unablässiger sich für diese Weichenstellung eingesetzt. Und keiner außer Eugen Gerstenmaier hat es vermocht, aus der Kraft seines Berufsweges heraus, die für ihn Berufung war, gegen den Neutralismus sowohl der SPD als auch der von Heinemann und seinem Anhang mobilisierten evangelischen Kirchenkreise überzeugender zu kämpfen. Aber was vielleicht noch entscheidender schon damals war, auch wenn es untrennbar mit der Absage Eugen Gerstenmaiers an einen falsch verstandenen Neutralismus auf politischer Ebene ebenso wie auf geistigem Gebiete zusammenhängt: Eugen Gerstenmaier ist zu den leidenschaftlichsten Europäern schon der ersten Stunde zu rechnen, und er ist dies geblieben bis zum heutigen Tage, ja er ist es sicherlich heute noch mehr, weil er sieht, daß Westeuropa eine »Bauruine« ist, wie er jüngst einmal in einem Aufsatz schrieb. Weil er Europa, damit es sein Schicksal meistere, als ein wohlgefügtes, den Stürmen widerstehendes Haus sehen wollte, hat er für die Europäische Verteidigungsgemeinschaft und gegen Mendès-France gekämpft; er hat die Schlachten für die Pariser Verträge gegen Erler und Carlo Schmid geschlagen. Wenn man sich heute vor Augen führt, mit welcher rhetorischen und gedanklichen Brillanz dies geschah, dann wird einem doppelt bewußt, welcher Geist im Wortsinne mit Eugen Gerstenmaier aus dem Bundestag ausgezogen ist. Die Weltläufigkeit des Politikers, der über dem Detail, das er exakt beherrschte, stets den Blick aufs Ganze zu richten vermochte, fand ihre Entsprechung im theologisch-politischen Auftrag. Gerstenmaier war der entscheidende Faktor der Unionsparteien im Widerstand gegen die Demutsgesten vor dem Kommunismus, gegen einen theologisch verbrämten Nationalismus und damit gegen eine politische Kirche, von der die Dolchstoßlegende der SPD im Zusammenhang mit der sowjetischen Note von 1952 unheilvoll propagiert wurde.

Mit der gleichen Leidenschaft, mit der sich Gerstenmaier als Europäer bekannt hat, ist er für die Freiheit aller Deutschen auf der Grundlage ihrer Selbstbestimmung eingetreten. Für ihn war selbstverständlich, daß ein moralischer Anspruch auf Alleinvertretung des freien deutschen Teiles für das Ganze von Anfang an bestand und erst recht heute bestehen muß, nachdem eine verfehlte »Ostpolitik« des einseitigen Gebens ohne entsprechende Gegenleistung zum Verlust wertvoller Positionen geführt hat. Der von mir, teilweise gegen den Widerstand in den eigenen Reihen, durchgesetzte Gang zum Bundesverfassungsgericht nach Karlsruhe, der dem leichtfertig und oberflächlich und gefährlich ausgehandelten Grundvertrag mit der »DDR« 1973 wenigstens die durch das Grundgesetz gebotene Grenze setzte, entsprang derselben Treue zur Verfassung, die Eugen Gerstenmaier nicht nur dem Buchstaben nach seit eh und je als oberstes Gebot betrachtete.

Achtung vor der Verfassung ist die Grundlage seines ganzen politischen Einsatzes als Deutscher und als europäischer Politiker, und weil er es damit ernst nahm mehr als andere, wurde er von seinen Gegnern in der gleichen Tonart verketzert wie es mir widerfahren ist, immer dann, wenn ich meine Stimme um wesentlicher Fragen willen erhob. In vorderster Front stand Eugen Gerstenmaier in seinem Einstehen für die Pariser Verträge; er setzte sein begründetes und überzeugendes Nein der von der SPD und den Vorläufern der APO mobilisierten Angst vor dem »Atomtod« entgegen. Von Eugen Gerstenmaier kam der eigenwillige Vorschlag, die Grundzüge der Regelung für einen Friedensvertrag als Tagesordnungspunkt für eine Konferenz zwischen West und Ost zu fordern. Was wollte er damit bezwecken? Die Antwort ist einfach. Er wollte verhindern, daß Moskau bei der Behandlung der deutschen Frage ausschließlich nur auf »direkte Verhandlung« zwischen Bonn und der »DDR« verweisen konnte. Wozu »direkte Verhandlungen« nach Moskauer Vorstellung im Endergebnis führen, hat ja die inzwischen vertraglich abgesicherte, der Sache der Freiheit aller Deutschen insgesamt so schädliche »Ostpolitik« seit 1969 gezeigt. Für Eugen Gerstenmaier muß es unerträglich sein, daß fahrlässig das Regime des Unrechts, des Schießbefehls und der automatischen Tötungsanlagen auf seine Weise den völkerrechtlichen Segen durch Bonn erfahren hat.

Die weltpolitische Einbettung der deutschen Frage aber war in den Jahren, in denen Eugen Gerstenmaier in der vordersten Front der deutschen Politik stand, immer unabdingbar – im Gegensatz zur SPD – verbunden mit der Zugehörigkeit der Bundesrepublik zum westlichen Verteidigungsbündnis. Von dieser eisern verfochtenen Position aus führte er den Kampf gegen den Wehner-Plan der SPD, der Ende der fünfziger Jahre, kurz ehe die Sozialdemokraten ihren taktischen Wechsel hin zum Godesberger Programm und zur NATO vollzogen, mit dem sattsam bekannten Vorwand »sozialer Anpassung« nichts anderes im Endergebnis bezwecken konnte (und wohl auch beabsichtigte!) als die sozialistische Angleichung der Bundesrepublik an die »DDR«. Seit 1969 ist Wehners Plan von ehedem, dem sich Gerstenmaier so leidenschaftlich widersetzte, zur trostlosen Wirklichkeit heutiger Politik der SPD und ihres ergebenen Anhängsels FDP geworden. Daß ausgerechnet die einstmals Freien Demokraten sich zum Steigbügelhalter sozialistischer Entwicklung in der Bundesrepublik erniedrigen könnten, muß gerade für den echten liberalen Schwaben Gerstenmaier, in dessen Heimat einst der Liberalismus feste Wurzeln hatte, besonders deprimierend sein.

Weil Eugen Gerstenmaier die Stoßrichtung der sowjetischen Politik und ihres unverzichtbaren Außenpostens »DDR« seit eh und je richtig eingeschätzt hat, scheute er sich nicht, bei der von Chruschtschow entfesselten Berlinkrise 1958/59 für Berlin ohne Wenn und Aber einzutreten. Als Bundestagspräsident hat er kompromißlos zu seiner Überzeugung gestanden, daß am Status des freien Berlin keine Abstriche zu dulden seien. Er hat 1959 (übrigens gegen die Bedenken der Bundesregierung) die Bundesversammlung nach West-Berlin einberufen ebenso wie 1965 das Plenum des Bundestages, ungeachtet der Drohungen der Sowjets. Wenn man heute beobachtet, wie die ständigen Übergriffe der »DDR« gegen den Vier-Mächte-Status Berlins stillschweigend hingenommen werden, dagegen ängstlich und ernsthaft dafür plädiert wird, daß von Seiten der Bundesrepublik alles zu unterbleiben habe, was die Sowjets bei ihrer einseitigen Auslegung des Abkommens verärgere, der muß geradezu sehnsüchtig sich eines Mahners wie Eugen Gerstenmaier erinnern, dessen klare und feste Stimme heute für die deutsche Politik gerade bei der Behandlung der Berlin-Frage mehr denn je notwendig wäre.

Der weltpolitische Analytiker

Eugen Gerstenmaier erkannte schon früh – und das bestätigt seine Rolle als führender deutscher Analytiker weltpolitischer Zusammenhänge – die grundlegenden Veränderungen der internationalen Szenerie zwischen West und Ost, die sich aus dem atomaren Gleichgewicht zwischen den USA und der Sowjetunion spätestens seit 1960 ergeben hatten und zu einer Neuorientierung der deutschen und europäischen Stellung im Atlantischen Bündnis insgesamt führen mußten. Wenn das atomare Gleichgewicht zwischen den Supermächten in West und Ost zwangsläufig deren bilaterale Zusammenarbeit verstärkte, dann konnten Westeuropa und die Bundesrepublik nicht länger sich der trügerischen Hoffnung hingeben, die USA würden über die Untätigkeit ihrer europäischen Partner weiterhin verständnisvoll und liebenswürdig hinwegschauen. An diesem beklagenswerten Zustand, aus dem Eugen Gerstenmaier seine Konsequenzen zog, hat sich bis heute nichts geändert. Die Risse im Bündnis sind eher noch tiefer geworden als daß sie durch deutsche und europäische Initiativen hätten geschlossen werden können. Ich habe damals, und das verbindet mich eng mit Eugen Gerstenmaier, meine Theorie von den »zwei Säulen«, nämlich Westeuropa und den USA, auf denen die Allianz künftig zu ruhen habe, wenn sie lebenskräftig und wirksam bleiben wolle, fast gleichzeitig entwickelt wie er seine Ellipsentheorie. In einem ebenso visionären wie ob seiner Gedankentiefe aufsehenerregenden Vortrag im Oktober 1964 in Paris – zuvor schon hatte er das gleiche Problem in Tokio angesprochen – führte er aus, daß sich die NATO in der Zukunft nicht mehr als ein Kreis mit dem einen Mittelpunkt (härter gesagt mit der einen Befehlszentrale) Washington darstellen könne, sondern als eine Ellipse mit zwei Brennpunkten. »Der eine Brennpunkt würde sicher Washington bleiben, der andere aber müßte in Europa liegen. Er würde mit großer Wahrscheinlichkeit Paris sein. Auf jeden Fall müßte er der Ort sein, an dem sich das europäische NATO-Potential am ehesten zusammenfassen und auch politisch zur Darstellung bringen läßt. Ich glaube, daß die Entwicklung der NATO in dieser Richtung geeignet wäre, nicht nur das in den vergangenen 15 Jahren gewachsene Gewicht der europäischen NATO-Mächte in einer ausgeglicheneren Weise innerhalb der NATO zur Geltung zu bringen, sondern auch die Lasten innerhalb der NATO angemessener als seither zu verteilen. Ich sehe nicht, was vom deutschen, französischen oder von irgendeinem anderen europäischen Standpunkt aus gegen eine solche Entwicklung eingewandt werden könnte.« So sagte er damals.

Eugen Gerstenmaier war deshalb, wie ich, gegen das zu Beginn der sechziger Jahre schon falsch verstandene Primat der USA, das in diesem Augenblick von der SPD (und auch von einigen Unionspolitikern) hervorgekehrt wurde, in dem die Befolgung dieser These um jeden Preis weder die Interessen der Bundesrepublik noch die Westeuropas mehr abdecken konnte. Der Ausweg lag in einer europäischen und deutschen Initiative, freilich nicht als Alleingang – dies war immer das große Mißverständnis! –, sondern in der sinnvollen Arbeitsteilung mit den USA. Westeuropa mußte – und muß es heute genauso, wenn es sich erhalten will – zu einer eigenen Kraft Schulter an Schulter mit den USA werden. Wer annimmt, daß auf diese Weise das Verhältnis zwischen den USA und Westeuropa gestört würde, der irrt grundsätzlich; im Gegenteil. Nur so können die Beziehungen zwischen Westeuropa und den USA auf die Dauer gesund und entwicklungsfähig werden. Die USA und ein vereinigtes Westeuropa als politisch-militärische Einheit, die sich ergänzt: Das war und ist das hervorstechendste politische Credo Eugen Gerstenmaiers ebenso wie meines.

Ich wiederhole noch einmal, daß heute die Wiedergesundung der NATO, die sich in einer schweren Krise befindet, von der Befolgung dieser Rezepte abhängt, die mehr denn je gültig sind. Und ich wiederhole noch einmal, daß Ellipsen- und Säulentheorie die einzig denkbare Lösung dafür sind. Das gleiche gilt für die Idee eines vereinigten Westeuropas. Hier ist es in der Tat fünf vor zwölf, wenn man sich das trostlose Auseinander und Gegeneinander der einzelnen Partner vor Augen führt, während der Sowjetkommunismus und die vereinigte Linke alles unternehmen, um Westeuropa bei gleichbleibender sowjetischer Zielsetzung zu isolieren, mit der Wirkung, daß dieses Westeuropa den resignierenden und mit eigenen schwersten Problemen belasteten USA endgültig entfremdet wird. Das zu erreichen ist die Absicht Moskaus! Eugen Gerstenmaier hat nicht umsonst zu den engagiertesten Streitern gegen den Atomsperrvertrag gezählt, jenem Werkzeug, das in der Hand der Sowjets zur Isolierung der westeuropäischen Staaten und zur militärischen Übermacht der Sowjetunion bis hin zum Atlantik dienen soll.

Es lag und liegt zwingend auf der Hand, daß Westeuropa nicht denkbar ist ohne die engste Zusammenarbeit zwischen der Bundesrepublik und Frankreich als dem unverzichtbaren Fundament jeder Zusammenarbeit zwischen der von den Sowjets gezogenen Trennungslinie im Herzen Deutschlands und der Atlantikküste. Welche Konstruktionen immer entworfen werden, sie müssen Bonn und Paris als Fixpunkte aufweisen. Auch hier ist Eugen Gerstenmaier nicht selten mißverstanden oder bewußt mißinterpretiert worden; mir ist es nicht anders ergangen. Aber die Logik, die für diese Einsicht spricht, ist stärker.

Gerstenmaier und die Nation

Als Präsident des Deutschen Bundestages sah sich Eugen Gerstenmaier nicht allein als Repräsentant und Fürsprecher aller Deutschen, so würdig und so imposant er diese Funktion auch erfüllt hat. Er war vielmehr mit dem Einsatz seiner ganzen Persönlichkeit ständig unterwegs, um den Deutschen wieder ein neues Selbstbewußtsein zu geben, fußend auf dem nationalen Widerstandserlebnis des 20. Juli 1944 als Symbol. Sein leidenschaftliches Tun galt der Versöhnung der Deutschen ebenso mit ihrer Vergangenheit wie mit ihren Nachbarn. Geschichte war und ist für einen Mann wie Eugen Gerstenmaier eben etwas, das sich nicht nur gedankenlos in Daten fassen läßt. Geschichte muß lebendiges Bewußtsein gerade für ein Volk wie das deutsche sein, das ohne Geschichtsbewußtsein sich selbst aufgäbe und, ziellos umherirrend, dem Untergang entgegentriebe. Aus dieser Sicht heraus hielt Gerstenmaier seine großen Plädoyers für ein neues deutsches Nationalbewußtsein; ich denke dabei an seine Rede auf dem CDU-Parteitag in Düsseldorf im März 1964, an seinen Vortrag an der Sorbonne über »Vaterlandsliebe« im Oktober 1964, überhaupt an seine Beiträge zur Schuldfrage der Deutschen wie zum Beispiel jenen 1962 in Jerusalem unter der Überschrift »Wandlung der Deutschen?«

Für Eugen Gerstenmaier ist das Festhalten an einer deutschen Kulturnation als fortbleibender Staatsnation oberstes Prinzip. Er hat, was kein Wunder ist, in dieser Hinsicht viel tiefer gedacht (und zehn Jahre früher!) als etwa Willy Brandt es hernach mit seinen leeren Trostformeln zu tun versuchte. Unablässig hat er auf den Nachholbedarf der Deutschen an Bildung hingewiesen; und er hat dies tiefschürfender getan als die oberflächlichen Bildungsreformer später mit ihrem Eifer, der uns eher noch mehr in die Sackgasse der Bildung und in geistiges Elend führte. Ebenso wie Eugen Gerstenmaier über die Auseinandersetzungen mit politisierenden Theologen zum Kulturpolitiker wurde, wie er sich als einer der wenigen deutschen Politiker erfolgreich der linken Intelligenzija entgegenstellte, warb er als ein echter und überzeugender Botschafter neuer deutscher Politik und deutschen Geistes bei seinen vielen Auslandsreisen für das demokratische Deutschland. Er gewann Freunde und machte auf diese Weise persönliche, aber dafür um so wirksamere Außenpolitik. Er hat die Notwendigkeit der Repräsentation nach außen hin ebenso erkannt, wie er sie nach innen hin zur Stärkung des Staatsbewußtseins der Bürger praktizierte. Aus diesem Grunde trat er auch für die ständige Refom des Parlamentarismus ein, so zum Beispiel für die Verkleinerung des Bundestages. Für ihn war eben Repräsentation mehr als gedankenloser Putz und hohle Fassade.

Die Reden sind nicht zu überschauen, die Eugen Gerstenmaier im Laufe seiner aktiven politischen Tätigkeit gehalten hat. Sie alle strahlten die Präzision seines Verstandes und die Tiefe und Weite seiner Bildung aus. Aber sie atmeten zugleich die Leidenschaft des Mannes, der eine Sache ihrer selbst willen verfocht und nicht, wie es leider häufig vorkommt, seiner selbst willen zuerst. Deswegen war er unbequem und hatte mehr Gegner als die bequemen Anpasser, die immer gefahrlos mit dem Strom schwimmen. Führungslosigkeit und Entfremdung von Paris waren seine entscheidenden Sorgen Mitte des letzten Jahrzehnts. Die Leitung des Auswärtigen Amtes unter Kiesinger, diese Eugen Gerstenmaier auf den Leib geschnittene Rolle, fiel Brandt zu.

Heute schreibt Eugen Gerstenmaier an seinen Memoiren, die

zu den wichtigsten der Nachkriegszeit überhaupt gehören werden; einigen in den Unionsparteien kommen sie mit Sicherheit nicht gerade gelegen. Seit seinem Weggang von der Hauptszenerie der politischen Bühne ist er unverdient in den Hintergrund getreten. Um so mehr haben gerade die Unionsparteien an ihm geistig gutzumachen, denn er hat heute genauso viel zu sagen wie schon immer.

Eugen Gerstenmaier wußte um die unauflösliche Verbindung zwischen Politik und Macht und litt darunter, daß er über Politik Bescheid wußte, aber nie Macht in seinen Händen hatte, mit denen er den Gang der politischen Dinge nach seinem Wissen, seiner Erfahrung und seiner Zielsetzung hätte gestalten können.

Stadtvikar von Gaildorf/Württemberg
Herbst 1935

Nächste Seite oben: 9. Januar 1945. Vor dem 1. Senat (Freisler) des Volksgerichtshofs. Steltzer, Molke, im Hintergrund Pater Delp.

Mit Bischof Dibelius 1948.

Links: Der Leiter des Hilfswerks der Evangelischen Kirchen in Deutschland (Mitte) mit Präses D. Held (links), Leiter des Hilfswerks im Rheinland, und Oberkirchenrat Dr. Ehlers (rechts), Leiter des Hilfswerks in Oldenburg; Bethel 12. 6. 1947.

Links unten: Im Oktober 1948 in Bethel auf der Jahrhundertfeier der Inneren Mission Deutschlands. Mit Martin Niemöller, Präses Held, Bischof Wurm, Prof. Smend, Bischof Lilje.

Jerusalem 1962. Besuch bei Ministerpräsident Ben Gurion, mit dem israelischen Botschafter Felix Shinnar und Frau Brigitte Gerstenmaier.

Bundeskanzler Adenauer gratuliert Gerstenmaier zum 60. Geburtstag, 1966.

Deutschland-Gespräch im Bundeskanzleramt, 21. 4. 66.

Bundestagspräsident Dr. Gerstenmaier, 20. 10. 68.

März 1972, 65. Geburtstag von Bischof Kunst.

KLAUS HARPPRECHT

Gespräche über den Zaun
Transatlantische Reflektionen

Es hat seine Merkwürdigkeit, an diesem amerikanischen Sonntagnachmittag in den Schriften eines Mannes zu blättern, dessen Stimme ich durch jede Zeile erkenne: die kräftige Unterstreichung der Konsonanten und die entschlossene, nicht völlig unmusikalische Verflachung, ja Verquetschung der Vokale, die den Tonfall auch in der hochdeutschen Übersetzung so unverkennbar Schwäbisch machen – die Stimme des Landsmannes, des Fast-Verwandten aus dem Lebenskreis des Vaters, des fremden Freundes der Kindheit, des Chefs am Beginn des Berufsweges, des Partners vieler Unterhaltungen in langen Jahrzehnten, Gegenstimme im Dialog der Parteien, Partner auf der anderen Seite des Zauns, für Augenblicke wohl auch Gegner, niemals Feind. Erlischt die Distanz der gut 3000 Meilen zwischen einem freundlichen Vorort von Washington – diese Welthauptstadt und Kleinstadt zugleich – und dem Dorf Oberwinter über den Rheinhängen südlich von Bonn vor den Zurufen aus gestrigen und vorgestrigen Tagen?

In den Morgenzeitungen las man von der Krise der Entspannung, von der Furcht europäischer Nachbarn über das wachsende Gewicht der Bundesrepublik, das man nur stöhnend zu tragen scheint; mit dem Rotstift war die Bemerkung eines osteuropäischen Diplomaten zu einem westlichen Kollegen zu markieren: »Paßt Ihr auf Eure Deutschen auf – und wir werden auf die unseren achten.« Man lauscht auf das große Selbstgespräch der amerikanischen Demokratie, das die Monate bis zu der Präsidentenwahl im späten Herbst beherrschen wird: unerbittliche Prüfung der Macht, Offensive des

Zweifels, ja eine Vivisektion der Institutionen – und am Ende wird dennoch das »System« triumphieren, wie eh und je, auch jenseits der Epochen einer fragwürdigen Unschuld und eines ruchlosen Optimismus, ungebrochen im vitalen Vertrauen in die grundsätzliche Vernunft des Volkes.

Wir sind rasch zu einem verzeihenden Lächeln bereit. Es zeigte eine Art von Heimkehr an, die den Atlantik schneller überwände als die »Concorde«, die morgen den Präsidenten Frankreichs nach Washington befördern wird, um die Grüße von Republik zu Republik zu bringen, mit Takt, Noblesse und jener aristokratischen Souveränität, der es so leicht wird, Eleganz in Popularität und Stil in liberale Selbstverständlichkeit umzuformen. Auf den Titelblättern der Wochenmagazine umschlingen sich Sternenbanner und Trikolore: Die Enkel der beiden großen Revolutionen feiern miteinander den Geburtstag der ersten, der amerikanischen, die jener Europas um 13 Jahre voraus war. Erbengemeinschaft der Aufklärung, die hier wie dort zur politischen und sozialen Tat wurde.

Beide prägten die Zivilisation, deren Kinder wir sind. Sie erreichte – wir wissen es wohl – auch Deutschland, doch ihre Spur blieb zunächst flüchtig. Geist der Aufklärung und Geruch der Revolution drangen auch in unsere schwäbische Heimat vor, setzten sich tiefer in den Gemütern fest, als G.s und erst recht als es meine Geschichtslehrer wahrhaben wollten. Man weiß es, seit die Hölderlin-Forschung des großen französischen Germanisten Pierre Berteaux die jakobinischen Clubs wiederentdeckt hat, die sich im Tübinger Stift, diesem Kerngehäuse theologischer und poetischer Innerlichkeit, angesiedelt hatten. Wir lernten einst vor allem jenen Hölderlin kennen, der die Jünglinge ins Tal hinabwogen ließ, zum Opfer fürs Vaterland, »Hyperion« und die glühende Reinheit seiner Empfindungen für Diotima; man beobachtete, wie er schließlich die strahlende Welt der hellenischen Visionen weit in seine verwirrte Seele zurücknahm – nur noch »Glanz von innen«, wie es ein anderer gesagt hat. Von seiner angstvollen

Bewunderung der Großen Revolution ist nichts auf uns überkommen. Es war, als sollte dieser Strom der Geschichte an uns vorbeigelenkt werden. Wann und wie hat er G. berührt? Wohl spät. Er zitiert in einer seiner Reden Friedrich Schiller, den Ehrenbürger der französischen Republik: »Der Mensch ist frei geschaffen, und wär' er in Ketten geboren! Laßt Euch nicht irren des Pöbels Geschrei, nicht der Mißbrauch rasender Toren.« Er weist darauf hin, daß zur Stunde, in der dieser Vers geschrieben wurde, man in Paris schon »grausam beim Köpfen« gewesen sei und fügt hinzu: »Schiller hatte recht; denn wenn Freiheit als Voraussetzung überhaupt etwas bedeutet, so doch nur dann, wenn sie Ermächtigung zum individuellen Wagnis des Lebens, zum großen Abenteuer der eigenen Lebensgestaltung ist.«

So wäre der Abstand von Kirchheim unter Teck, ein paar Minuten vom Neckar, hier herüber zu den Küsten von Pennsylvania oder Virginia am Ende – durch die Vermittlung der französisch-englischen Aufklärung – doch nicht zu weit und keinesfalls unüberbrückbar? In der Tat war die Epoche des »enlightenment« – die sich zugleich im wörtlichen Sinn als Epoche der Erleuchtung übersetzen läßt – ein atlantisches Ereignis, das in Amerika durch die gehämmerte Sprache Thomas Jeffersons die Verhältnisse radikal verändert hat: »Wir halten diese Wahrheit in sich selbst erwiesen, daß alle Menschen gleich geschaffen sind: daß sie von ihrem Schöpfer mit gewissen unveränderlichen Rechten ausgestattet wurden: daß zu diesen das Leben, die Freiheit und die Verfolgung des Glücks gehören.«

Das Element der Gleichheit besitzt in dieser Sentenz, wenigstens verbal, eine gewisse Prominenz, und mit der »Verfolgung des Glücks« wird dem einzelnen eine soziale Landschaft zugewiesen, die John Locke und Montesquieu zum ersten Mal umrissen haben. Es gibt eine Annäherung bei Kant. Der große Historiker Henry Steele Commager untersuchte in seinen Essays über Jefferson und die Aufklärung mit dem Tastsinn des Künstlers, wie weit die Idee des »allgemeinen

Glücks« auch ins Herz Europas (und darüber hinaus) vorzudringen vermochte. Aber wäre es zu verwegen, danach zu fragen, ob sie in Deutschland eine bleibende Heimat fand? Ich kenne aus schwäbischen Traditionen keine Mahnung zum Glück, es sei denn: dem innig privaten oder dem der Gottseligkeit. Es besteht hier aber ein enger Zusammenhang mit den Sätzen, mit denen die Erklärung der Unabhängigkeit weitergeführt ist: »[...] daß zur Sicherung dieser Rechte Regierungen unter Menschen eingerichtet sind, deren gerechte Gewalten sich aus der Übereinstimmung mit den Regierten herleiten: daß es, wann immer eine Form der Regierung gegenüber diesem Ziel versagt, das Recht des Volkes ist, sie zu ändern oder aufzulösen und eine neue Regierung einzurichten, deren Fundamente auf diesen Grundsätzen gebaut sind, und ihre Gewalten in solchen Formen zu organisieren, die am ehesten geeignet sind, seine Sicherheit und sein Glück zu bewirken.«

Das ist, noch immer, eine silberne Sprache, aber mit ihr ist in Wahrheit jene Waffe geschmiedet worden, die das Antlitz der Erde binnen zweier Jahrhunderte verwandelte. Das 13. Kapitel des Römerbriefes hat das Gewissen der Gründerväter nicht beschwert, gleichviel ob sie (wie die Virginier) der anglikanischen Hochkirche oder, wie die Söhne der neuenglischen Puritaner, dem Milieu des calvinistisch geprägten Non-Konformismus entstammten. Es war, an diesem Ufer des Ozeans, eine andere Art von Protestantismus am Werk als in jenem Deutschland, für das sich die Weisung des Apostels, der Obrigkeit untertan zu sein, zur »Gewissensnot einer ganzen deutschen Generation«, zum »inneren Elend der blutigsten Epoche der deutschen Geschichte« zusammengeschürzt hat (so G.s Worte).

Dem lutherisch geformten, pietistisch fermentierten Protestantentum, in dessen Milieu G. eine halbe Generation vor mir aufgewachsen ist, war nicht mit gleicher Strenge vorgezeichnet, daß der Segen des Herrn durch Werk und Tätigkeit auch auf diese Erde herabgezwungen werden könne, ja daß es unser Auftrag in der Welt sei, die »Stadt auf dem Hügel«, das »neue Zion«, das »neue Jerusalem« zu bauen. Dieser starke Wille, der oft in der wahren Glaubenswut des Evangelismus alle Dämme der heiligen Nüchternheit brach, speiste auch die weltlichen Energien der puritanischen Gesellschaft Amerikas. Sie übersetzte, mitunter in peinlichen Kurzschlüssen, die religiöse Dynamik in den sozialen Auftrag – und den sozialen Erfolg. Doch zum anderen begriff sie die »Freiheit eines Christenmenschen« als Pflicht in dieser Welt und als eine politische Weisung, die für den Ungehorsam und den Widerstand gegen die Obrigkeit nicht auf die quälenden Begründungen des Luthertums angewiesen war. Das »Resistez!« der hugenottischen Märtyrerin von Saintes-Maries-de-la-Mer war den Pilgervätern gewiß vertrauter als den Heerscharen deutscher Theologen, die gelegentlich die Stufen der Throne mit denen des Altars verwechselt haben könnten. Der deutsche Protestantismus ist, anders als der holländische, der englische, der amerikanische, nie zu einer bewegenden Kraft der Demokratie geworden. Es läßt sich auf komplizierte Weise erklären, warum das so war, und die Begründungen werden ein rasches moralisierendes Urteil verbieten. Doch das Problem muß notiert werden. G. hat es schwierig genug in sich auszutragen versucht.

Er sprach – vor Zuhörern in Israel – von der »rechtschaffenen schwäbischen Heimat« seiner Jugend. Es mag sein, daß sich ihm das Bild so verklärt hat. Gewiß traf diese Feststellung, wenn irgendwo, für das Milieu seines Elternhauses zu, das ich bei der Niederschrift dieser Zeilen in ungenauen Umrissen vor Augen habe. Der Vater, den ich als einen graubärtigen, schlanken Mann wiederzuerkennen glaube, in dessen Auge es vergnügt aufblitzen konnte, hatte sich meine überschwengliche Zuneigung gesichert, als er mir aus der Klavierfabrik Kaim (in der er Betriebsleiter war) eines Tages die ersten Kinderski mitbrachte, vermutlich von ihm selber nach Feierabend gefertigt. Die Grundsympathie für die zahlreichen Gerstenmaiers, die sich auf diese Weise in meine junge

Seele einprägte, konnte auch durch die Ohrfeige nicht erschüttert werden, mit der die älteste der Schwestern meine Gassenjungenerfahrungen bestrafte (und damit, gegen jede Absicht, zu meiner frühen Neugier auf die verborgenen Ursachen unserer Existenz beitrug). Die Mutter sehe ich als eine gelassene und zugleich lebhafte Frau. Mein Vater – damals Pfarrer in Kirchheim – sprach von ihr stets mit einer zärtlichen Achtung: von ihrer Klugheit, ihrer Sensibilität und ihrer Religiosität immer aufs neue berührt, wohl auch von der Tapferkeit, mit der sie die Sorgen der vielköpfigen Familie ordnete. Arbeitslosigkeit lähmte in jenen Jahren vermutlich auch manche der kleinen Betriebe der Stadt. Ich erinnere mich an den letzten Aufmarsch des republikanischen Reichsbanners in grauen Windjacken und grauen Schildmützen. Vor oder nach der Machtergreifung? (Es könnte in der Zeit der Märzwahlen 1933 gewesen sein.) Ich erinnere mich des Aufmarsches der Hitlerjugend zur Sonnenwendfeier, der Lieder, der Fackeln, der brennenden Holzstöße und der wilden Sprünge schattenhafter Gestalten über die Glut, ja ich kann die bösen Träume wachrufen, die mich in jener Nacht, von der Fremdheit dieser Eindrücke überwältigt, das Fürchten lehrten.

G. kam oft ins alte Pfarrhaus. Mein Vater beriet ihn bei der Vorbereitung fürs Abitur; sie mochten miteinander über griechischen, lateinischen oder hebräischen Büchern hocken und gewiß tauschten sie sich über theologische Fragen aus. Über politische? Es ist anzunehmen. G. machte mich bei einer kürzlichen Begegnung darauf aufmerksam, mein Vater sei »ein aufrechter nationaler Mann« gewesen. Das war er wohl. Das Milieu der Weimarer Republik liebte er nicht, obwohl er enge Bindungen zum »Christlichen Volksdienst« Wilhelm Simpfendörfers unterhielt, der im Reichstag um die Stärkung der schwachen Mitte bemüht war. Den jungen G. erkenne ich als einen blassen, eher scheuen jungen Mann, der damals wohl eine randlose Brille trug. Seine Gestalt blieb gegenwärtig, auch als mein Vater das Dekanat im nahen Nürtingen übernommen hatte. Ich wußte, daß er in Rostock studierte. Seine Scherereien mit den Nazis wurden vor uns Kindern nicht verschwiegen. Mein Vater erwähnte – habe ich es recht im Ohr – seine erste Verhaftung.

Das Stichwort vom »Kirchenkampf« wurde aus den Gesprächen jener Jahre auch nicht verscheucht, wenn wir Kinder bei Tisch saßen: die Krisen um den Stuttgarter Bischof Wurm, des Vaters Anschluß an die Bekennende Kirche, Niemöllers KZ-Haft, täglicher Ärger mit dem deutsch-christlichen Amtsbruder der Vorortkirche, gelegentliche Gerüchte über eine drohende Verhaftung, die mörderische Nachtaktion der SA, die nach der »Reichskristallnacht« den Vetter Pfarrer von Jahn in Oberlenningen halb zu Tode prügelte. G. schien in jenen düsteren, bizarren, manchmal lächerlichen und vor allem traurigen Erregungen als ferner Freund des Elternhauses gegenwärtig zu sein. Die Zerrissenheit zwischen »nationaler Gesinnung« und christlichem Widerstand, der dem Vater die Seele beschwerte, war in jenen Jahren – wie seinen Berichten zu entnehmen ist – das zentrale Thema seiner Existenz, von der mitunter Nachrichten zu uns drangen, nun schon von gleichsam höherer Ebene, aus Berlin, wo er auch mit dem Studentenpfarrer Bronisch-Holtze zusammentraf, einem Bruder meiner Mutter, der sich nach dem 20. Juli – von den Torturen zermürbt – in einem Königsberger Gefängnis erhängte. Von G.s Beteiligung am Staatsstreich erfuhr ich Genaues erst nach der Entlassung aus der Gefangenschaft.

G. trug den Konflikt bis in die äußerste Prüfung. Er hat ihn auf die tapferste Weise für sich gelöst. Der Widerstand – schließlich auch der gewaltsame – wurde für ihn und seine Freunde zur nationalen Tat aus christlicher Pflicht. Sein Denken scheint seit dem 20. Juli 1944 unablässig den Begriff der Nation zu umkreisen. Es gibt keinen Zweifel, daß er sich ihr durch die eigene Tatbereitschaft und das Opfer seiner Freunde auf ein tiefere Weise verband, als es der Mehrheit der Zeitgenossen möglich war, die sich die Nation nicht in der Revolte erkämpfte, sondern ihr in blindem oder unwilligem Gehorsam auf allen Wegen folgte, die der Führer befahl. G.s Nationalgefühl, wenn davon in einem unbefangenen Sinn die Rede sein kann, hat sich im Widerstand gleichsam eine gewisse Naivität bewahrt, ja es hat in der Resistance eine Rechtfertigung gefunden, die für die Mehrzahl der Deutschen womöglich keine Gültigkeit hat. Man wird sich damit auseinandersetzen müssen. Könnte es sein, daß sich ihm die deutsche Seelenlandschaft – dank der eigenen Tatbereitschaft und des Opfergangs der Freunde – im Rückblick verklärte?

»Meine rechtschaffene württembergische Heimat ...« Dieser Tage las ich in dem Lebensbericht, den der amerikanische Gewerkschaftsmann Victor Reuther für sich und seine Brüder aufschrieb, eine bedrückende Schilderung der Tage nach der Machtergreifung in einem schwäbischen Dorf, in dem die Reuthers auf der großen Wanderschaft ihre Verwandten besuchten. Er verschweigt nicht, wie ein Arbeiter, der mit den Kommunisten sympathisiert haben mochte, von der SA zusammengeschlagen wurde: in Scharnhausen auf den Feldern, kaum eine halbe Autostunde von Kirchheim unter Teck. Ein Onkel der amerikanischen Brüder – der ältere, Walther Reuther, gewann als Chef der Automobilarbeiter prägenden Einfluß auf die Sozialpolitik der Vereinigten Staaten – präsentierte den fremden Neffen ein Photo, das ihn am Pflug zeigte, die Hand zum »deutschen Gruß« erhoben; die Gäste wurden Zeugen seines Zusammenpralls mit einem anderen – sozialdemokratischen – Onkel, der als Typograph in Esslingen arbeitete. Victor notierte den Ausbruch des nationalsozialistischen Bauern: »Wenn wir nach Moskau marschieren, dann hoffe ich, daß ich dich über den Haufen schießen kann, wenn du dich mir entgegenstellst.« Er beobachtete ferner, daß im Dorf Neumagen der Bürgermeister und fünf seiner Gemeinderäte festgenommen und verprügelt wurden; daß im benachbarten Nellingen die Mitglieder des Arbeiter-Gesangvereins festgesetzt wurden, weil sie verbotene Lieder sangen.

Das alles war so rechtschaffen nicht. G. weiß es, aus leidvoller Erfahrung, gut genug. Er kann sich nicht darüber täuschen, wie jubelnd »aufrecht-nationale« Volksgenossen den heraufkommenden Totalstaat willkommen hießen – oder ihn doch duldeten, obschon die Brutalität der freigesetzten Gewalten offensichtlich war. Ihm mußten ohne Zweifel auch die Konsequenzen jener Allianz zwischen der Generalität der Reichswehr und Hitler deutlich sein, die mit dem 30. Juni 1934 geschlossen wurde. Es war – die historische Schuld ist durch nichts auszulöschen – die moralische Kapitulation der alten Elite; sie nahm den Mord auch einer ihrer Kameraden, des ehemaligen Reichskanzlers General v. Schleicher, protestlos hin. Mit der Selbstentmachtung des Militärs war die letzte Barriere vor der Etablierung der Diktatur demontiert.

Es ist wahr, daß aus der gleichen Führungsschicht der Geist des 20. Juli herauswuchs, freilich auch aus dem sozialdemokratischen, dem links-katholischen, dem bürgerlichen Widerstand genährt. Dennoch kann die tapfere Verschwörung nicht unseren Blick dafür verdunkeln, daß die Majorität der Generalität und des Offizierskorps, des Adels und erst recht der industriellen Elite gelähmt zur Seite schaute – oder gar applaudierte –, als der Weg in den Abgrund begann. Diese Haltung war nicht ohne Logik. Die aristokratischen und bürgerlichen Schichten hatten sich niemals mit der Republik und der Demokratie versöhnt. Der Staat von Weimar war ihnen fremd, ja verhaßt. Sie weinten ihm keine Träne nach, als er scheiterte. Die »nationale Erhebung« – die ja auch meine Kindheit, trotz der Distanz des Elternhauses, auf fatale Weise überglänzt hat – hypnotisierte eine Gesellschaft, deren Gefühlswelt von der Niederlage im November 1918, von der halbherzigen Revolution, von »Versailles«, von der Umwertung so vieler Werte verletzt war.

Das »Dritte Reich« brauchte Preußen als Vorwand. Es läßt sich aber auch nicht leugnen, daß preußisches Ressentiment gegen das »System« der Diktatur entgegenkam – wie zum anderen im Süden das großdeutsche Sentiment, dem die Erfüllung versagt geblieben war.

Preußen übte seit je eine starke Faszination auf ein emanzipiertes Schwabentum aus, das der Enge, der Stickluft, dem gedrückten Moralismus der Heimat entkommen wollte. Es wäre reizvoll, eine Geschichte der schwäbischen Emigration nach Berlin zu versuchen. G. hätte in ihr seinen guten Platz. Im Magnetismus der nordöstlichen Metropole vermengte sich vieles: weltstädtische Freiheit, rasche Intellektualität, Reichtum eines nervösen Kulturbetriebes. Ganz gewiß war die Vitalität der Hauptstadt von der Gegenwart eines Machtbewußtseins angetrieben, das man in den Verwinkelungen des Südens entbehrte. Es drückte sich in der Renaissance des »Reiches« aus – ein magischer Begriff, zumal für Schwaben, die in ihrer Jugend allesamt den Schulausflug auf den Hohenstaufen absolvierten und keineswegs übersahen, daß die Hohenzollern der gleichen Landschaft entstammten (was sie nahezu legitimierte, sich eine Tradition anzueignen, mit der sie wenig zu schaffen hatten, ja, die sie – wenn sie dem Willen zur preußischen Großmacht im Weg stand – mit völliger Bedenkenlosigkeit zu zerstören halfen).

Man darf, was G. angeht, durchaus von einem »Reichsschwabentum« reden – und in der Tat gab er den Titel des »Deutschen Reiches« niemals auf, sondern verteidigte ihn, lange danach, mit zäher Verbissenheit. Eine kritische Distanzierung von Bismarck wird man bei ihm – täusche ich mich? – nicht finden. Man kann mit ihm wohl nicht darüber rechten, ob der »deutsche Nationalstaat«, den der Erzkanzler den Deutschen durch Preußen verordnete, für die Mitte Europas angemessen war oder nicht; ob am Ende nicht eine lockere Föderation der »Vereinigten Staaten von Deutschland« Europa vor Spannungen bewahrt hätte, die sich ohne Bismarcks kunstvolle Diplomatie und seine souveräne Fähigkeit zum Ausgleich ins Unerträgliche steigern mußten. Die nationalstaatliche Bestimmung der Deutschen steht für ihn – auch in einer künftigen Ordnung Europas – über jedem Zweifel. Vielleicht hat er recht, vielleicht nicht; darüber werden wir noch lange zu grübeln haben, und es mag uns, unter dem Ansturm des Problems, noch einmal das Hören und Sehen vergehen.

Man muß diesen Hintergrund auszeichnen, um zu verstehen, welche moralische Passion von ihm und seinen Freunden gefordert war, als sie sich zum gewaltsamen Sturz der Obrigkeit entschlossen, die im Sinn des Neuen Testaments noch immer von Gott verordnet zu sein schien, auch wenn sie das Volk in Verhängnis und Verbrechen stürzte. Mit der Bereitschaft zur gewaltsamen Erhebung überwand G. mit den Verschwörern den Konflikt des Gewissens, dem keiner entgeht, dessen Denken unter dem Anspruch der Lehre von den zwei Reichen geformt worden ist. G. verbat es sich, daß Martin Luther posthum vor den Nürnberger Gerichtshof geschleppt werden sollte. Er selber hat bewiesen, daß die Rechtfertigung weltlicher Gewalt durch den Reformator keineswegs dic Unterwerfung unter ein kriminelles Regime gebot. Mehr noch: Sein Beispiel und das seiner Freunde zeigte, daß Skrupel den Glauben schließlich nicht zu mindern vermochten, sondern stärkten. Wie anders erklärte sich die Kraft, mit der sie zum Schafott und zu den Fleischerhaken gingen, wie anders G.s Mut, in seiner Zelle die alten Choräle zu singen, um wenigstens mit seiner Stimme die Kameraden auf dem letzten Gang zu begleiten. Es traf in jener Stunde gewiß auch auf ihn zu, was der englische Essayist Malcolm Muggeridge in einem noblen Aufsatz über Dietrich Bonhoeffer sagte: »Es scheint mir immer, daß es auf einige Menschen fällt, in sich selber das Drama des Ganzen auszutragen.«

Man darf annehmen, daß G. in jener Stunde zu einer völligen Übereinstimmung mit seinem Glauben und mit sich selber fand. Nichts läßt vermuten – ganz gewiß nicht seine schwäbisch-trotzköpfige und zugleich naiv-schlaue Verteidigung vor dem Volksgerichtshof –, daß er zum Martyrium weniger bereit war als jene, die es erlitten. Davor wird gegenstandslos, wievielen Irrtümern und Mißverständnissen er oder die anderen sich ausgesetzt haben mögen. Hier besteht ein unendlicher Abstand zu allen, die das Unrecht ohne Resistenz hingenommen, sich mit verbaler Sabotage begnügt oder – wie es ein Zeitgenosse sagte – zwölf Jahre lang gegen Hitler gefrühstückt haben.

Weil G. die bekennende Übereinkunft mit seinem Geschick und seinem Auftrag möglich war, kehrte er in so erstaunlicher Ungebrochenheit, von den Amerikanern befreit, aus dem Gefängnis zurück. So wird auch verständlich, daß er in diesem innerlich und äußerlich ausgebrannten Land mit einer mitreißenden Energie den Aufbau des Evangelischen Hilfswerkes begann, das Hunderttausenden zum Überleben verhalf.

Ich sah ihn wieder, als der Aufbau der Organisation abgeschlossen war. G. engagierte mich, wohl meinem Vater zuliebe, als Volontär für die Informationsabteilung des Hilfswerkes und die Redaktion von »Christ und Welt«, die sich bald danach in einer alten Flakbaracke zu sammeln begann. Wir speisten, wie wir es nannten, evangelischen Griesbrei und christliche Milchsuppe, dankbar und voller Spott. G. sahen wir selten. Aber seine gelegentlichen Berichte vor der Redaktion und seinen Mitarbeitern rissen damals eine Welt auf: Für ihn – und damit für uns – hatte sich das Konzentrationslager, das sich Deutschland nannte, endlich geöffnet. Er reiste, als Mann des 20. Juli draußen willkommen: Ein erster Werber für die Sache des geschlagenen Volkes. Die Ökumene war die Tür, durch die ein Geruch von Freiheit zu uns hereinwehte.

Ich hätte damals das Bild der Probleme, das er uns vermittelte, nicht konservativ zu nennen vermocht. Das soziale Engagement verbannte – zunächst – jede ideologische Selbstdarstellung. Der Weg in die politische Verantwortung – den G. zögernd begann – schien mir konsequent zu sein. Einige kraftvolle Reden hatten das allzu griffige Klischee vom »deutschen Churchill« hervorgelockt; doch in der Tat schien der untersetzte, kernfeste Mann mit seiner sozialen Dynamik, seinem intellektuellen Elan, seiner Weltkenntnis und seiner schwäbischen Robustheit befähigt zu sein, die deutschen Dinge in die Hand zu nehmen. Er stand für das »andere Deutschland«. An seiner Integrität war kein Zweifel möglich. So konnte er auch den Prokonsuln der Siegermächte und ihrem Gefolge mit einer Souveränität gegenübertreten, die nicht selbstverständlich war, als die Nation in der Haltung des geprügelten Hundes an der Erde lag.

Wenn ich mich nicht irre, dann trugen ihm 1949, als sich die Bundesrepublik formierte, zwei der drei großen Parteien ein Mandat für den Bundestag an: SPD und CDU. So wenigstens sprach man in der Redaktion. Mir wäre der Schritt zu den Sozialdemokraten gewiß willkommen gewesen, obwohl mich eine Versammlung mit Kurt Schumacher schockiert hatte, trotz der Achtung, die ich für den Mann empfand, den zwölf Jahre Haft zum physischen Wrack gemacht hatten, trotz seiner vitalen und schneidenden Intelligenz, trotz seiner moralischen Souveränität: Doch die preußisch peitschende Stimme, das nationale Pathos, die hämmernden Anklagen – mir war, als spräche da einer, der statt der Worte Handgranaten unters Volk werfe. Konrad Adenauers Patriarchengestalt, die dem Volk Normalität inmitten des Chaos versprach, schien für die Deutschen fürs erste bekömmlicher zu sein.

Aus Gründen, die ich nicht kennenlernte, entschied sich G. für die Christlich-Demokratische Union, von der wir uns vor allem die Versöhnung der Konfessionen versprachen. Ich habe in jener ersten Wahl G. und der CDU meine Stimme gegeben, mehr noch: Ich habe in seinem Kreis Backnang/Schwäbisch Hall als Helfer die Stimmen anderer Leute gesammelt. Es war das einzige Mal, obwohl ich Adenauers Öffnung zu Europa und zur Atlantischen Allianz als eine Forderung der Vernunft verstand – und dieses Urteil nicht korrigierte. Vermutlich hätte ich für G. auch gestimmt, hätte er für die Sozialdemokraten kandidiert; es wäre die Abkürzung eines langen Weges gewesen. Ich rechnete ihn ganz selbstverständlich dem »linken Flügel« der CDU zu; das machte den Abstand geringer. Würde nicht auch G. damals lieber eine »Große Koalition« mit den Sozialdemokraten gesehen haben als das Rechtskartell, das Adenauer sammelte? Er war zwölf und fünfzehn Jahre später immer noch der natürliche Kandidat einer Allianz zwischen den beiden großen Parteien. Sein Verhältnis zur demokratischen Linken schien entspannter zu sein als das so vieler seiner Fraktionsfreunde, die sich rasch wieder – unter dem Zuspruch des materiellen Erfolges – in ein mühsam gerettetes Gehäuse der Bourgeoisie zurückzogen, ohne den rechten Mut zu jener neuen Bürgergesinnung zu finden, die den Deutschen helfen sollte, eine Verwurzelung im neuen Staat und in einer so radikal veränderten Gesellschaft zu gewinnen.

G. war gewiß bewanderter in der Welt als die meisten Mitglieder des 1. oder 2. Bundestages, die farbige Parlamente waren, voller Originale und weiß Gott mit Köpfen besser bestückt als die Versammlungen späterer Legislaturperioden: unangepaßt, vielschichtig, aufsässig und auf eine angenehme Weise provinziell – ein guter Schnitt durch die deutschen Landschaften. Seine intellektuelle Sensibilität wurde respektiert, auch von den Gegnern, am Ende wohl sogar von Konrad Adenauer, der seinem spekulativen und aufmerksamen Geist wohl niemals ganz über den Weg traute, zumal er eine Dynamik witterte, die durchaus zum Umgang mit der Macht drängte. Sie war freilich nicht von der robusten Unschuld, vielmehr Unbekümmertheit, die den Machtwillen des »Alten« prägte. Für ihn war die Macht gleichsam Natur, in der sich weder gut noch böse, in ihrer moralischen Qualität ganz von dem Zweck abhängig, dem sie zu dienen hatte (und so war er gelegentlich in den Mitteln, die in ihrem Dienst gewonnen wurden, durchaus nicht wählerisch). In G.s Beziehung zur Macht glaubte man Gebrochenheiten beobachten zu können, die ich protestantisch nennen will, einen Mangel an letzter Entschiedenheit, vielmehr an Unbedenklichkeit (um es positiver zu sagen), an Verachtung des Zweifels. Es ist bezeichnend, daß er sich niemals eine »Hausmacht« in der Partei zu schaffen versuchte und es ablehnte, den »Evangelischen Arbeitskreis« als bequeme Basis zu benutzen, weil die konfessionelle Fraktionierung seinem Begriff der Union zu widersprechen schien. Ich kann mich, rückblickend, allerdings dem Eindruck nicht entziehen, als habe G.s Herkunft aus der Resistance nicht nur am Beginn seines Bonner Weges den Abstand zu seiner Partei bezeichnet. Er beharrte auf den inneren (und später auch auf den äußeren) Werten des Widerstandes mit einer Entschlossenheit, ja Dickschädeligkeit, die ihn schließlich in die Isolation gedrängt hat. Er machte es der Umwelt gewiß nicht immer leicht. Er konnte hochfahrend sein (wie auch auf eine entwaffnende Weise versöhnlich), aufbrausend (und überraschend milde), rechthaberisch wie nur ein gegen den Strich gestriegelter Schwabe (und zugleich in anderen Momenten zur Einsicht bereit). Es bekam ihm am Ende nicht gut, daß er kompromißlos auf dem Buchstaben seines Rechtes bestand. Aber diese Schwäche – in der sich so viel fehlgeleitete Energie verbarg – entschuldigt jene Behendigkeit nicht, mit der sich das offizielle Bonn in der Krise von ihm zurückzog, Repräsentanten seiner eigenen Partei noch eiliger als andere. War man erleichtert, den Mahner loszuwerden, für den der Kalender des neuen Deutschlands nicht von der Währungsreform, nicht von der Begründung der Bundesrepublik, sondern von der Stunde des Widerstandes am 20. Juli 1944 an datierte? Der Mann, der länger genauer nachdachte als andere und der auch den Zweifel nicht scheute?

Gerade die Fähigkeit zum Zweifel steigerte G.s gedankliche Leistung in jenen großen Debatten, in denen die erste Generation des Parlamentes die Grundfragen der deutschen Außen- und Sicherheitspolitik ausfocht. Niemand störte sich daran, daß die Diskussion sich mitunter in den Tiefen moraltheologischer Einsichten festfraß: Damals wurde aus den Fundamenten und zu den Fundamenten gesprochen. Die Mitglieder des hohen Hauses scheuten sich überdies nicht, ihre Bildung vorzuzeigen. Geschichte war für sie kein Gerücht von fernen Planeten. Eine Beziehung zur Literatur galt nicht als verschwärmte Schöngeisterei. Dabei hätte G. nicht einmal von sich sagen können, was der seltsame Gouverneur Edmund

Brown von Kalifornien amerikanischen Reportern zurief, die den Wunderknaben bestaunen, der eine jesuitische Erziehung fröhlich und selbstverständlich mit Zen-Meditationen zu vereinen weiß: Er habe zwar nie Buchhaltung gelernt, dafür aber zehn Jahre Latein und Griechisch; das sei mindestens ebenso nützlich. G. hatte in seiner kaufmännischen Lehre auch den Umgang mit Zahlen geübt; doch er hielt die humanistische Durchbildung der intellektuellen Energien für keinen Luxus, sondern »inmitten der gewaltigen materiellen Expansion unseres technischen Zeitalters« erst recht »für eine unverzichtbare Aufgabe«. Er zeigte dann und wann seine Verachtung für die »flotten Techniker kurzfristiger Machtverhältnisse«, und er war altmodisch genug, »ein geordnetes, redliches, geklärtes und ehrerbietiges Verhältnis zu unserer eigenen Geschichte« zu fordern. Da mag er den Deutschen mehr zugemutet haben, als sie beim besten Willen zu leisten in der Lage waren: Denn wer vermöchte – auch jetzt, 30 Jahre danach – die Erfahrung der geschichtlichen Zerreißproben dieses Jahrhunderts »redlich« zu klären? Indessen war wichtiger, daß G. forderte, sich der Geschichte zu stellen. Dieser Anspruch gab seinen Reden eine Tiefe und oft genug einen Glanz, der dem Bundestag und anderen Auditorien die sogenannten Sternstunden bescherte. Man mag sich besinnen, ob er – neben Carlo Schmid – nicht der brillanteste Rhetoriker in der deutschen Parlamentsgeschichte des Nachkrieges war: durch die theologische Dimension seiner Vorträge manchmal in entlegene Höhen verführt, aber im ganzen durch das Salz seines schwäbischen Realismus und den Elan des deutschen Idealismus eher gesegnet.

Demokratie vollzieht sich im Wort. Die politische Sprache Amerikas wurde von der Tradition der protestantischen Predigt mitgeformt. Das schöne Pathos des »Book of Common Prayer« teilt sich an diesen Ufern des Atlantiks in jeder Rede mit, die über den Alltag hinausweisen will. So ist es kein Zufall, daß auch in Deutschland die Macht des demokratischen Wortes einem Mann zufiel, der den Ton der Predigt nie aus dem Ohr verlor. Wiederum ist es nicht nebensächlich, daß der Lutheraner G. seine charaktervollsten Widersacher bei jenen Anwälten der evangelischen Sache fand, die eher vom Geist Calvins und seiner Reformation berührt waren. Die Grenzlinien zwischen Luthertum und den Einflüssen des schweizerischen Reformators sind in der inneren und äußeren Zerrissenheit der konfessionellen Geographie Deutschlands nicht leicht zu ziehen. Württemberg allein ist kompliziert genug: lutherisch im Bekenntnis, reformiert in der Gottesdienstform, calvinistisch in der Moralität, im inneren und innigeren religiösen Lebensbezirk pietistisch durchsetzt. Bei G. überwog das lutherische Erbe; die Tonlage des Pietismus drang selten durch. Das machte es ihm leichter, die politische Brücke zum deutschen Katholizismus zu finden, denn das moderne Luthertum bestand nicht länger darauf, sich im antikatholischen Ressentiment zu verkrampfen, ja es begann, das katholische Erbe in sich selber zu entdecken.

Zum anderen: Der demokratische und mitunter radikale Salzgehalt des Calvinismus ist stärker ausgeprägt als bei Lutheranern und Katholiken, wie sich am Beispiel der Schweiz, Hollands, Großbritanniens und Amerikas beobachten läßt. Ein amerikanischer Kritiker (Mumford Jones) ging so weit, von der »apolitischen Kultur des deutschen Luthertums« zu sprechen. (Zum anderen zeigen die skandinavischen Staaten, daß die Koexistenz von Luthertum und Demokratie sehr wohl gelingen kann.) Ist es möglich, daß G. sich in jenen Auseinandersetzungen – um den deutschen Verteidigungsbeitrag, um die atomare Rüstung – einer Mutation zum konservativeren Ursprung unterwarf? Er argumentierte auf der Seite der Vernunft. Niemand hat die Argumente Adenauers klarer und glaubwürdiger artikuliert als er – einer Präzision fähig, die dem Urkanzler selber zu lästig und wohl auch zu aufwendig war. (»Herr Jerstenmaier, Sie denken die Politik, die ich mache«, hatte der Alte – nach einer Erzählung des Betroffenen – irgendwann mit unübertrefflicher List bemerkt, voller Respekt und zugleich mit einiger Nachsicht gegen den Partner, der des Kanzlers allzu souveränen Umgang mit der Macht zögernd und zweifelnd verfolgte, doch selber nicht immer davor bewahrt blieb, sich mit seiner Autorität in Augenblicken des Ärgers um so robuster ins Zeug zu werfen.) Niemand hatte mit gleicher Beharrlichkeit von der sozialdemokratischen Opposition Alternativen gefordert, die es in Wahrheit nicht gab – gegen Adenauers Westpolitik der Anfänge sowenig wie gegen Brandts West-Ostpolitik zwei Jahrzehnte danach. Es ist mir unvergeßlich, wie G. in einer langen Nacht der Debatte über die Europäische Verteidigungsgemeinschaft (die den Westen des Kontinents hätte vereinigen können) fünf oder zehn Mal aufs Rostrum des Bundestages eilte, um von Ollenhauer und Erler Auskünfte über ihren Weg zu erzwingen. Hier wurden vielleicht die Weichen für die spätere Korrektur der sozialdemokratischen Außenpolitik gestellt, und so mag dies die beste Stunde des deutschen Parlaments gewesen sein. Die Redner waren nicht länger Delegierte ihrer Fraktionen, sondern Persönlichkeiten, die einander mit Scharfsinn, Leidenschaft und vollkommener Fairneß maßen. Keinem blieb, selbst in der Erschöpfung, ein bitterer Geschmack.

Vielleicht wäre dies der Augenblick gewesen, in dem G. die tätige Mitgestaltung deutscher Politik im Amt des Außenministers hätte erlaubt werden sollen. Dem alten Herrn war er zu schwierig. Das Amt des Bundestagspräsidenten, das ihm im Herbst 1954, nach dem Tod von Hermann Ehlers, zufiel, hat ihn zu sehr zu Repräsentation und Administration gezwungen, wenn er auch nicht darauf verzichtete, sich als Abgeordneter zu Wort zu melden und in seiner Partei an der Formung der Grundsatzfragen teilzunehmen.

Ist auch von dorther die Rückbesinnung auf das konservative Erbe mitbestimmt? Ich vermute hier Zusammenhänge. Die Verfestigung einer »nationalen« Sprache und die kräftigere Unterstreichung der Traditionen zeigt – in einem Spiegel – auf, daß es ihm bitter geworden sein muß, die Hoffnungen auf eine rasche Einigung Europas ins Ungewisse ziehen zu lassen. Im September 1954 hatte er noch in Straßburg erklärt: »Ich finde, daß diese Linie – deutsche Souveränität, deutsche Nationalarmee, direkte Mitgliedschaft in der NATO – ein hervorragender Mantel sein kann, hinter dem sich eine ganz reaktionäre [...] Linie tarnen läßt, die den Sinn der geschichtlichen Entwicklung in der ersten Hälfte des 20. Jahrhunderts in Deutschland, in der Welt, in Europa verleugnen würde [...] Wenn Deutschland sich in die alte nationale Souveränitätsverfassung Europas einordnet, dann besteht eine unerhörte Gefahr, daß es mit der Integration Europas zu Ende ist.«

Es kam nicht so – nicht ganz so. Die Souveränität der Nationalstaaten, obwohl legal nur allzu sehr intakt, ist in vielen vitalen Bereichen durchbrochen, und die Bundesrepublik Deutschland blieb in gewisser Hinsicht internationalisiert. Dennoch fand eine Aufwertung des »Nationalen« statt, der sich auch G. nicht völlig entzog. Er näherte sich – was der praktischen Vernunft angemessen war – de Gaulles Konzept vom Europa der Vaterländer. Zugleich schien für ihn ein »moderner, sittlich orientierter Nationalstaat« erstrebenswert. Doch wurde eben dieser Nationalstaat, in einer Geschichte von 75 Jahren in Deutschland, nicht von zwei Katastrophen erschüttert? Ist er für uns nicht mit Problemen belastet, die für Frankreich oder Großbritannien in gleichem Maße nicht gelten? Man könnte – noch einmal – fragen, ob die europäische Mitte zum klassischen Nationalstaat von der Geschichte bestimmt sei. G. ging einen Schritt weiter und stellte fest: Je kritischer wir Deutschen mit uns selbst, je ernster wir mit den Illusionen und Irrungen, mit den Sünden und Fehlern unserer Geschichte umgingen, je mehr wir uns der Wandlung öffneten, die unser nationales Bewußtsein bis in die Tiefe erfaßte, »desto entschiedener müssen wir zu unserer nationalen Identität und Kontinuität stehen«. Ja, aber Identität und Kontinuität müssen nicht dem Konzept des ruinierten, von der Geschichte (für uns) so dramatisch widerlegten Nationalstaates gelten. Aber: »In diesem Sinn und

Geist« glaubt G. »zu der Wiederherstellung des Deutschen Reiches« Ja sagen zu müssen. Er würde es kaum akzeptieren, wendete man ein, daß die Aufwertung dieses Begriffes, der für Bismarcks Staat fragwürdig genug war, den Weg zur nationalen Einheit – sofern er sich je öffnen sollte – womöglich mit neuen Barrieren verstellte. Er würde auch kaum den Einwurf hinnehmen, daß jenes Experiment der totalen preußischen Identifizierung Deutschlands nicht nur an äußeren Gewalten, sondern zuletzt in sich selber gescheitert ist: Preußen, wenn man so will, ist an Deutschland zerbrochen – und Deutschland auch an Preußen. Und es kam ja nicht zur Teilung der Nation, weil die »freie Welt den Frieden verlieren mußte«. Wie hätte sie ihn denn gewinnen können, nachdem Hitler die Sowjetunion in der barbarischen Prüfung des Zweiten Weltkrieges erst in den Rang einer Weltmacht gezwungen hat? Sollte sie – die 16 Millionen Menschen verloren hat – von der Teilnahme am Sieg mit Gewalt ferngehalten werden? Durch ein Ultimatum des Westens? Mit dem atomaren Knüppel? Was blieb den Vereinigten Staaten anderes als die Sicherheit ihrer Einflußzonen an jener Grenze zu garantieren, die in Jalta ausgehandelt wurde? Es gab nach 1945 nie eine andere amerikanische, britische oder französische Politik als die der Verteidigung des Status quo. Die Bundesrepublik Deutschland, für die Adenauer den Entschluß gefaßt hatte, ihr Geschick ein für allemal an den Westen zu binden, konnte eine Revision dieser stillen Sanktionierung der Teilung niemals erzwingen; wollte es in Wahrheit nicht; sollte es nicht. Die Forderung des Unmöglichen war der Grundirrtum der Sozialdemokraten vor 1958 und – in einer Verkehrung der Fronten – die heillose Illusion der Christlichen Demokraten danach. Man konnte höchstens – mit allen Risiken – auf einen Prozeß der Wandlung im weltpolitischen und weltsozialen Gefüge hoffen, da keine Ordnung und kein Regime sich jemals der Veränderung völlig zu entziehen vermögen.

Im Gespräch mit G. gelang es fast immer – es sei denn in

Augenblicken seines Zorns – die »subtilen Dinge« wie er sie nannte, auch subtil zu prüfen. Er verlor den Tastsinn für die »Filigranarbeit« selten. Doch seine öffentlichen Äußerungen wurden – wenn ich es aus der Entfernung recht beobachtet habe – härter, geschlossener, in einer fragwürdigen Weise unangreifbarer. Er gab sich Mühe mit der deutschen Geschichte wie kaum ein anderer unserer Staatsleute. Seine moralische Legitimation war – und ist – unbestreitbar, denn er zählte zu den wenigen, die dem deutschen Geschick noch in die Räder zu greifen versuchten, als es längst auf dem Weg in den Abgrund war. Am 20. Juli 1944 handelte er für das »andere«, das bessere Deutschland – für das »Reich«, das nicht vom »Tausendjährigen Imperium« Hitlers degeneriert war, für den »Staat«, der nicht Vernichtungsmaschine sein sollte, wohl auch für ein »Preußen«, das mehr gewesen ist als ein Arsenal des Diktators, das ihm das materielle Rüstzeug, eine militante Gesinnung und eine ebenso opportunistische wie opferbereite Elite zu liefern hatte.

Doch ist die Frage nicht unbillig, ob G.s idealistisches Konzept nicht im Entwurf des Widerstandes zu einem »Gegen-Deutschland« (das für das »eigentliche« sprechen sollte) gleichsam festgefroren ist. Blieb es ihm hinter den Zuchthausmauern und im Bewußtsein der guten Tat nicht – auf die leidvollste und gefährlichste Weise – erspart, den Zusammenbruch auch moralisch bis zum bitteren Ende mitzuvollziehen? Wurden er und seine Freunde durch die Resistance nicht gleichsam von der Totalität der schäbigen »Götterdämmerung« ausgespart, die sich 1945 vollzog? Man wagt daran nur mit Behutsamkeit und Respekt zu rühren – und dennoch gebieten es Sympathie und Pflicht zur Verständigung (unter Nachbarn) hier einen Schlüssel für manche spätere Verwirrung zu suchen. Gab es denn das Deutschland noch, das G. und Stauffenberg, Moltke und Leber zu retten versuchten? War ihm nicht schon 1933 der tödliche Schlag versetzt worden und starb es nicht jeden Tag in den sinnlosen Schlachten und in den Vernichtungsmaschinen der Lager? Konnte nach alledem das »Reich«, das zum Dritten Reich verkommen war, überleben, und sei es nur, wie es Bismarck – der geniale politische Ingenieur – konstruiert hatte? Konnte es als Anspruch bestehen? Konnte ein idealisiertes »Preußen« aus der Bilanz der Katastrophe gerettet, aus dem Mißverständnis befreit und von der Mitschuld gereinigt werden? Konnte ein »Patriotismus« überleben, der sich an das Beispiel der Verschwörer anschließt, die in ihrem Volk und ihrer Gesellschaft – es läßt sich nicht leugnen – damals wie später auf eine tragische Weise isoliert waren?

Vermag uns, wie G. selber fragte, der 20. Juli zu helfen? Ja, ganz gewiß: als das Beispiel der äußersten Gewissenhaftigkeit, die auch das äußerste Risiko trägt. Ja: »Als Ausdruck oder das Ergebnis einer in sich ausgeloteten Tiefe gehenden Wandlung des deutschen Nationalbewußtseins«, wie es G. formulierte. Aber er fährt fort, er kenne unter den Männern der deutschen Resistance keinen, »der bereit gewesen wäre, die Teilung des Reiches und die Zerstückelung unserer nationalen Einheit hinzunehmen«. Wie hätten sie es denn verhindern können? Er selber zitiert Helmuth von Moltke: »Wir wissen, daß der Erfolg unseres Kampfes wahrscheinlich den totalen Zusammenbruch als nationale Einheit bedeuten wird. Aber wir sind bereit, dem ins Gesicht zu sehen.« Moltke fürchtete vor allem um die innere Einheit. Doch die Konsequenz Hitlers war in der Tat eine »totale«. So diktierte es das Gesetz des »totalen Krieges«, den er der Welt aufgezwungen hatte. Darum mußte die deutsche Staatlichkeit – nicht nur kraft der alliierten Gebote – von vorn beginnen. (Daran änderte auch die völkerrechtliche Fortexistenz des Reiches, die wie ein beinahe abstrakter Schatten unseren politischen Alltag begleitet, nicht das geringste.) Darum mußte der »Staat« in Deutschland neu bedacht und neu gelebt werden, und mit ihm die Autorität, der G. so gewaltig das Wort redet. Der Mißbrauch kam nicht von ungefähr. Die Vergötzung des Machtbegriffes hat in Deutschland eine lange Vorgeschichte, die nicht nur von Aspekten der idealistischen Philosophie überstrahlt ist. Es kann vermutet werden, daß wir die Inkarnation der Weltvernunft in der staatlichen Ordnung in einer Art Notwehr gegen jene chaotischen Wucherungen des Absolutismus suchten, die den gelassenen Aufbau bürgerlicher Ordnung nicht erlaubten. Man kann aber auch tiefer graben und die Wurzeln in der Weigerung suchen, die geistige Revolution des Luthertums in die soziale Reform zu übersetzen, eine Frage, die nicht nur den Reformator, der ganz auf die Gnade zulebte, sondern vor allem die folgenden Generationen betrifft. Es wäre hier nach den apolitischen Sentiments und den antipolitischen Ressentiments zu forschen, die sich der Aufklärung, der liberalen und sozialen Radikalität noch immer verweigert haben. Der Gehorsam hat in Deutschland eine zähe, der Widerstand eine flüchtige Geschichte. Sagt uns der Blick auf die bundesdeutsche Umwelt nicht, daß die staatliche Autorität – die so gründlich gesprengt worden ist – eine seltsame und bedrückende Renaissance erfuhr? Daß die Bürokratie – die den permanenten Ausnahmezustand als Normalfall zu exerzieren scheint – auch vor der Gesinnungskontrolle nicht zurückscheut? Hatte G. Heinemann, der reformierte Protestant, nicht recht, seine liberale Autorität als Staatsoberhaupt zu nutzen, um die gebrechliche Tradition der Resistenz in Deutschland zu ermutigen?

Liberalität: G. bemerkte vor fast zwei Jahrzehnten zu meinem Freund F. R. Allemann im Restaurant des Bundeshauses, eine liberale Partei habe es in der Bundesrepublik schwer, weil die beiden großen Parteien das Erbe des Liberalismus in sich aufgesogen hätten. Aber ist das denn wahr? Gilt dies nicht eher für den Wirtschaftsliberalismus, mit seinen linken, seinen rechten Nuancen (wie auch das Element der Staatswirtschaft – in diesem Jahrhundert unabdingbar – mit linken und mit rechten Nuancen akzeptiert worden ist)? Wie steht es mit dem liberalen Geist, der nicht nur die Rechtsstaatlichkeit, sondern die Unabhängigkeit des einzelnen will – das Ferment der Wachsamkeit gegen jede Obrigkeit, jeden Staat, am Ende auch gegen die Willkür der Mehrheit? Der

Auftrag ist gewiß zu wichtig, um einer ehrenwerten Minderheitspartei überlassen zu werden. Verkam indessen nicht der Konsensus zwischen Christlichen und Sozialdemokraten, daß diese Werte mit äußerster Behutsamkeit und äußerster Energie geschützt werden müssen? Mit dem Verlust dieser Übereinstimmung droht die Landesgesinnung vor die Hunde zu gehen.

Liberalität in diesem Sinne ist noch immer die Essenz der angelsächsischen Demokratie und der Sauerstoff Amerikas: Liberalität als Freiheit im Alltag. Sie korrespondiert an diesen Ufern des Atlantiks mit einer sozialen Disziplin, die immer aufs neue verletzt und immer wieder gerettet wird. Die Beziehung zwischen Ordnung und Freiheit: Vielleicht werden auch wir, noch immer ein Volk der Drängler, Schubser und Anpasser, Zeit genug haben, sie zu lernen. Die Bereitschaft, die Balance durch das Recht auf Nichtübereinstimmung täglich aufs neue zu erproben, wird vielleicht auch bei uns so selbstverständlich werden, daß eines Tages sogar die intellektuelle Elite darauf verzichten kann, Non-Konformismus eitel und kleinlich zugleich als Martyrium in bequemen Ratenzahlungen zu beziehen.

Der Geist der amerikanischen Demokratie – die auch ihre quälenden Konformismen kennt – ist, alles in allem, Produkt des Widerstandes und Konsequenz einer Rebellion, die mit der Freiheit der Kinder Gottes schon auf dieser Erde ernst zu machen versuchte. Ihm liegt ein anderer Gnadenbegriff zugrunde, auf eine weltliche Art radikaler als der lutherische, irdischer und weniger innig, weniger absolut, vor Verzweiflungen geschützter, um ein wichtiges Gran weniger pessimistisch, weniger depressiv. Es handelt sich um eine Art von Gnade, mit der sich am Ende auch die Möglichkeit des »Glücks« versöhnen kann, das zu verfolgen, nach amerikanischer Philosophie, des Menschen Recht ist. Ein Recht, das aus der Gleichheit stammt und dennoch Freiheit ist. Alles in allem: »der Triumph der Aufklärung«, den der Harvard-Professor Howard Mumford Jones Amerika so stolz zugeschrieben hat.

Ich wünschte, ich könnte das Gespräch mit G. hier aufnehmen; eher zuhörend. Es hat sich immer gelohnt, genau zu horchen, wenn er über einem Glas Wein laut nachzudenken begann: »Filigranarbeit« leistend, subtil, der inneren Geschichte unseres Menschengeschicks und auch unserer Nation auf der Spur, den Gestalten der Vergangenheit, den Dichtern, den Philosophen, den Theologen und Staatsleuten nahe – gewohnt, mit ihnen brüderlichen Umgang zu halten.

Dies ist nicht das unwesentlichste Element eines deutschen Konservativismus – wie er sein sollte; der uns als Alternative und Korrektur der linken Mitte und der sozialen Demokratie so notwendig ist wie das tägliche Brot; den man – als Sozialdemokrat – lieber heute als morgen wachsen sehen möchte, weil er die nachbarliche Entsprechung, Ergänzung und Gegensätzlichkeit wäre, die man braucht.

Deutschland litt in seiner Vergangenheit nicht unter einer Übermacht des Konservativen: sondern am Mangel eines aufgeklärten, freiheitlichen politischen Konservativismus, der sich den Prüfungen und Zerreißproben der Zeit stets so tapfer aussetzt, wie es Eugen Gerstenmaier versuchte, der sich der deutschen Flucht vor der Politik in den Weg gestellt hat. Für einen Konservativen wie ihn, heißt die grundpolitische Weisung der Geschichte (und seiner Bildung): die Gegenwart aus den Räumen der Vergangenheit immer wieder zu überdenken. Indessen haben in Bonn nicht viele wie er gedacht – und manche gar nicht.

ULRICH FRANK-PLANITZ

Die Zeit, die wir beschrieben haben

Zur Geschichte der Wochenzeitung »Christ und Welt«

Für Journalisten beleben Anekdoten die Erinnerung. Die Szene, um die es hier geht, spielte im Sommer 1972. Ihr Schauplatz war die Große Halle des Volkes in Peking, wo wenige Minuten später das erste Gespräch zwischen dem chinesischen Ministerpräsidenten Tschou En-lai und dem ehemaligen Bundesaußenminister Gerhard Schröder stattfinden sollte. Zuvor plauderte Tschou angeregt mit deutschen Journalisten, dann stellte man sich für die obligate Gruppenaufnahme in Positur. Der Chefredakteur der »Deutschen Zeitung / Christ und Welt« stand hinter dem Gastgeber. Bevor die chinesischen Photographen auf den Auslöser drückten, wurde er von einem Beamten des Pekinger Außenministeriums diskret in die erste Reihe neben den Regierungschef gebeten[1]. Später kam heraus, weshalb ihm bei dieser und bei anderen Gelegenheiten eine so bevorzugte Behandlung zuteil geworden ist: Die Chinesen hielten die Zeitung für das offizielle Organ der CDU, und Parteiblätter spielen in kommunistischen Ländern nun einmal eine große Rolle.

Das chinesische Mißverständnis wirft ein bezeichnendes Licht auf die Problematik, die sich aus dem Titel »Christ und Welt« immer wieder ergeben hat. Ihr sollte 1971 mit der Umbenennung in »Deutsche Zeitung/Christ und Welt« begegnet werden (was, wie die Szene in Peking beweist, nur unzureichend gelang). Denn die 1948 zum ersten Male erschienene Wochenschrift wurde nicht selten entweder für ein Kirchenblatt oder eben für eine christlich-demokratische Publikation gehalten, was einerseits die besonders herausgehobene Stellung des Mitgründers und Mitgesellschafters Eugen

Gerstenmaier in der Union, andererseits der (seit 1951 charakteristische) schwarze Zeitungskopf scheinbar noch bestätigten. Sebastian Haffner, bis zur »Spiegel«-Affäre Berliner Korrespondent der Zeitung, sprach deshalb einmal vom »Geheimtip im deutschen Blätterwald«.

Was war »Christ und Welt« wirklich? Das Kleid, das eine Zeitung trägt, verrät viel über ihre Schöpfer. »Christ und Welt« wurde von einer Gruppe aus jener Kriegsgeneration gegründet, die in der NS-Zeit schon erwachsene Männer waren. Sie hatten lange vor dem Ende des Zweiten Weltkrieges begriffen, welche Folgen es für die Intelligenz eines Volkes haben kann, wenn sie Politik als schmutziges Geschäft abtut und sie denen überläßt, die damit ihre Geschäfte machen. Der deutsche Protestantismus, aus dem die Gründer stammten, war der Versuchung, das politische Regiment allein den Machthabern zu überlassen, in besonderer Weise erlegen. Daraus sollte mit einer Zeitung unter dem programmatischen Titel »Christ und Welt« die publizistische Konsequenz gezogen werden. Der damalige Oberkonsistorialrat Gerstenmaier, Initiator und Leiter des Hilfswerkes der Evangelischen Kirchen in Deutschland, versprach im Geleitwort zur ersten Ausgabe, in dieser neuen Zeitung werde nicht gepredigt, in ihr würden vielmehr Informationen gegeben, an deren Auswahl »sich die Weite und Vielfalt der christlichen Wirklichkeitserfahrung abzeichnet.« Denn: »›Christ und Welt‹ möchte unserer Erfahrung einen Ausdruck geben, daß man mit beiden Füßen in der Welt stehen kann, ohne seine Heimat in der Kirche aufzugeben«.[2]

Dieses Vorhaben stieß freilich auf unerwartete Widerstände. Während die Nationalsozialisten ihre Untertanen vom freien Fluß der Nachrichten abgeriegelt hatten, lag den westlichen Besatzungsmächten an einer demokratischen Umerziehung der Deutschen mit Hilfe der Presse. Auch die mit privater amerikanischer Hilfe erfolgte Gründung von »Christ und Welt« ging letztlich auf solche Intentionen zurück. Aber kaum hatte die US-Militärverwaltung die Lizenz Nr. U.S.W.

1138 erteilt, kam es wegen scharfer Kritik an der alliierten Demontagepolitik, einer nüchternen Analyse der Nürnberger Kriegsverbrecherprozesse und detaillierten Berichten über die Vertreibung aus den deutschen Ostgebieten zum Konflikt. Wolfgang Höpker, einer der ersten Redakteure, erinnerte sich: »Das Gerücht, General Clay habe ›Christ und Welt‹ ein ›militaristisches Blatt‹ genannt, war für untergeordnete US-Dienststellen Ansporn zu verstärktem Mißtrauen. Die gesamte Redaktion wurde zur Militärbehörde befohlen, rüde abgekanzelt und ein Berufsverbot angekündigt. Vor allem war es Otto Heinrich Fleischer, Lizenzträger und Herausgeber, der [...] erklärte, daß ein Verbot unter diesen Umständen für das Blatt nur eine Ehre sein würde. Wir verließen den Raum ohne Abschiedsworte – und warteten vergebens auf das Verbot.«[3]

Die Zeitung hatte sich drei vordringliche Aufgaben gestellt: Über die jüngste Vergangenheit sollte die volle Wahrheit ans Licht gebracht werden; sie war damals entweder noch weitgehend unbekannt oder wurde nicht geglaubt. Um die Aufhebung aller alliierten Beschränkungen, die den Wiederaufbau behinderten, mußte hartnäckig gerungen werden. Schließlich waren die politischen Grundlagen eines neuen deutschen Gemeinwesens inmitten allgemeiner Not und Orientierungslosigkeit zu klären. Daß die Redaktion in Stuttgart saß, erwies sich dabei als Glücksfall. Denn hier hatte sich das Evangelische Hilfswerk niedergelassen, das zu Kontakten mit dem Ausland verhelfen konnte. Hier domizilierte das Deutsche Büro für Friedensfragen, die Keimzelle des künftigen Bonner Außenministeriums, dem viele Anregungen zu verdanken waren. Und hier trafen sich wiederholt die westdeutschen Ministerpräsidenten, was den innenpolitischen Informationsfluß erleichterte. Außerdem war die schwäbische Metropole damals so etwas wie ein publizistisches Zentrum: Die »Stuttgarter Zeitung« konnte namhafte Journalisten und überregionales Ansehen gewinnen. Darüber hinaus hatten sich am Neckar nicht nur viele Buchverlage aus Leipzig, sondern auch mehrere Redakteure der ehemaligen »Frankfurter Zeitung« eingefunden. Sie riefen 1946 die Wochenschrift »Wirtschaftszeitung« ins Leben, die ab 1949 »Deutsche Zeitung und Wirtschaftszeitung« hieß. (Der Obertitel, 1959 zunächst nach Köln, 1964 nach Düsseldorf gewandert, sollte 1969 als Untertitel von »Christ und Welt« nach Stuttgart zurückkehren.)

Die Redaktionsarbeit von »Christ und Welt« begann in einer morschen Baracke aus der Konkursmasse des »Reichsarbeitsdienstes«. Hier wurde im Laufe der Zeit statt eines »Informationsblattes«, wie seinerzeit der Untertitel lautete, der Typ einer politischen Wochenzeitung angesteuert, für den in Deutschland lediglich vage und in Gestalt der von Goebbels protegierten Zeitschrift »Das Reich« obendrein ziemlich diskreditierte Vorbilder existierten. »Das Reich« wiederum hatte sich in seiner Konzeption an britischen Sonntagsblättern wie dem »Observer« orientiert, was es den Gründungsvätern von »Christ und Welt« erleichtert haben mag, es mit einem angelsächsischen Organisationsprinzip wie dem »teamwork« zu versuchen. So nannte sich die Redaktion nicht nur Redaktionsgemeinschaft – sie praktizierte auch einen kollegialen Arbeitsstil. Ein Chefredakteur – der erste war Ernst A. Hepp, er gab nur ein kurzes Gastspiel, bevor er nach Chile emigrierte – wurde bloß aus presserechtlichen Gründen berufen. Diese Neuerungen verschlissen sich allmählich (wenn sie auch formal beibehalten wurden) ebenso, wie die Abkehr vom journalistischen Personenkult auf die Dauer mißlang. Er sollte durch die Zeichnung von Artikeln der Redaktionsmitglieder und ständigen Mitarbeiter zunächst mit Symbolen, später mit Abbreviaturen vermieden werden.

Beinahe wäre »Christ und Welt« drei Wochen nach seiner Geburt am 6. Juni 1948 an den Folgen der Währungsreform gestorben. Die Startauflage von 40 000 Exemplaren mußte auf 30 000, der Einzelpreis von 60 auf 40 Pfennige zurückgenommen werden. Diese Maßnahmen und eine Reduzierung der ohnehin bescheidenen Redakteursbezüge sicherten das

Überleben. Ende 1948 konnten Woche für Woche mehr als 29 000 Exemplare verkauft werden, was nicht zuletzt dem Mut zu verdanken war, der Behauptung von der deutschen Kollektivschuld energisch entgegenzutreten. 1948/49 erschien auch die Serie »Es begann an der Weichsel«, in der zum ersten Male nach 1945 die Ereignisse dargestellt wurden, die zum Zusammenbruch des Großdeutschen Reiches führten. Damit verdiente sich ein junger Redakteur namens Heinz Bongartz seine ersten publizistischen Sporen; unter dem Pseudonym Jürgen Thorwald wurde er ein bekannter Bestsellerautor. Mit Bongartz-Thorwald trat 1948 auch Richard v. Frankenberg in die Redaktionsgemeinschaft ein – fünf Jahre später schrieb er, zusammen mit Walter Görlitz, unter dem Decknamen Herbert A. Quint die erste deutsche Hitler-Biographie der Nachkriegszeit (wiederum zwei Jahre später war er auf Porsche Deutscher Meister für Rennsportwagen). Sein journalistisches Volontariat absolvierte in dieser Zeit Klaus Harpprecht bei »Christ und Welt«; 1951 ging er als Korrespondent der Zeitung nach Bonn. Sie alle hielten, mit Unterbrechungen, dem Blatt als Autoren die Treue, obwohl sie sich beruflich, thematisch und/oder politisch teilweise weit von ihren Ursprüngen entfernten.

Die Zeitung stand in jenen Anfangsjahren im Zeichen der Gedankenwelt des 20. Juli. Aus dem Widerstand gegen Hitler, zu dessen wenigen Überlebenden Gerstenmaier gehörte, bezog sie Impulse für ihre publizistische Teilnahme an der Entwicklung der zweiten deutschen Demokratie. Man glaubte damals weithin, der Wiederaufbau des zerstörten Landes, seiner Städte, seiner Industrie und seiner gesamten Infrastruktur werde ein halbes Jahrhundert in Anspruch nehmen. Zu diesem wirtschaftlichen Pessimismus gesellten sich Zweifel an der Immunität des deutschen Volkes gegen rechts- wie linksradikale Ideen, Skepsis gegenüber der Lebensfähigkeit der parlamentarischen Demokratie. Damit hat sich die Zeitung immer wieder auseinandergesetzt und dargetan, daß das Nachkriegsdeutschland nicht nur in einem Jahrzehnt wiederaufgebaut werden könne – das wurde beispielsweise in einer Serie über die deutsche Wohnungswirtschaft mit konkreten Vorschlägen belegt –, sondern auch standhaft gegenüber allen politisch extremen Versuchungen bleiben werde.

So gelangte »Christ und Welt« über die Schwelle der fünfziger Jahre. Die verkaufte Auflage betrug schon mehr als 41 000 Exemplare. Inzwischen, 1949, war Klaus Mehnert Chefredakteur geworden. Er übernahm die Leitung in einem Augenblick, als die Dynamik der Gründerzeit zu versiegen und die Zeitungsarbeit in Routine zu erstarren drohte. Seinem journalistischen Einfallsreichtum war es zu verdanken, daß »Christ und Welt« im Gespräch blieb und gerade in der Entstehungsphase der Bundesrepublik neben neuen Lesern auch politischen Einfluß gewann. Nicht zuletzt auf ihn geht die außenpolitische Tradition des Blattes zurück, das von nun an einen Teil seiner Reputation aus dem Hauch der großen weiten Welt bezog, mit dem der ehemalige Auslandskorrespondent, der nach dem Kriege eine zeitlang im Deutschen Büro für Friedensfragen tätig war, die Redaktion versorgte. Die treue Gemeinde, die er zunächst mit seinen Vorträgen und Funkkommentaren, später insbesondere mit seinen Büchern missionierte, interessierte sich bald ebensosehr für »Christ und Welt«, so daß eine fruchtbare Wechselwirkung zwischen den vielfältigen Aktivitäten Mehnerts entstand.

Mit Eugen Gerstenmaier und Georg Federer, damals »Außenminister« des Evangelischen Hilfswerkes, gehörte Mehnert zu den Gründern der Zeitung, deren Existenz 1951 plötzlich in Frage gestellt wurde. Federer, später deutscher Generalkonsul in New York und Botschafter in Kairo und Brüssel, beschrieb zwanzig Jahre danach die Ursachen der Existenzkrise: »Mit der Vereinigung der drei Westzonen zur Bundesrepublik und dem Entstehen der Bundesregierung war die Rolle des ›Hilfswerkes der evangelischen Kirchen‹ als einziger gesamtdeutscher Institution zu Ende [...] Die evangelischen Kirchen, denen die expansive, über das rein Karitative hinauswirkende Aktivität des ›Hilfswerkes‹ mitunter unbequem, ja unheimlich erschienen war, traten den Rückzug in den Bereich der klassischen karitativen Arbeit an. Das Hilfswerk wurde mit der Inneren Mission verschmolzen.«[4]

Diese Fusion berührte die Existenz von »Christ und Welt«, denn die Zeitung erschien wie das vom hannoverschen Landesbischof Hanns Lilje herausgegebene »Sonntagsblatt« im Evangelischen Verlagswerk, das aus dem Hilfswerk ausgegliedert wurde und, auf sich selbst angewiesen, als Träger für »Christ und Welt« zu schwach war[5]. Den Ausweg zeigte der »Plan Federer« auf, der zur Privatisierung riet. Zu ihr konnten sich Federer, Gerstenmaier und Mehnert mangels flüssiger Mittel und verlegerischer Erfahrung zunächst nicht recht entschließen[6]. Erst als sich der Stuttgarter Verleger Georg v. Holtzbrinck bereit erklärte, die Hälfte der Anteile einer neu zu gründenden Verlagsgesellschaft zu übernehmen, entschloß sich die Gründergruppe, die Zeitung weiterzuführen[7].

Leiter des Evangelischen Verlagswerkes war Paul Collmer, der auch »Christ und Welt« betreut und in der schwierigen Lage nach der Währungsreform dafür gesorgt hatte, daß die Zeitung nicht zugrunde ging. Collmers Nachfolger in der Verlagsleitung von »Christ und Welt« wurden Joachim Freiherr v. Beust und Erwin Haupt, die bis 1964 gemeinsam die Geschäfte führten. Beust glaubte, die Existenz des Blattes durch ein zweites Verlagsobjekt besser absichern zu können – eine Idee, die auch der »Zeit«-Verleger Gerd Bucerius mit seiner Beteiligung an der Illustrierten »Stern« verfolgte. Dieses zweite Objekt war die Familienillustrierte »Nach Fünf«, die nach Anfangserfolgen jedoch rasch den Konzentrationsbewegungen auf dem Feld der Bilderpresse zum Opfer fiel[8] und von der für einige Zeit lediglich eine illustrierte Beilage von »Christ und Welt« übrigblieb, gewissermaßen ein schwarzweißer Vorgänger des »Zeit-Magazins«. Dennoch schienen die materiellen Sorgen weitgehend behoben, als Beust aus der Geschäftsführung ausschied: Man saß seit 1961 auf schwäbisch-solide Weise im eigenen (Glas-) Haus im Stuttgarter Vorort Sillenbuch, die Verkaufsauflage hatte längst (1959) die Schallmauer von 100 000 Exemplaren durchbrochen, und eben erst war es Haupt gelungen, »Christ und Welt« anstelle der abrupt eingestellten »Deutschen Zeitung« als Pflichtblatt bei der Wertpapierbörse in Stuttgart einzuführen. Haupts Verdienste, von den Gesellschaftern oft unzureichend gewürdigt, bestanden neben seiner Funktion als stabilisierender Faktor im hektischen Betrieb eines personell diffizilen Zeitungsverlages nicht zuletzt darin, einem Blatt, mit dessen Titel die Werbeagenturen gemeinhin nichts anzufangen wußten, überhaupt ein sich stetig ausweitendes Anzeigengeschäft verschafft zu haben. Ohne ihn jedenfalls hätte »Christ und Welt« seine finanzielle Unabhängigkeit nicht für so lange Jahre bewahren können. Er drängte auch Gesellschafter und Redaktion ebenso rechtzeitig wie erfolglos zu Blattreform und Titeländerung; seinerzeit wäre es dem Verlag noch möglich gewesen, dafür eigene Mittel zu investieren.

Den ersten Platz unter den politischen Wochenzeitungen der Bundesrepublik mußte das Blatt schon 1963 räumen. 1962 waren mehr als 144 000 Exemplare je Ausgabe verkauft worden, aber die Steigerung gegenüber dem Vorjahr hatte nur noch drei nach 21 Prozent 1960/61 betragen, so daß der Anteil am Wochenzeitungsmarkt von 32,9 Prozent 1961 auf 30,7 Prozent zurückfiel[9] – ein Alarmzeichen, das in Stuttgart überhört wurde. Zwar nahm die Auflage im nächsten Jahr um acht Prozent auf 153 000 Exemplare zu, jedoch gewann »Die Zeit« 34 Prozent und war mit 169 000 jetzt Marktführer. Als »Christ und Welt« 1965 (nach einem Verlust von sechs Prozent 1964) erneut wöchentlich mehr als 150 000 Zeitungen absetzte, konnte die Hamburger Konkurrenz bereits eine Verkaufsauflage von 210 000 Exemplaren melden[10]. »Die Zeit« war ein Kiosk-Objekt geworden, »Christ und Welt« war vorzugsweise eine Abonenntenzeitung geworden. »Die Zeit« sprach die Intellektuellen und die jüngere Generation an, »Christ und Welt« wurde vom Bildungsbürgertum und damit von den mittleren und älteren Jahrgängen bevorzugt. Die Werbemethoden des Verlages, die viel Ärger und wenige Dauerleser einbrachten, ohne daß es dafür eine Alternative gab, verstärkte diesen Trend.

Hatte »Christ und Welt« Mitte der sechziger Jahre seine große Zeit bereits hinter sich? Klaus Mehnert stand nur fünf Jahre an der Spitze der Redaktion; 1954 trat er zurück, blieb aber nach wie vor Mitglied der Redaktionsgemeinschaft. Zunächst widmete er sich mehreren Zeitschriften, die mit verschiedener Thematik über Osteuropa berichteten; 1961 wurde er schließlich als ordentlicher Professor an die Technische Hochschule Aachen und zum Direktor des dortigen Instituts für Politische Wissenschaften berufen. 1958 erschien sein Buch »Der Sowjetmensch«, das ihn mit einem Schlage weit über die deutschen Grenzen hinaus bekannt machte. Je bekannter er wurde, desto weniger Zeit konnte er für die Redaktion aufbringen. Wo immer Mehnert sich indessen aufhielt, jedes Jahr kehrte er wenigstens für einen Tag nach Stuttgart zurück, um mit dem gesamten Verlag an einem Ausflug teilzunehmen, den Geschäftsführer Haupt in seinem Auftrag zu organisieren hatte – eine von der Redaktion zwar nicht geschätzte, aber für das Betriebsklima eines so kleinen Unternehmens, dem selbst in seiner Blütezeit nicht mehr als 120 Beschäftigte angehörten, wichtige Veranstaltung.

Mehnerts Nachfolger Giselher Wirsing hatte seit den Anfängen der Zeitung zu ihren Mitarbeitern gezählt, mußte jedoch zunächst auf Tauchstation wirken, da er wegen seiner Tätigkeit im »Dritten Reich« umstritten war[11]. Damals erst Hauptschriftleiter der »Münchner Neuesten Nachrichten«, dann der (internationalen) Wehrmachts-Illustrierten »Signal«, galt er vielen als hochbegabter Publizist, der der Karriere zuliebe seine Überzeugungen geopfert hatte. Das war gewiß falsch, weil es die komplexe Verfassung deutscher Intellektueller unter Hitler auf einen allzu einfachen Raster projizierte, munitionierte aber das polemische Arsenal seiner zahlreichen Gegner (und Neider): Die einen prangerten unter Hinweis auf die Vergangenheit seine konservativen Ansichten an, die anderen verübelten ihm mit demselben Argument seine liberale Haltung. Noch nach seinem plötzlichen Tode im Jahre 1975 tischte Armin Mohler, ehedem Pariser Korrespondent der Zeitung, auf wenig geschmackvolle Weise wieder das Märchen vom Opportunisten Wirsing auf[12]. Gerade Mohler müßte es besser wissen, denn von ihm stammt das Buch über »Die konservative Revolution in Deutschland«, aus deren Bannkreis Wirsing kam: Er gehörte, ein publizistisches Wunderkind, vor 1933 zum rechtsintellektuellen Kreis um die von Hans Zehrer herausgegebene Zeitschrift »Die Tat«, die dem Reichskanzler Kurt v. Schleicher nahestand und »eine Art von ›nationaler Volksfront‹ (aus Reichswehr, Gewerkschaften und linkem NS-Flügel – d. Verf.) gegen Hitler und Thälmann aufzubauen« versuchte[13]. »Die Tat« auf der rechten und »Die Weltbühne« auf der linken Seite des politischen Spektrums hatten in der Endphase der Weimarer Republik einen bedeutenden Einfluß auf die intellektuelle Elite Deutschlands; hier fand die politische, literarische und künstlerische Auseinandersetzung in einem sehr viel extremeren Rahmen statt als in den republikanisch-liberalen Tageszeitungen von Berlin, Frankfurt, Leipzig und Köln, die die heile Welt der Demokratie mit ihrer Seele suchten[14]. »Christ und Welt« profitierte von Wirsings Herkunft aus dem »Tat«-Kreis erheblich; mancher pietistisch-provinzielle Zug, welcher der Zeitung bei aller Weltoffenheit anfangs anhaftete, verflüchtigte sich unter seiner Redaktionsleitung.

Schon 1951 hatte sich mit dem Pfarrer Hans Schomerus einer der Gesinnungsfreunde Wirsings aus der Gedankenwelt der »konservativen Revolution« von »Christ und Welt« an die Evangelische Akademie in Karlsruhe zurückgezogen. Zwar blieb er als Autor und Berater aktiv, was, da auch ihm wesensverwandte Theologen wie Paul Althaus und Hans Asmussen mehr oder weniger regelmäßig mitarbeiteten, mitunter den Anschein erweckte, als sei das Blatt eine betont protestantische und demokratisch geläuterte Neuauflage der »Tat«. Aber als 1954 durch den Tod von Fleischer ein wesentliches Element jener geistigen Spannung zwischen Christ und

Welt verlorenging, die der Herausgeber in idealtypischer Weise verkörperte, wurden die Seiten des theologischen Teils im Zeitungsganzen nicht selten zu einem Fremdkörper – ja, manchmal mußten unbefangene Leser den Eindruck gewinnen, als seien sie bei allem Niveau lediglich eine Konzession an den Titel.

Mitte der fünfziger Jahre waren die Hoffnungen auf eine religiöse Neubesinnung, wie sie die ersten großen evangelischen Kirchentage aufkeimen ließen, ohnehin verwelkt. Das Leben in der Bundesrepublik normalisierte sich und glich sich mehr und mehr dem in den anderen Ländern Westeuropas an. Damit rückte auch das Weltgeschehen wieder stärker ins Blickfeld der Deutschen, die davon seit Mitte der vierziger Jahre ziemlich abgeschnitten gewesen und mit sich selbst beschäftigt waren. Nachdem die Zeitung schon unter der Chefredaktion von Mehnert nach eigenem Augenschein ein Bild der großen Weltreligionen vermittelt hatte, versuchte der stark geopolitisch fixierte Wirsing, unterstützt von seiner Frau Gisela Bonn, die Entwicklungen des nachkolonialen Zeitalters aufzuhellen und zu interpretieren. In diesem Zusammenhang hat er sich früh mit der Bevölkerungsexplosion in den Entwicklungsländern beschäftigt und ihre Folgen beizeiten prognostiziert.

Zugleich trat Europa als konkrete Aufgabe in den Vordergrund. Es ging dabei von Anfang an nicht nur darum, angesichts der kommunistischen Bedrohung unter den freien Völkern des Kontinents gewissermaßen eine politisch-militärische Lebensversicherung auf Gegenseitigkeit abzuschließen. In der Einheit Europas sah »Christ und Welt« mit der heranwachsenden Generation, für die der einstige deutsche Chauvinismus tot war, vielmehr auch jenseits solcher Sicherheitsüberlegungen ein erstrebenswertes Ziel. Die Zeitung öffnete diesen Ideen ebenso selbstverständlich ihre Spalten wie der Diskussion über die Wiederbewaffnung als der Voraussetzung für den Beitritt der Bundesrepublik zur nordatlantischen Allianz. Dieses Bündnis allein bot die Chance, daß sich Westeuropa gegenüber dem kommunistischen Osten behaupten konnte. Das war einer der Gründe dafür, den Ausschließlichkeitsanspruch der deutsch-französischen Beziehungen zu bestreiten.

Mit manchen Auffassungen »seiner Zeitung« konnte sich Gerstenmaier, seit 1954 Präsident des Deutschen Bundestages, nur schwer abfinden. So stand er zum Beispiel dem Elysée-Vertrag positiver gegenüber als »Christ und Welt«; in anderen Fragen teilte er zwar die Redaktionsmeinung, mußte sie sich aber, war sie besonders eigenwillig formuliert, in der Union als parteischädigend vorhalten lassen. Gerade weil er lediglich dann Einfluß auf die Linie der Zeitung nahm, wenn er selbst zur Feder griff, kam es zwischen dem Büro des Parlamentspräsidenten in Bonn und der Chefredaktion in Stuttgart wiederholt zu Spannungen: Gerstenmaier war in den Augen seiner Parteifreunde allemal für das verantwortlich, was in »Christ und Welt« stand, obwohl er und die anderen Gesellschafter laut Redaktionsverfassung und Chefredakteursvertrag nicht einmal die Ernennung der Ressortleiter, geschweige denn die Einstellung von Redakteuren entscheiden konnten.

Der nach außen hin so autoritär wirkende und protokollbewußte »zweite Mann im Staat« erwies sich, weil selbst ein Intellektueller und geschliffener Stilist, im Umgang mit Journalisten als außerordentlich tolerant. Die Toleranzgrenze wurde für ihn erst dann überschritten, wenn er glaubte, geistiger oder stilistischer Schlamperei auf der Spur zu sein, oder wenn ein Artikel in seinen Augen politischen Instinkt vermissen ließ. So verlangte er auf dem Höhepunkt der Krise um den damaligen Bundeskanzler Ludwig Erhard im Jahre 1966 die Entlassung eines Journalisten, der der Union, zu deren Kronprinzen Gerstenmaier gerechnet wurde, »Selbstauflösung« vorgeworfen hatte[15]. Diese Forderung mußte schon deshalb abschlägig beschieden werden, weil den Artikel ein freier Mitarbeiter geschrieben hatte. Trotz dieses Vorfalls wurde aber ausgerechnet er ein Jahr später Wirsings Stellvertreter, vier Jahre danach sogar Chefredakteur[16].

Ein dauerhaft schlechtes Verhältnis gewann Gerstenmaier nur zu einem Redaktionsmitglied – zu Walter Wannenmacher, der nach zehnjähriger Kriegsgefangenschaft in der Tschechoslowakei 1955 die Leitung des Wirtschaftsteils von »Christ und Welt« übernommen hatte. Der knorrige Böhme, der seine wirtschaftspolitischen Kassandrarufe in einem einsamen Waldhaus bei Darmstadt ausstieß, stammte aus dem berühmten »Prager Tagblatt«, dem Max Brod einen Roman gewidmet hat[17] und in dem Wannenmacher, mit dem »rasenden Reporter« Egon Erwin Kisch befreundet, der einzige Nicht-Jude war. Gegenüber seinen spitz formulierten Artikeln legten viele deutsche Unternehmer und Politiker ein geradezu masochistisches Lustgefühl an den Tag, indem sie seine Behauptung, sie lebten betriebs- und volkswirtschaftlich über ihre Verhältnisse, stets heftig dementierten und oft mit der Bemerkung quittierten, die Zeitung wegen ihrer Schwarzmalerei abzubestellen, während sie in Wirklichkeit besorgt reagierten, wenn Wannenmachers Beiträge, bloß weil auch er wieder einmal in Urlaub war, für einige Wochen ausblieben. Zu seinem Ruf, ohne den es einen rundum respektierten Wirtschaftsteil von »Christ und Welt« entweder überhaupt nicht oder allenfalls in Form mehr oder weniger gefälliger Unternehmensberichte gegeben hätte, trugen neben seinen Kommentaren auch seine Bilanzanalysen bei, für die er eigens ein neues Schema entwickelte.

Fünfzehn Jahre lang nahmen Wannenmacher und Gerstenmaier voneinander relativ wenig Notiz, bis der Beitrag eines Freundes des ein Jahr zuvor unter wenig schönen Umständen zurückgetretenen Bundestagspräsidenten 1970 den Senior der Redaktionsgemeinschaft verstimmte, der in Wien neben Nationalökonomie in den zwanziger Jahren auch Vorlesungen von Sigmund Freud gehört hatte. Offenbar besann er sich auf seine Wiener Studien, als er gegenüber dem »Spiegel« über Triebstauungen orakelte[18] und damit seine Kollegen in erhebliche Verlegenheit stürzte. Einerseits beklagte sich Gerstenmaier mit Recht, andererseits schien

Wannenmacher unersetzlich, zumal dem Versuch, den begabten Wirtschaftshistoriker Paul C. Martin zu seinem Nachfolger aufzubauen, dessen jähes Temperament im Wege stand. Also wurde der Konflikt totgeschwiegen, was der Chefredaktion eine gehörige Portion Opportunismus abverlangte und, bei schlechtem Gewissen, ihr Vorurteil stärkte, sie habe es mit einem Ballett zu tun, das aus lauter Primaballerinen bestehe.

Das Balletturteil traf sonst vorzugsweise das Feuilleton, zumal es bei »Christ und Welt« einer kontinuierlichen Leitung entbehrte, seit nach Wilhelm Westecker 1964 auch Barbara Klie ausgeschieden war, weil sich ihre Vorstellungen nicht mit denen Wirsings auf einen Nenner bringen ließen. Dem Chefredakteur schwebte ein thematisch breiter angelegter, stärker geistesgeschichtlicher Kulturteil vor; die Ressortleiterin verteidigte ihr klassisches Feuilleton, das bezeichnenderweise »Am Fenster« hieß und von dem Lyriker Dieter Hoffmann mitgestaltet wurde. Es war sorgfältig redigiert, verströmte einen Hauch von l'art pour l'art, ohne davor zurückzuscheuen, auch populärere Stoffe in feinsinniger Manier aufzugreifen, und kannte, ohne links engagiert zu sein, keine geistige Enge.

Die Durchschlagskraft, die Wirsing hier vermißte, gewann »Christ und Welt« in der Kulturpolitik. Schon 1950 war die Zeitung dafür eingetreten, die emigrierten und die entnazifizierten Gelehrten wieder in die Hochschulen einzugliedern. Sieben Jahre später forderte sie in einer publistischen Kampagne dazu auf, das Vermögen des herrenlosen Volkswagenwerkes in Wolfsburg einer Nationalstiftung für Wissenschaft und Forschung zu übertragen[19]; bis zur tatsächlichen Gründung der »Stiftung Volkswagenwerk« im Jahre 1959 hat »Christ und Welt« dafür leidenschaftlich gestritten. Es folgte 1962/63 in Verbindung mit dem Gesprächskreis »Wissenschaft und Wirtschaft«[20] ein mit 12 000 DM dotiertes Preisausschreiben »Zur Gestalt der neuen deutschen Universität«, zu dem 134 Vorschläge bei der Redaktion eingingen und an dem sich so renommierte Professoren wie Waldemar Besson, Helmut Schelsky und Hans-Peter Schwarz beteiligten[21]. 1964 erschien die inzwischen sprichwörtlich gewordene Serie »Die deutsche Bildungskatastrophe«, deren Autor Georg Picht, wie seine Kritiker meinen, damit den Anstoß zur hoffnungslosen Überfüllung der Hochschulen in der Bundesrepublik gegeben hat, weil er viel zu viele Schüler animierte, das Abitur zu machen.

Später errang die Zeitung nur noch zweimal publizistische Erfolge von einer derartigen Breitenwirkung: Der amerikanische Kritiker Fiedler informierte über die literarische Post-Moderne und die seriöse Untergrund-Literatur der USA, was eine lange Diskussion in »Christ und Welt« auslöste, an der sich beinahe die gesamte Avantgarte der deutschen Schriftsteller beteiligte, und Konrad Lorenz beschrieb in mehreren Folgen ein aufsehenerregendes aktuelles Thema – den »Krieg der Generationen«[22]. Zwar erwies sich Wolfgang Ignée als einfallsreicher Spürhund auf der Suche nach Themen und Autoren, zwar gelangen Ernst Günter Engelhard manche stilistische Kabinettstückchen und einige Entdeckungen auf der modernen Kunstszene, zwar versorgte Günther Schloz das Feuilleton mit sensiblen eigenen und fremden Beiträgen, aber die Wirkung des Feuilletons der »Zeit« erzielte »Christ und Welt« damit nicht – vielleicht unter anderem auch deshalb, weil es kulturell ambitionierten Journalisten ganz allgemein schwerfällt, mit dem Geist der Zeit in Spannung zu leben. Auf Beifall angewiesen, neigen Feuilletonredakteure unter solchen Umständen eher zur Anpassung als zum (meist isolierenden) Widerspruch im Kulturbetrieb, was verständlich ist, aber kaum das Profil einer Zeitung fördert. Ein origineller Einzelgänger wie Richard Kaufmann wurde deshalb im Feuilleton von »Christ und Welt« an den Rand gedrängt, so daß er am Ende resignierte und sich fast ausschließlich mit wissenschaftlichen Themen befaßte.

Das Jahr 1964 bedeutete nicht nur im Feuilleton, sondern

auch für die politische Redaktion einen Einschnitt. Schon 1963 war Edgar Traugott ausgeschieden; er hatte die Zeitung acht Jahre lang entscheidend mitgeprägt. Nun wurde der Pfarrer Eberhard Stammler, Vorsitzender der Selbstkontrolle illustrierter Zeitschriften und Mitglied des Beirates für Innere Führung beim Bundesverteidigungsminister, anstelle von Hans Georg v. Studnitz, der 1961 Nachfolger des 1959 verstorbenen Hermann Hönig geworden war, stellvertretender Chefredakteur. Früher Scherl-Auslandskorrespondent und nach dem Kriege Lufthansa-Pressechef, Gentleman-Journalist alter Schule, aber auch unbekümmerter Meinungen, hatte Studnitz als Redaktionsmanager weniger reüssiert denn als Autor unkonventioneller, stilistisch oft eleganter Beiträge. Stammler dagegen wurde an Fleischer gemessen, womit der ehemalige Chefredakteur der evangelischen Zeitschrift »Junge Stimme« überfordert war. Zudem versuchten jüngere Redaktionsmitglieder wie der Kulturpolitiker Jens Hoffmann, der Ostexperte Carl Gustaf Ströhm und der Innenpolitiker Peter Jochen Winters, die sich in der »Spiegel«-Affäre mit Wirsing überworfen hatten und die Zeitung progressiveren Zeitströmen nähern wollten, dem neuen Stellvertreter weitreichende Ambitionen aufzureden, so daß es zum Zerwürfnis kam. Schon 1965 kehrte Stammler »Christ und Welt« den Rücken. Auch Stammlers Nachfolger Peter Meyer-Ranke hielt sich bloß bis Ende 1967: Durch einen langen Nahost-Aufenthalt als »Welt«-Korrespondent mit den Verhältnissen in der Bundesrepublik nicht mehr recht vertraut und von Wirsing unzureichend gestützt, kündigte er kurz nach der Bestellung eines zweiten stellvertretenden Chefredakteurs.

In dem häufigen Wechsel auf einem so wichtigen Posten glaubten die Gesellschafter Führungsschwächen Wirsings zu erkennen. Zusätzlich irritiert durch Anzeichen von Rebellion in der Redaktion, die jedoch vor allem auf die allenthalben spürbaren Spannungen zwischen den Generationen zurückzuführen waren, aber auch ratlos angesichts der seit drei Jahren stagnierenden Auflage, machten sie sich 1968 auf die

Suche nach einem neuen Redaktionsleiter. Bevor sie ihn gefunden hatten, faßten sie, gewissermaßen um sich selbst Mut einzuflößen, den Beschluß, Wirsings Vertrag vorzeitig aufzukündigen. Erst diese Maßnahme schuf den Zustand der Führungsschwäche, der zuvor diagnostiziert worden war. Wirsing amtierte nun als Chefredakteur auf Abruf, während Gesellschafter und Verlagsleitung vergeblich nach einem Nachfolger suchten. Allseits akzeptierte Kandidaten wie Conrad Ahlers, Kurt Becker und Johannes Gross standen aus unterschiedlichen Gründen nicht zur Verfügung, und der an dem Amt nachhaltig interessierte Arthur Rathke sah selbst ein, daß er als CDU-Sprecher das stumpfer gewordene Image der Zeitung kaum aufpolieren konnte.

In dieser Situation entsann sich die führerlose Mannschaft des in der Gründerzeit bewährten Rezepts der im Impressum nach wie vor existenten Redaktionsgemeinschaft und reformierte von sich aus die Zeitung: Neue Autoren bereicherten die thematische Palette, das organisatorische Gefüge wurde gestrafft, das Blatt von der traditionellen Teilung in zwei »Pakete« auf vier klar voneinander abgegrenzte »Bücher« umgestellt und 1969 der wohl charakteristische, aber nicht mehr zeitgemäße schwarze Zeitungskopf geändert, wozu das 1968 von Holtzbrinck erworbene »Handelsblatt« seinen Untertitel »Deutsche Zeitung« beisteuerte. Die Spannweite der Diskussion, die »Christ und Welt« nach der Blattreform entfachte, reichte von der modernen katholischen Theologie, über die Karl Rahner, Hans Küng und Hubertus Halbfas referierten, bis zur internationalen Finanzpolitik. So machte die Zeitung das Publikum mit den Thesen des amerikanischen Monetaristen Milton Friedman bekannt und plädierte früher als andere für flexible Wechselkurse.

Heinrich Stubbe, einer der dienstältesten Redakteure, demonstrierte in seiner Doppelfunktion als Chef vom Dienst und Leiter des theologischen Teils dabei jene Integrationsfähigkeit, ohne die ein teamwork von vornherein zum Scheitern verurteilt ist. Von Natur aus introvertiert, war seine

Rolle als Motor der Zeitungsproduktion sowohl von den Gesellschaftern als auch von der Chefredaktion stets unterschätzt worden. In der Umbruchstimmung von 1968/69 lernte Wirsing Stubbes Unbestechlichkeit und Fairneß schätzen, wodurch ihm der Entschluß erleichtert wurde, sich aus der Tagesarbeit zurückzuziehen und auf seine eigentlichen Interessen zu konzentrieren – auf die Darstellung der großen weltpolitischen Zusammenhänge und der geistigen Strömungen der Zeit. Um einer schwelenden Palastrevolution zuvorzukommen, deren Ursachen in der unbeantworteten Nachfolgefrage lagen, schlug er in Übereinstimmung mit der Redaktion Anfang 1970 den Gesellschaftern vor, »zum 1. Juli 1970 meinem bisherigen Stellvertreter Ulrich Frank-Planitz die Chefredaktion anzuvertrauen«[23].

Wo stand »Christ und Welt« Mitte 1970? Der Anteil am Wochenzeitungsmarkt war zwar von 27,4 Prozent 1965 auf 23 Prozent gesunken, aber die Auflage hatte sich bei 146 000 Exemplaren stabilisiert, was deshalb als Erfolg verbucht werden konnte, weil die neue Wochenschrift »Publik« auf die katholischen Leser von »Christ und Welt« spekulierte. Von den Gründungsvätern als protestantisches Blatt ohne enge konfessionelle Grenzen begriffen, war der Stuttgarter Wochenzeitung im Laufe der Jahre die ökumenische Ausweitung ihres Leserpotentials geglückt. Erst eine solche Ausweitung hatte es ermöglicht, sie als konservativen Gegenpol zur liberalen »Zeit« ins Bewußtsein zu rücken. Die Entwicklung wurde aber seit Mitte der sechziger Jahre durch den programmatischen Titel, die schmale materielle Basis und den Trend der Jugend gehemmt, sich linksliberalen Tagesmoden oder sozialistischen Ideologien auszuliefern. Die Diskussion darüber beschäftigte Redaktion und Verlag in zunehmendem Maße, seit in der Bundesrepublik nicht nur der Geist, sondern auch die Macht links stand.

Einige Gesellschafter und Redaktionsmitglieder rieten, »Christ und Welt« als rechtes Kampfblatt gegen die Bonner Koalition zu profilieren; andere empfahlen vorsichtige Kurskorrekturen. Die Redaktionsmehrheit bediente sich zwar der formalen Mittel der amtierenden Generation, aber sie benutzte sie nur deshalb, weil sie so besser ihren Standpunkt rechts von der Mitte verdeutlichen konnte. Sie wollte weder ein christlich-demokratisches Kampf- noch ein sozial-liberales Hofblatt, sondern nach wie vor ein aufgeklärt konservatives Meinungsblatt machen. Daneben verstand sie »Christ und Welt« als Forum freier Diskussion, in dem jenseits von linksradikalen Utopien und rechtsextremer Romantik auch kontroverse Ansichten zu Wort kommen sollten.

Schon Konrad Adenauer war häufig mit kritischen Kommentaren bedacht worden. Als sich seine Ära ihrem Ende zuneigte, wurde das Verhältnis der Zeitung zu seiner Partei immer distanzierter. In der »Spiegel«-Krise von 1962 und wieder nach Erhards Sturz 1966 trat »Christ und Welt« für ein schwarz-rotes Bündnis ein, um auch der zweiten großen Partei der Bundesrepublik die Chance zu geben, das deutsche Staatswesen mitzugestalten. Diese Entscheidung wurde vor allem vom konservativen Kern der Redaktionsgemeinschaft getragen; ihre nationalliberalen Mitglieder opponierten dagegen.

Geriet das Blatt deshalb nach 1969 »im innenpolitischen Teil zusehends in die Nähe der FDP«, wie ein Kritiker behauptete?[24] Sinn und Notwendigkeit einer dritten Partei auf der Basis des politischen Liberalismus sind schon während der Amtszeit der Großen Koalition begründet worden – vor allem durch die Bonner Korrespondentin Maria Stein, in der die Zeitung eine hochtalentierte und umfassend gebildete Journalistin gewonnen hatte, die sowohl in der Redaktion wie auf der Bonner Bühne nicht nur wegen ihrer guten Informationen, sondern auch aufgrund ihrer psychologisch einfühlsamen und weitblickenden Kommentare geschätzt wurde[25]. Ihre Beiträge erregten in der Spätzeit von »Christ und Welt« neben denen von Mehnert und Wannenmacher das größte Leserinteresse. Im politischen Teil gehörte Martin Bernstorf mit brillant geschriebenen, nicht selten verwegenen Reportagen und »erdachten Geschichten« ebenfalls zu den bevorzugten Autoren einer Leserschaft, die sich vor dem Hintergrund der neuen Bonner Ostpolitik in zwei Lager spaltete.

Die Meinungsverschiedenheiten über diese Politik gingen auch quer durch die Reihen von Redaktionsgemeinschaft und Gesellschaftern: Während ihr Klaus Mehnert und Maria Stein mit einigen Abstrichen im großen und ganzen zustimmten, wurde sie von Eugen Gerstenmaier und dem Deutschland-Experten Henning Frank mit nüchternen Argumenten, von Giselher Wirsing und Carl Gustaf Ströhm häufig mit polemischen Wendungen abgelehnt. Die Abstellungen, die einmal mit zu großer Linkslastigkeit, das andere Mal mit einem zu starken Rechtsdrall begründet wurden, hielten sich denn auch die Waage.

Mit einer derart differenzierten Redaktionsgemeinschaft und einem nicht minder vielfältigen Leserstamm bemühten sich Verlagsleitung und Chefredaktion Ende der sechziger, Anfang der siebziger Jahre um einen neuen Aufschwung. Bis dahin war die Zeitung im Gegensatz zu ihren Wettbewerbern ohne Zuschüsse ausgekommen[26], obwohl beispielsweise der Redaktionsetat 1970 bei einem Umsatz von 7,3 Millionen rund 1,5 Millionen DM betrug, wovon allein über ein Drittel für Honorare ausgegeben wurde[27]. Der Zeitpunkt ließ sich jedoch absehen, an dem rote Zahlen geschrieben werden mußten, wenn es nicht gelang, Woche für Woche die für ein florierendes Anzeigengeschäft magische Zahl von 200 000 Exemplaren zu verkaufen[28]. Dieses Ziel war, wenn überhaupt, nur durch beträchtliche Investitionen zu erreichen – um den Preis der Unabhängigkeit, weil der Verlag die dafür erforderlichen Mittel im Gegensatz zu früher nicht mehr selbst aufbringen konnte. Eine zweite Möglichkeit, ans Ziel zu gelangen, bestand in der Bereinigung des Wochenzeitungsmarktes durch die Fusion mit einem anderen Blatt.

Diese Möglichkeit war schon mehrfach, zuletzt 1967/68, mit dem »Sonntagsblatt« erörtert worden. 1970 nahmen die Chefredakteure der beiden ehemaligen Schwesterzeitungen den Faden wieder auf. Das »Sonntagsblatt«, dessen Auflage auf 112 000 Exemplare gesunken war, hatte inzwischen finanziellen Beistand der evangelischen Landeskirchen erhalten, was aber nach Meinung einiger Bischöfe keine Dauereinrichtung werden durfte. Deshalb ermunterte auch der Rat der Evangelischen Kirche in Deutschland zu ernsthaften Fusionsverhandlungen. Nach mehreren Konferenzen auf Redaktions- und Verlagsebene in Hamburg, Bonn und Frankfurt scheiterte der Zusammenschluß an drei Fragen: Wo sollte sich eine gemeinsame Wochenzeitung, für die man sich bereits auf Titel wie »Deutsche Allgemeine« oder »Deutsche Zeitung« geeinigt hatte, politisch ansiedeln? Sollten die Kirchenleitungen mit oder ohne weitere Zuschüsse Einfluß auf die redaktionelle Linie nehmen können? Und wie sollte die Stellung des Stuttgarter Hauptgesellschafters v. Holtzbrinck in einem neuen Unternehmen beschaffen sein? Vielleicht hätte man sich am Ende doch noch geeinigt, wäre für einige »Sonntagsblatt«-Redakteure die Versuchung nicht groß gewesen, mit dem Geld der Kirchen im Rücken weiterhin am Markt, der ein rechtsliberales Kontrastprogramm zur linksliberalen »Zeit« nahelegte, vorbeizuschreiben[29].

Nach dem Scheitern der Fusionsverhandlungen mußten die Gesellschafter von »Christ und Welt« sich notgedrungen wieder dem Plan zuwenden, die Existenz ihrer Zeitung allein abzusichern. Zu diesem Zweck hatten sie schon seit langem Überlegungen angestellt, ob der Titel, der 1947/48 in einer bestimmten Situation geboren worden war, inzwischen einen publizistischen Markenartikel signalisierte oder ob er die Lebensfähigkeit der Zeitung beeinträchtigte, weil er potentielle Leser und Anzeigenkunden abstieß. Damit, sie wußten es, begaben sich Gesellschafter, Verlag und Redaktion auf eine höchst riskante Gratwanderung. »Es war von Anfang an ein vielleicht allzu kühnes Unterfangen gewesen«, meditierte Federer 1971, »unsere Zeitschrift mit dem Titel ›Christ und Welt‹ einem umfassenden, kaum zu erfüllenden Anspruch zu unterwerfen.«[30] Aber war eine Titeländerung nach fast 23 Jahren ein nicht noch kühneres Unterfangen?

Im März 1968 hatten sich die Gesellschafter nach ausführlichen Konsultationen von Verlagsleitung und Redaktionsgemeinschaft dazu durchgerungen, den Schritt in das unbekannte Neuland zu wagen. Im Herbst desselben Jahres wurde die Realisierung des Planes wegen der Einführung von »Publik« zurückgestellt, im Mai 1970 der Titel »Deutsche Zeitung / Christ und Welt« beschlossen, nachdem zuvor andere Titel wie »Die Woche« oder wie »Deutsche Allgemeine Zeitung« diskutiert worden waren. Allerdings sollte zuvor der Ausgang der Gespräche mit dem »Sonntagsblatt« abgewartet werden. Nach deren negativem Ende bereitete sich die Redaktion Anfang 1971 nicht ohne Wehmut auf den Abschied von einer Epoche vor, in der »die Zeitung in der öffentlichen Meinung der Bundesrepublik ein Charakter geworden« war[31].

In diesen mehr als zwei Jahrzehnten hatten sich beinahe alle deutschen Politiker, Wissenschaftler, Unternehmer und Schriftsteller von Rang in »Christ und Welt« geäußert – von Konrad Adenauer bis Willy Brandt, von Richard Löwenthal bis Golo Mann, von Otto Wolff von Amerongen bis Hans L. Merkle, von Günter Grass bis Ernst Jünger. Bekannte Photographen wie Thomas Höpker oder Paul Swiridoff arbeiteten für die Zeitung; namhafte Journalisten wie Conrad Ahlers, Fritz René Allemann, Rüdiger Altmann, Reinhard Appel, Franz Barsig, Klaus Bölling, Günter Gaus, Johannes Gross, Werner Höfer, Rudolf Krämer-Badoni, Gerhard Löwenthal, Winfried Martini, Peter Scholl-Latour, Dietrich Schwarzkopf, Jürgen Tern und Georg Stefan Troller gehörten zu ihren Mitarbeitern. Es waren »die großbürgerliche, konservative Politik, die zwar monopolfeindliche, aber von Mitbestimmungsforderungen weit entfernte Wirtschaftspolitik, die freihändlerische und liberale Grundstimmung des Blattes«, die gefielen[32].

Konnte die »Deutsche Zeitung/Christ und Welt« diese Tradition fortsetzen? Ihre erste Ausgabe trug das Datum vom 2. April 1971. Einige Redakteure erholten sich nach dem Andruck von den Strapazen der Umstellung in den Schweizer Bergen. Als einer von ihnen am Wochenende nach Zürich kam und am Bahnhof die »Deutsche Zeitung« verlangte, fragte die Kioskverkäuferin: »Welche möchten Sie denn? Die ›Süddeutsche‹, die ›Frankfurter Allgemeine‹ oder – ›Christ und Welt‹?«

1. Vgl. Ulrich Frank-Planitz, Offenes Tor zur Verbotenen Stadt – Mit Gerhard Schröder in Peking, in: Deutsche Zeitung/Christ und Welt vom 21. 7. 1972.
2. Vgl. Eugen Gerstenmaier, Eine neue Wochenschrift, in: Christ und Welt vom 6. 6. 1948.
3. Vgl. Wolfgang Höpker, Vorstoß in den Nebel hinein, in: Christ und Welt vom 14. 6. 1968.
4. Vgl. Georg Federer, Eine Wochenzeitung für Deutschland, in: Christ und Welt vom 26. 3. 1971.
5. Ursprünglich war an eine große evangelische Wochenzeitung mit Sitz in Frankfurt am Main gedacht. Da keine Einigkeit über die Konzeption erzielt werden konnte, kam es zur Gründung des »Sonntagsblatt« in Hannover (später Hamburg) und von »Christ und Welt« in Stuttgart. Redaktions- und Druckorte legten von vornherein die Grenzen der bevorzugten Verbreitungsgebiete, also Nord- und Süddeutschland, nahe.
6. Verhandlungen mit dem Verlag W. Kohlhammer, dem Konradin-Verlag (beide in Stuttgart) und dem Kasseler »Sonntagsblatt« hatten sich zerschlagen.
7. Gerstenmaier war mit dreißig Prozent, Federer und Mehnert waren mit je zehn Prozent am Christ und Welt Verlag GmbH beteiligt.
8. Vgl. Gerd Bucerius, Der angeklagte Verleger, München 1974, S. 36.
9. Vgl. Alfred Pressel, Der »Rheinische Merkur« und »Die Zeit«, Berlin 1968, S. 54.
10. Vgl. ebenda.
11. Wirsing sollte zunächst stellvertretender Chefredakteur der von Hans Zehrer geleiteten »Welt« werden, trat dann aber Mehnerts Nachfolge bei »Christ und Welt« an. Anstelle von Wirsing wechselte Wolfgang Höpker für kurze Zeit zur »Welt«, bevor er – nach einem Zwischenspiel als Chefredakteur der »Hannoverschen Allgemeinen« – Bonner Korrespondent von »Christ und Welt« wurde.
12. Vgl. Armin Mohler, Deutsche Nachkriegspresse und Vergangenheitsbewältigung. Erinnerungen an Giselher Wirsing, in: Criticon, Nr. 32 vom November/Dezember 1975.
13. Vgl. Armin Mohler, Die konservative Revolution in Deutschland 1918-1932. Zweite, völlig neu bearbeitete und erweiterte Fassung, Darmstadt 1972. S. 434.
14. Vgl. Karl Dietrich Erdmann, Demokratisches und antidemokratisches

Denken in der Weimarer Republik, in: Gebhardt, Handbuch der deutschen Geschichte, Stuttgart 1973, Bd. 4, S. 295 f.
15. Vgl. Ulrich Frank-Planitz, Selbstauflösung der Union. Die CDU paukt Formeln der Ohnmacht, in: Christ und Welt vom 16. 9. 1966.
16. In der Gesellschafterversammlung enthielt sich Gerstenmaier bei der Berufung des neuen Chefredakteurs der Stimme.
17. Vgl. Max Brod, Prager Tagblatt. Roman einer Redaktion, Frankfurt am Main 1968. (Das 1876 gegründete liberale »Prager Tagblatt« war, bis 1938 vom Mercy-Zeitungskonzern herausgegeben, die größte deutsche Tageszeitung der Tschechoslowakei.) Der Roman ist 1957 zuerst unter dem Titel »Rebellische Herzen« erschienen.
18. Vgl. »Christ und Welt« – Trieb muß raus, in: Der Spiegel vom 9. 3. 1970 (teilweise irrige Angaben).
19. Vgl. Gotthard Gambke, Die Entstehung der Stiftung Volkswagenwerk (hektographierter Text).
20. Träger: Bundesverband der Deutschen Industrie, Deutscher Industrie- und Handelstag und Stifterverband für die Deutsche Wissenschaft.
21. Der erste Preis in Höhe von 4000 DM war Dr. Hans-Peter Schwarz, heute Professor in Köln, der zweite Preis Professor Dr. Helmut Schelsky, die weiteren Preise waren Dr. Hans-Gerhardt Stück, Professor Dr. Waldemar Besson, Bernhard v. Mutius, Dr. Dietrich Öter und Professor Dr. Johann-Wilhelm Mannhardt zuerkannt worden.
22. Vgl. Wolfgang Ignée, Selbstverordnete Gewaltkur für ein deutsches Wochenblatt, in: Stuttgarter Zeitung vom 4. 7. 1973.
23. Vgl. Giselher Wirsing, Lieber Leser!, in: Christ und Welt vom 3. 7. 1970.
24. Vgl. Andreas Wild, Journalisten sind keine Diplomaten, in: Die Welt vom 29. 6. 1973 (teilweise irrige Angaben).
25. Vgl. Maria Stein, Wenn Alex Möller seinen Hut nimmt, in: Deutsche Zeitung/Christ und Welt vom 2. 4. 1971. (In diesem Artikel wurde fast auf den Tag genau der Rücktritt des Bundesfinanzministers vorausgesagt.)
26. Vgl. Giselher Wirsing, op. cit. Anm. 23: »Was wir in mehr als zwei Jahrzehnten aus ›Christ und Welt‹ zu schaffen vermochten, beruht ausschließlich auf eigener Arbeit des Verlages und der Redaktion. Kein Pfennig ist uns in dieser Zeit von außen zugeflossen – geschweige denn Millionen.«
27. Nettoumsatz ohne Mehrwertsteuer.
28. Erlös-Relation Anzeigen: Vertrieb 1970 – Christ und Welt 34:66; Die Zeit 55:45.
29. Vgl. »Sonntagsblatt« – Schutz im Schoße, in: Der Spiegel vom 18. 1. 1971 (teilweise irrige Angaben).
30. Vgl. Georg Federer, op. cit. Anm. 4.
31. Vgl. Christian Schütze, Mehr »Welt« als »Christ«, in: Der Monat, Nr. 244 vom Januar 1969.
32. Vgl. ebenda.

HELMUT KOHL

Staat und freiheitliche Wertordnung

Das Verhältnis des Bürgers zum Staat und seiner Wertordnung ist eines der Leitmotive der Reden und Schriften Eugen Gerstenmaiers. Als ein Mann des Widerstandes gegen Hitler setzte er sich leidenschaftlich mit der politischen Vergangenheit der Deutschen, mit den Ursachen und Folgen des Niedergangs der Weimarer Republik und mit der nationalsozialistischen Schreckensherrschaft auseinander. Aber sein Blick ist nicht nur der deutschen Geschichte und ihren katastrophalen Erschütterungen zugewandt. Seine ganze Sorge gilt vielmehr der Festigung und Weiterentwicklung unserer politischen Ordnung. Er führte einen unerbittlichen Kampf gegen Illusionen und Irrungen und ermutigte uns, zu unserer nationalen Identität und Kontinuität zu stehen.

Mit Nachdruck wies Eugen Gerstenmaier immer wieder darauf hin, daß das deutsche Volk in seiner gefährdeten geographischen Lage und unter dem Eindruck seiner Geschichte einer Ordnung, die es bejahen kann, und einer an festen Werten orientierten Politik bedarf. Für ihn ist die parlamentarische Demokratie unlösbar mit den Werten eines freiheitlichen Rechtsstaates verbunden. Dies kommt sehr deutlich auch in der eindrucksvollen Rede zum Ausdruck, die Eugen Gerstenmaier als Präsident des Deutschen Bundestages zum 80. Geburtstag von Konrad Adenauer hielt. Er führte unter anderem wörtlich aus: »[...] und es scheint mir ebenso unzweifelhaft zu sein, daß die parlamentarische Demokratie in unserer Zeit nur dann recht verstanden ist, wenn sie den freiheitlichen Rechtsstaat gewährleistet und zeitgemäß weiterzubilden vermag. In diesem Staat müssen die Gebote des Rechtes immer höher stehen als die wechselnden Ansprüche wechselnder Mehrheiten, und in diesem Staat wird die Freiheit nur dann fest gegründet sein, wenn er auch der Autorität den ihr gebührenden Platz einräumt.«

Diese Sätze zeigen das grundsätzlich gewandelte Staats- und Verfassungsverständnis an, das sich mit der Errichtung des Grundgesetzes vollzogen hat. Die Erfahrungen unter der Weimarer Verfassung und die Erlebnisse unter der Diktatur der nationalsozialistischen Herrschaft haben entscheidend die neue Verfassungsordnung geprägt. Der Bankrott des Naziregimes wurde nicht nur als ein militärischer Zusammenbruch, sondern, worauf Eugen Gerstenmaier ebenfalls nachdrücklich hinweist, auch als die Folge einer moralischen Niederlage erfahren. Wir haben diese Lehre der deutschen Geschichte verstanden. Es ist die Lehre von der Schwäche und vom Mißbrauch des Staates.

Die Sorge der Verfassungsväter, die Bedingungen für stabile politische Verhältnisse zu schaffen und Vorkehrungen gegen den Mißbrauch der Staatsgewalt zu treffen, hat die neue Grundordnung maßgeblich bestimmt. Sie begnügten sich aber nicht damit, Institutionen zu schaffen und verbindliche Regeln vorzuschreiben, die stabile Regierungen ermöglichten und Übergriffen des Staates vorbeugten. Nicht minder wichtig war für sie die Erkenntnis, daß die staatliche und gesellschaftliche Ordnung ohne einen Grundkonsens über politisch-moralische Werte nicht bestehen kann. Das Grundgesetz wurde zum Ausdruck eines leidenschaftlichen Bekenntnisses zur Menschenwürde und zu den Menschenrechten als Grundlage der neuen sozialen Ordnung. Es besteht kein Zweifel, daß dieses Bekenntnis der Grundstimmung dieser Zeit entsprach. Sie fand ihren vorzüglichen Niederschlag in der lebhaften Naturrechtsdiskussion, aber auch in der Diskussion einer neuen Wirtschaftsordnung. In der Naturrechtslehre sprach man bekanntlich von der ewigen Wiederkehr des Naturrechts. Im wirtschaftspolitischen Streit standen sich Verfechter einer kollektiven, zentral gelenkten Planwirtschaft und einer freien, sozialen Marktwirtschaft unversöhnlich gegenüber. Es fehlte allerdings nicht an Kritikern, die vor den Folgen einer zu weitgehenden »Moralisierung« des Verfassungsrechts und des politischen Handelns warnten. Dazu kommt, daß die allgemeine naturrechtliche Erörterung wohl schneller als vermutet wieder verebbte und erst wieder stärker auflebte, als man die Verfassungsordnung radikal in Frage stellte.

Die wenigen Hinweise auf unsere Verfassungsentwicklung machen bereits auf ein wichtiges Problem aufmerksam: Ist die Anbindung des Staates an oberste Grundwerte des menschlichen Zusammenlebens lediglich eine übersteigerte Reaktion auf höchst negative historische Erfahrungen? Um diese Frage zu verneinen, genügt ein Blick auf die lange Geschichte solcher europäischer Staatstheorien, die man als den fortdauernden Versuch bezeichnen kann, staatliche Machtentfaltung und humanitäres Ethos miteinander in Einklang zu bringen. Das Grundgesetz steht durchaus in der Tradition dieses Staatsverständnisses. Dazu kommt der ungeminderte Bedarf, sich in einer Welt zunehmender sozialer Komplexität und internationaler Verflechtungen an allgemein verbindlichen sozialen Grundwerten zu orientieren. Über der Auseinandersetzung mit den katastrophalen Folgen der deutschen Politik sind allerdings diese Aspekte in den Hintergrund getreten.

Dies zeigt sich deutlich im Verhältnis zum sogenannten Gesetzespositivismus der liberalen Rechtsstaatstheorie. Dieser Positivismus wird heute noch immer als ein maßgeblicher Faktor für den mangelnden juristischen und moralischen Widerstand gegen die Diktatur betrachtet. Diese Betrachtung ist zu sehr auf die unmittelbare Vergangenheit gerichtet und zu wenig differenziert. Sie verdeckt zudem einige wichtige Fragen der heutigen Rechtspolitik.

Der Gesetzespositivismus war nicht nur die Folge einer Säkularisierung des Rechtsdenkens, eine Abkehr vom traditionellen Naturrecht. Er war zugleich eine Antwort auf die

Probleme der Industriegesellschaft, angesichts des raschen sozialen Wandels und der zunehmenden Komplizierung sozialer Verhältnisse die Entscheidungsfähigkeit des Staates zu steigern. Sein folgenschwerer Irrtum war das unkritische Vertrauen in die integre Ordnungsmacht des Staates. Die Erfahrungen der Diktatur haben uns gelehrt, daß zivilisatorischer Fortschritt keine ausreichende Schranke gegen staatlichen Machtmißbrauch bildet. Trotz dieser Erfahrungen sollten wir jedoch die Vorzüge, die uns die liberale Staatstheorie vermittelt hat, nicht vernachlässigen. Sie macht eindringlich auf den Zusammenhang aufmerksam, der zwischen Gesetzestreue und einer freiheitlichen Staats- und Gesellschaftsordnung besteht. Die Hinwendung zu einem materialen Rechts- und Verfassungsverständnis hat vielfach die Neigung bestärkt, Gesetzesbefehle zugunsten allgemeiner Erwägungen einer gerechten Gesellschaft zu relativieren. Die strikte Anwendung und Befolgung der staatlichen Gesetze sind aber ein unentbehrlicher Bestandteil einer rechtsstaatlichen Ordnung, die auf dem Vertrauen in den Bestand und in die Wirksamkeit staatlicher Entscheidungen beruht. Liberale Rechtsstaatsidee und materiale Verfassungsordnung schließen sich nicht aus, wie manche Kritiker meinen. Die Erfahrung lehrt uns vielmehr, daß sie sich – recht verstanden – notwendig ergänzen.

Der hohe Rang, den das liberale Rechtsstaatsdenken dem Gesetz einräumt, beruht nicht zuletzt auf den Anforderungen an das Gesetz, klare, verläßliche und allgemein einleuchtende Anweisungen zur Lösung sozialer Probleme zu liefern. Der heutigen Gesetzgebung wird häufig der Vorwurf der planlosen Hektik, ja des rechtsstaatlichen Niedergangs gemacht. Auch wenn man diese Auffassung nicht teilt, so ist nicht zu übersehen, daß das hohe Maß an Änderungsbereitschaft der Gesetzgebung an die Grenzen rechtsstaatlicher Anforderungen stößt. Der verbreitete Ruf nach einem unbürokratischen Gesetzesvollzug ist oftmals die Folge unzulänglicher und rasch sich ändernder Regelungen, die für den einzelnen zu kompliziert und daher unverständlich sind. Es ist dringend notwendig, die Gegensteuerung durch eine auf langfristige Konzeption ausgerichtete Gesetzgebung wieder zu stärken. Denn nur auf diese Weise wird es uns gelingen, die Erhaltung und Veränderung gesellschaftlicher Bedingungen in ein Verhältnis zu bringen, das auch rechtsstaatlichen Erfordernissen genügt.

Man würde unser Verfassungsverständnis sehr verkürzen, wenn man darin lediglich die Reaktion auf die voraufgegangenen politischen Ereignisse sehen wollte. Es ist jedoch unübersehbar, daß unserer politischen Ordnung aus der bewußten Abkehr von der Diktatur, aber auch aus politischen Fehlentwicklungen der Weimarer Zeit starke Kräfte zugeflossen sind. Die nach dem Zusammenbruch geborene Generation kennt diese Erfahrungen nur aus der Überlieferung. Hier ist den verantwortlichen Politikern und den politischen Parteien eine große Aufgabe erwachsen. Es kann allerdings nicht nur darum gehen, die Gefahren eines schrankenlosen Liberalismus oder die Schrecken einer Diktatur lebendig zu erhalten. Ein Gemeinwesen kann nicht nur von der Abwendung von einzelnen Abschnitten seiner Geschichte leben. Es braucht eine politische Ordnung, die aus der Tradition auch Ermutigungen schöpft, die aber auch fähig ist, Orientierungen für die Zukunft zu leisten. Ich bin der Überzeugung, daß unsere Verfassungsordnung diesen Anforderungen in ausgezeichneter Weise gerecht wird. Es ist eine vornehmliche Aufgabe auch der Parteien, die ideellen Grundlagen unseres Gemeinwesens stets zu vergegenwärtigen und den durch die Verfassungsordnung gesteckten Rahmen durch programmatische Aussagen auszufüllen. Unsere freiheitliche Ordnung lebt von der Gestaltungskraft und von der Verantwortungsbereitschaft des einzelnen. Sie verträgt sich weder mit fatalistischer Resignation, daß der einzelne doch nichts verändern könne, noch mit dem blinden Glauben, daß alle gesellschaftlichen Verhältnisse machbar seien. Sie ist die Ordnung, die versucht, ein Höchstmaß an individueller Freiheit mit einem Höchstmaß an Solidarität und sozialer Gerechtigkeit zu verbinden.

Doch bereits an dieser Stelle setzt die Kritik ein, welche die Grundlagen unserer freiheitlichen Ordnung prinzipiell in Frage stellt. Verstößt die Bindung an bestimmte Werte nicht gegen den Freiheitsanspruch eines freiheitlich-demokratischen Staates? Ist die Verpflichtung des Staates auf bestimmte Werte, auf ein bestimmtes Menschenbild, nicht ein Widerspruch gegen die von der Verfassungsordnung garantierte Freiheit der Meinungen und Weltanschauungen oder gegen den in dieser Ordnung vorausgesetzten Wertpluralismus? Ist das Verbot von Parteien und Vereinigungen, welche die staatliche Grundordnung bekämpfen, oder die Abwehr von Radikalen vom öffentlichen Dienst, die sich nicht zu den Grundwerten dieses Staates bekennen, nicht ein Verstoß gegen den freiheitlichen Geist unserer politischen Ordnung? Diese Fragen berühren in der Tat einen zentralen Punkt unseres Verfassungsverständnisses. In der Weimarer Zeit ging die Staatslehre bekanntlich vom Relativismus als der gedanklichen Voraussetzung der Demokratie aus, da nach demokratischem Verständnis jeder politischen Auffassung, die sich die Mehrheit verschaffen könne, die Führung im Staat zu überlassen sei. Wir haben durch höchst leidvolle Erfahrungen gelernt, daß ein schrankenloser Wertrelativismus keine geeignete Voraussetzung für einen freiheitlich-demokratischen Staat ist. Wir haben gelernt, daß ein freiheitlicher Staat nur bestehen kann, wenn er bereit ist, unverzichtbare Grundwerte anzuerkennen und sie entschieden gegen ihre Feinde und Verächter zu verteidigen. Soziale Ordnungen können nicht auf einen Grundkonsens zumindest über die Regeln des politischen Entscheidungsprozesses verzichten, wenn sie sich nicht von vornherein in Frage stellen wollen. Unverzichtbare Grundlage für das soziale Zusammenleben ist das Vertrauen in den Bestand und die Wirksamkeit gewisser Grundregeln der politischen Ordnung. Wer politische Freiheiten beansprucht, um sie zu beseitigen, setzt sich mit seinem eigenen

Verhalten in Widerspruch. Er erwartet Freiheiten, die zu achten er anderen versagt. Er mißbraucht damit das ihm entgegengebrachte Vertrauen.

Die Grundwerte sind das ideelle Integrationselement, die in besonderer Weise dazu beitragen, die geschichtliche Identität unseres Staates zu stiften. Sie schaffen die Grundlage, um staatliche Macht und Kultur zu verbünden. Sie begründen die Autorität des Staates, die es ihm ermöglicht, Recht und individuelle Ethik wenigstens teilweise in Einklang zu bringen. Sie sind die Voraussetzungen für eine Rechtsgemeinschaft, die nicht nur wegen des Rechtszwanges das Recht befolgt, sondern es auch innerlich bejahen kann.

Die wertgebundene freiheitliche Ordnung setzt Maßstäbe, die an die Politik hohe Anforderungen stellen. Sie braucht unser Engagement; sie fordert aber auch unsere erhöhte Wachsamkeit. Bei allem Streit um die Reichweite einzelner Grundwerte darf ein Kernbestand an gemeinsamen politischen Überzeugungen nicht angetastet werden. Dies gilt in besonderem Maße für die demokratischen Grundregeln für den Kampf um politische Alternativen. Auch in der härtesten politischen Auseinandersetzung darf die Gemeinsamkeit der Demokraten nicht verlorengehen.

Die freiheitliche Verfassungsordnung hat sich in der Vergangenheit als ein tragfähiges Fundament unseres Staates erwiesen. Dies sollte aber nicht davon ablenken, daß unserer freiheitlichen Ordnung heute ernste Gefahren drohen.

Ich möchte auf einige kritische Punkte hinweisen:

1. Die tagespolitische Auseinandersetzung nimmt häufig Formen an, die im politischen Konkurrenten nicht mehr den Gegner, sondern den politischen Feind sehen. Dieses Freund-Feind-Denken geht selbst so weit, daß stets neue soziale Gruppen oder Berufsgruppen dafür herangezogen werden, um eine Art Feindbild abzugeben. Der normale demokratische Vorgang eines Regierungswechsels wird zum schicksalhaften Machtwechsel umgedeutet, den es mit allen Mitteln zu verhindern gelte. Auf der gleichen Ebene bewegt sich die

Drohung, daß eine CDU/CSU-geführte Regierung nicht regierungsfähig sei.

Hier geht es um mehr als um die Frage eines fairen politischen Umgangsstils. Hier wird aus machtpolitischen Erwägungen der in der Verfassung verwurzelte Bestand an gemeinsamen politischen Werten bewußt geschmälert oder gar grundsätzlich in Frage gestellt. Es ist unverkennbar, daß in dieser Argumentation das marxistische Erbe der SPD zum Vorschein kommt. Es war bekanntlich Marx, der soziale Probleme, insbesondere ökonomische Konflikte, der frühindustriellen Epoche des 19. Jahrhunderts zu unversöhnlichen Gegensätzen, zu Antinomien des sozialen Verhaltens steigerte, die nur revolutionär durch die Herrschaft einer von der Geschichte dazu berufenen sozialen Klasse auflösbar seien. Es kann hier dahinstehen, ob Marx ein zutreffendes Bild von der sozialen Konfliktslage seiner Zeit gibt. Entscheidend ist vielmehr, daß unsere freiheitliche Ordnung mit jeder Art einer Klassenkampfdialektik unvereinbar ist. Sie ist der generelle Verzicht, soziale Probleme durch Machtumstürze, durch den radikalen Ausschluß demokratischer Alternativen zu lösen. Sie ist die Ordnung, die soziale Probleme durch Konkurrenz der Ideen und Meinungen, durch das Mittel der sozialen Verständigung, durch den Kampf um die bessere Alternative bewältigt. Sie ist die Ordnung des »Dialogs der Vernunft«, nicht der »Dialektik der Gewalt«. Wer Klassenkampf als eine Form der sozialen Auseinandersetzung ablehnt, betreibt nicht »Harmonisierung« als ein Geschäft der absichtsvollen Verschleierung, wie Sozialisten behaupten. Er verzichtet darauf, soziale Konflikte ins Maßlose zu steigern. Er behandelt soziale Konflikte als das, was sie sind, nämlich als soziale Probleme, die einer Lösung bedürfen. Er vertraut auf die rationale Kraft der freien Argumentation und auf die grundsätzliche Bereitschaft aller sozialen Gruppen, zu einem Interessenausgleich beizutragen.

Die freiheitliche Ordnung ist gekennzeichnet durch das freie Spiel des politischen Dialogs, das die Möglichkeit eröffnet, durch wechselnde Regierungsmehrheiten im Kampf um die besseren Lösungen Alternativen durchzusetzen oder Fehlentwicklungen zu korrigieren. Dieses freie Kräftespiel wird in Frage gestellt, wenn Politiker in Koalitionen »historische Bündnisse« zwischen verschiedenen Parteien sehen. Dies gilt um so mehr, wenn durch die Weigerung, Koalitionen mit einer Partei einzugehen, gar parlamentarische Mehrheiten für eine Regierung verhindert werden. Eine These, die sich auf die historische Zwangsläufigkeit politischer Gruppierungen stützt, setzt mehr auf die Irrationalität einer unkontrollierbaren Geschichtsmetaphysik als auf die Kraft der rationalen Argumentation.

2. Ein freiheitlicher Staat lebt von der öffentlichen, jedermann zugänglichen Rede und Gegenrede, vom Kampf der Meinungen, der öffentlich ausgetragen wird. Öffentlichkeit bildet gleichsam das universelle Forum der Politik. Die Fortschritte der Medientechnik haben in einem bis dahin nicht bekannten Ausmaß Möglichkeiten geschaffen, um Öffentlichkeit herzustellen. Der Weg des freiheitlichen Rechtsstaates ist gekennzeichnet durch den Kampf um mehr Öffentlichkeit. Wir haben inzwischen aber ein Stadium erreicht, in dem die Freiheit des einzelnen durch das Vordringen der Öffentlichkeit eher bedroht als gesichert wird. Die Forderung nach mehr Öffentlichkeit in allen sozialen Bereichen ist aber ungebrochen. Sie hat eine Einstellung gefördert, für die Privatheit, Vertraulichkeit und Diskretion geradezu als ein beklagenswerter Mangel erscheinen. Hier wird die Funktion der Öffentlichkeit in ihr Gegenteil verkehrt. Der hohe Rang der Öffentlichkeit ist kein Alibi für die Ausspähung der Privatsphäre, für Vertrauensbruch, Indiskretion oder peinliche Selbstdarstellung. Wer Vertrauensbruch oder sensationelle »Enthüllung« als leichtfertiges oder gar zynisches Gesellschaftsspiel betreibt, schafft ein soziales Klima, in dem Mißtrauen und argwöhnische Verdächtigungen herrschen. Die neu gewonnene Öffentlichkeit darf nicht zu einer Verwilderung des sozialen Umgangs führen. Dies gilt nicht zuletzt auch

für die Art und Weise der politischen Auseinandersetzung, die bei aller gebotenen Härte die Basis der gegenseitigen Achtung nicht verlassen sollte. Dazu gehört, daß auch unter Politikern ein vertrauliches Gespräch möglich bleiben muß. Schließlich ist zu berücksichtigen, daß die Formen der politischen Auseinandersetzung in der von den Massenmedien bestimmten Öffentlichkeit zu einem wichtigen Faktor geworden sind, der das allgemeine Stilniveau im sozialen Umgang erheblich beeinflußt.

3. Öffentlichkeit ist das vorzügliche Medium für die politische Auseinandersetzung um die Grundlagen einer freiheitlichen Ordnung. Es genügt nicht, Grundwerte in Verfassungstexte festzuschreiben. Sie müssen, wenn sie ein tragfähiges Fundament des Staates bleiben sollen, ein Stück gelebter Verfassung sein. Es genügt nicht, dic Durchsetzung der staatlichen Grundwerte allein den Gerichten, voran dem Bundesverfassungsgericht, zu überlassen, die allerdings einen kaum zu überschätzenden Beitrag für die Festigung des freiheitlichen Staates geleistet haben. In einer an Grundwerten orientierten politischen Ordnung ist Tagespolitik immer auch ein Stück Verfassungspolitik, ein Stück Aktualisierung und Konkretisierung der verfassungskräftig festgelegten Maßstäbe. Es ist Aufgabe aller Staatsgewalten, auch der Gesetzgebung und der Regierung, sowie aller demokratischen Kräfte, zur Erhaltung und Festigung des gemeinsamen Grundkonsenses, der in den verfassungsrechtlichen Grundwerten zum Ausdruck kommt, beizutragen. Man macht sich diese Aufgabe zu leicht, wenn man sich – wie Bundeskanzler Helmut Schmidt aus Anlaß der neugeregelten Straffreiheit des Schwangerschaftsabbruchs – auf die Antwort zurückzieht, daß der Staat nur die Grundrechte, nicht aber die gesellschaftlichen Grundwerte zu schützen habe. Auch die Grundrechte drücken gesellschaftliche Werte aus. Sie stehen, wenn sie ihren fundamentalen Charakter für das Gemeinwesen nicht verlieren sollen, in einem engen Zusammenhang mit den Wertvorstellungen der Gesellschaft und ihren Gruppen. Dies kann sicher nicht dazu

führen, daß alle gesellschaftlichen Wertvorstellungen Verfassungsrang erhalten. Es mag auch in der konkreten Situation unterschiedliche Auffassungen über den Inhalt und die Reichweite des staatlichen Wert- und Güterschutzes geben. Dies kann den Politiker jedoch nicht der Aufgabe entheben, ein Maximum an Konsens über verfassungsrechtlich erhebliche Grundwerte anzustreben. Dies gilt vor allem im Hinblick auf zentrale nationale Fragen und wichtige Rechtsfragen, die elementare Formen der menschlichen Existenz und des sozialen Zusammenlebens berühren.

Ich muß leider feststellen, daß die derzeitigen Koalitionsparteien auch in solchen Fragen immer wieder den Versuch unternehmen, ihre Auffassung ohne Rücksicht auf die abweichenden Überzeugungen und fundamentalen Wertvorstellungen großer Bevölkerungsteile durchzusetzen. Hier wird seit Jahren eine Veränderungsstrategie geübt, die den Bestand an gemeinsamen Wertvorstellungen in erheblichem Umfang in Frage stellt und damit die freiheitliche, an gemeinsamen Grundwerten orientierte Ordnung gefährdet. Ich habe immer wieder darauf hingewiesen, daß es weder ein besonderes CDU-/CSU-Recht noch ein SPD/FDP-Recht gibt. Ein von parteipolitischen Doktrinen verformtes Recht, das Teile des Volkes in ernste Gewissensnöte stürzt oder das Unfrieden stiftet, ist kein Recht. Ein parteiisches Recht, das unser Land in feindliche Lager spaltet, ist die Perversion von Recht. Rechtspolitik ist das begründete Angebot von Rechtsvorschlägen, die für alle akzeptabel sind, und die Bereitschaft, dieses Angebot im Kampf der Meinungen zu erproben. Die Parteien haben die Aufgabe, in der rechtspolitischen Auseinandersetzung die für die spezifischen Gesichtspunkte und unverzichtbaren Grenzen zu verdeutlichen und zur Geltung zu bringen. Dies heißt aber auch, daß Parteien, die Regierungsverantwortung tragen, eine ernsthafte Verständigung mit der Opposition suchen. Die Koalitionsparteien haben es an diesem ernsthaften Versuch immer wieder fehlen lassen. Erst unter dem entschiedenen Widerstand der Unionsparteien ist es gelungen, zum Beispiel in der Eherechtsreform, im Hochschulrecht und im Bodenrecht zu einer für alle Seiten akzeptablen und tragfähigen Regelung zu kommen. Wer allerdings im Kompromiß nur den beklagenswerten Verzicht auf die Durchsetzung der eigenen Vorstellungen sieht, beweist einen erheblichen Mangel an demokratischem Verständnis. Eine freiheitliche demokratische Ordnung geht von der vernünftigen Kompromißbereitschaft, von der Fähigkeit der Parteien aus, vor allem in grundlegenden Fragen die Verständigung anzustreben sowie unterschiedliche Konzeptionen und Interessen zum Ausgleich zu bringen.

Bei der Neuregelung der Straffreiheit des Schwangerschaftsabbruchs bedurfte es erst eines Spruches des Bundesverfassungsgerichts, um die Koalition von Übergriffen abzuhalten. Die Entscheidung des Gerichts hat die Möglichkeit geboten, die versäumte Gelegenheit nachzuholen und sich auf eine von allen Parteien getragene Lösung, die greifbar nahe war, zu einigen. Die Koalition hat diese Chance nicht genutzt. Sie hat es in einer der wichtigsten rechtspolitischen Fragen der Nachkriegszeit vorgezogen, Koalitionsstärke unter Beweis zu stellen, statt den allgemeinen Konsens auf der Basis der gemeinsamen, durch die Entscheidung des Bundesverfassungsgerichts verdeutlichten Grundwerte zu suchen.

Ein weiteres Beispiel für die fehlende Verständigungsbereitschaft in zentralen, die Grundwerte des Staates berührenden Fragen ist die parlamentarische Behandlung des neuen Berufsbildungsgesetzes. Die Koalitionsparteien haben es abgelehnt, auf die Vorschläge der Opposition und des Bundesrates überhaupt einzugehen. Sie versuchen nunmehr über eine trickreiche Aufspaltung des Gesetzestextes, das Zustimmungserfordernis des Bundesrates zu vermeiden und damit den verfassungsrechtlichen Einigungszwang zu verhindern. Diese Politik ist um so unverständlicher, als durchaus ein Einverständnis darüber besteht, daß einzelne Teile des geltenden Berufsbildungsgesetzes der Änderung bedürfen. Hier wird der Versuch unternommen, ein weitgehend bildungsideologisch motiviertes Gesamtkonzept durchzusetzen, das unfähig ist, abweichenden Wertvorstellungen, und sei es nur im Hinblick auf Detailfragen, Rechnung zu tragen.

4. Mit diesen Beispielen berühren wir einen weiteren Punkt, der für die künftige Entwicklung unserer staatlichen Ordnung von größter Bedeutung ist. Unsere Verfassungsordnung ist nicht nur bedroht durch eine Politik, die durch mangelnde Verständigungsbereitschaft die Wirksamkeit einzelner Grundwerte schmälert, gefährlicher noch sind die Bestrebungen, die Verfassung durch gesellschaftspolitische Gesamtkonzeptionen ideologisch zu überlagern. Die Politik wird zum Mittel gesellschaftspolitischer Glaubenskriege. Die soziale Ordnung ist nur noch insoweit politisch relevant, als sie sich in das ideologische Gesamtkonzept fügt. Der einzelne wird zum verfügbaren Objekt der Gesellschaftspolitik. Heilsversprechen und Totalitätsansprüche sind eng verbunden. Sie begründen das Monopol, die Verfassungsordnung für alle verbindlich zu interpretieren.

In der gegenwärtigen politischen Auseinandersetzung tritt zwar der pragmatische Aspekt der Politik wieder stärker in den Vordergrund. Auch in der literarischen Szene, welche die gesellschaftspolitischen Eruptionen der sechziger Jahre stets begleitet hat, findet wieder eine stärkere Hinwendung zu einer individualistischen Thematik statt. Dies sollte allerdings nicht darüber täuschen, daß die gesellschaftspolitischen Utopien und die damit verbundenen kollektivistischen Ansprüche überwunden seien, wie dies oft behauptet wird. Der unergiebige Theorienstreit mag zwar viele ermüdet haben. Auch haben die realpolitischen Zwänge so manche Hoffnung enttäuscht. Doch nirgends ist zu sehen, daß die ideologischen Wortführer ihre Ziele ernstlich aufgegeben hätten. Dazu kommt, daß gesamtgesellschaftliche Ideologien dem Bedürfnis entgegenkommen, für die immer komplizierter werdende Welt eine globale Erklärung zu finden, die es zudem ermöglicht, diese Welt und ihre unabsehbaren Risiken zu beherrschen. Die Planungstechnologie erscheint als das moderne Wunderwerk, das gesellschaftspolitischen Utopien zur Machbarkeit verhilft. Wir treffen auf ein Bündnis sehr ungleicher Partner: auf das Bündnis von Ideologen und Planungstechnikern.

Dieser technische Aspekt der gesamtgesellschaftlichen Ideologien hat lange auch die Hoffnung genährt, daß es zu einem Abbau der ideologischen Fronten kommen könnte, die heute unsere Welt spalten. Es ist dies eine Hoffnung, die auf den zivilisatorischen Fortschritt und seine Sachzwänge vertraut. Wir haben aber bereits aus unserer nationalen Geschichte gelernt, daß der zivilisatorische Fortschritt keine Gewähr gegen Unmenschlichkeit und Machtmißbrauch bietet. Im Gegenteil, die Machtfülle, die uns durch den wissenschaftlich-technischen Fortschritt zugewachsen ist, fordert uns zu höchsten Anstrengungen heraus. Auch ist nicht zu sehen, daß die sozialen Konflikte oder Konfliktmöglichkeiten geringer geworden seien. Das Vertrauen auf die regulierende Kraft von Sachzwängen ist daher kein brauchbarer Ersatz für eine verantwortungsvolle Politik. Ihre Aufgabe ist es vielmehr, auch unter den rasch sich ändernden Bedingungen des Industriezeitalters die bleibenden Grundwerte zur Geltung zu bringen, die eine menschenwürdige Ordnung ermöglichen.

Wir sollten allerdings der Versuchung widerstehen, auf die kollektivistischen Ideologien mit gesellschaftspolitischen Gesamtkonzeptionen zu antworten, die den Anspruch erheben, für alle sozialen Probleme eine Lösung bereitzuhalten. Wir brauchen heute programmatische Aussagen. Ihre unverzichtbare Basis sind jedoch die Grundwerte unserer Verfassungsordnung. Partei- wie Staatsprogramme haben die Aufgabe, diese Grundwerte zu aktualisieren und im Rahmen ihrer Reichweite durch eine klare Wertpräferenz eine Antwort zu geben auf die vordringlichen Probleme, die es in einer konkreten Situation zu lösen gilt. Dies bedeutet allerdings nicht den Verzicht, Ideologien mit Totalitäts- oder Perfektionsansprüchen entschieden abzuwehren. Die historische Erfahrung hat uns gelehrt, daß das Jagen nach Endzwecken oder der

Versuch, Perfektionsvorstellungen in der Gesellschaft durchzusetzen, zu den gefährlichsten Erscheinungen im politischen Leben eines Volkes gehören. Solche Ideologien begreifen heute soziale Gerechtigkeit als den perfekten Versorgungsstaat. Sie verstehen die Verfassung als den großen Sozialplan, als den Schaltplan zum Eingriff in Vermögenssubstanzen, zur Planung und Kontrolle der Wirtschaft, zur kollektiven Mitbestimmung in allen Lebensbereichen und schließlich zur Garantie bei allen Lebensschwierigkeiten des Bürgers. Wir haben dem entgegenzuhalten, daß die Verfassung kein Planungskonzept ist, kein Entwurf einer guten Gesellschaft, keine Vorwegnahme einer im voraus festgelegten Zukunft. Die Verfassung enthält die Grundmaßstäbe für unsere politischen Entscheidungen. Es ist die Aufgabe der Politik, auf der Basis der Grundwerte der Verfassungsordnung den mühsam abzuwägenden Ausgleich von sozialen Bedürfnissen und sozialen Leistungen zu erarbeiten. Wer die soziale Ordnung abstrakten Plänen oder ideologischen Gesetzlichkeiten unterwirft, verfehlt die soziale Wirklichkeit, die Bedürfnisse und Nöte der Bürger. Eine freiheitliche Politik ist dagegen der dauernde Versuch, ideelle Vorgaben mit den konkreten Bedingungen einer sozialen Situation in Einklang zu bringen. Für diese Politik genügt es nicht, langfristige Programme aufzustellen. Sie erfordert vielmehr die dauernde Bereitschaft, auf die situativ auftretenden Probleme mit Umsicht zu antworten. Das heißt, soziale Veränderungen müssen überschaubar und ihre Folgen notfalls korrigierbar sein. Denn nicht die Veränderung als solche schafft mehr Gerechtigkeit, sondern die Veränderung, die neue Leistungen zu einem sozialen Preis erbringt, der von allen akzeptiert werden kann.

Unsere politische Grundordnung ist kein statisches Gefüge; sie ist vielmehr der Weiterentwicklung fähig und bedürftig. Sie ist die Grundlage, um Freiheit, Solidarität und soziale Gerechtigkeit zu immer größerer Wirksamkeit zu steigern. Sie ist eine Ordnung, die jede Radikalisierung von tatsächlichen oder vorgeblichen Mehrheitsinteressen verbietet.

Sie ist eine Ordnung des Maßes, der Geduld, des wechselseitigen Gebens und Nehmens. Sie vertraut auf die rationale Kraft der Argumente und Gegenargumente. Sie ist eine Ordnung, die in hohem Maße politische Tugenden vom Staatsmann, vom Politiker und nicht zuletzt vom einzelnen Bürger fordert.

Es ist das hohe Verdienst von Eugen Gerstenmaier, in den langen Jahren seines politischen Wirkens auf den unlösbaren Zusammenhang zwischen einem freiheitlich-demokratischen Staat und dem Bekenntnis zu unverzichtbaren Grundwerten hingewiesen zu haben. Mit der ganzen Leidenschaft eines großen Politikers tritt er immer wieder für die geistigen Grundlagen unseres Staates ein. In zahlreichen Ansprachen und Reden stritt er dafür, den Staat auch als sittliche Aufgabe zu begreifen. Nach wie vor gilt sein Wort: »Die sittliche und geistige Kraft einer Nation wird in der Zukunft mehr denn je darauf beruhen, wieviele ihrer Angehörigen und mit welcher Kraft sie sich für Werte engagieren mögen.«

Eugen Gerstenmaier hat sich durch sein mutiges Eintreten für unseren Staat und für die Festigung seiner politisch-moralischen Grundlagen große Verdienste erworben. Dafür sind wir ihm alle zu großem Dank verpflichtet.

CARLO SCHMID

Von dem europäischen Konzert zur Emanzipation der Kontinente

Was wir heute Europa nennen, hat nicht immer unter diesem glorreichen Namen existiert. Von diesem Europa kann man erst seit dem Anfang dieses Jahrtausends sprechen. Im Altertum umfaßte Europa die Gebiete an den Ufern des Mittelländischen und des Ägäischen Meeres. In dieser Epoche war die Achse der Weltpolitik, wie die Antike sie verstand, identisch mit der Mittellinie, die den Kontinent vom Schwarzen Meer bis zu den Säulen des Herkules, der heutigen Meerenge von Gibraltar, durchquerte. Es war die stoische Ökumene, die Weltgemeinschaft der Völker, die nach den Eroberungszügen Alexanders des Großen die von Griechenland und Kleinasien überkommene Zivilisation und später die Tugenden jenes Rom übernahmen, das für Jahrhunderte diesen Raum weniger beherrschte als zum Bewußtsein seiner Einheit brachte, bis die Parther unter der Dynastie der Sassaniden drei römische Kaiser besiegten.

Einige Jahrhunderte später besetzten die Araber unter dem Oberbefehl des Kalifen Omar die Gebiete Nordafrikas und Kleinasiens, die Kornkammern des römischen Imperiums; ihr Verlust führte zur Entvölkerung des größeren Teils der Gebiete an den nördlichen Gestaden des Mittelmeers.

Erst zu dieser Zeit wurden die Völker germanischen und slawischen Ursprungs, die aus Osten und Norden kamen, in Europa zu eigenständigen historischen Faktoren. Christianisiert und durch den König der Franken der Kirche Roms zugeführt, bemächtigten sie sich dessen, was von den Institutionen der Römer geblieben war, und dank dem Genie jenes Franken Karl, der am Vorweihnachtsabend des Jahres

800 zu Rom zum Römischen Kaiser gekrönt wurde, erwuchs aus den Ruinen des alten Imperium Romanum und der jungfräulichen Erde Germaniens und Galliens ein neues römisches Imperium des Okzidents. Für Jahrhunderte bestimmte es, was in den Territorien die Hauptstädte vom Norden her bis zum Mittelmeer, von den Küsten des Atlantik bis zum Ural Europa ausmachen und dessen rechte Ordnung sein sollte.

Die Denker dieser Lande suchten und fanden in den Heiligen Schriften und bei den Autoren der Antike das Wissen, das ihnen Zugang zu den Wissenschaften und der Philosophie gab, die in den Ländern der klassischen Antike erblüht waren. Oft wurden sie ihnen durch die Vermittlung islamischer Gelehrter überliefert, die aus Spanien kamen und ihren Ursprung im Maghreb oder im Vorderen Orient hatten.

Doch nachdem die Völker des Nordens einmal assimiliert hatten, was sie aus der Antike lernen konnten, verfolgten sie nunmehr ihre eigenen Wege und schufen spezifische europäische Lebens- und Herrschaftsformen sowie eine Philosophie, die sich mehr und mehr der Last der dogmatischen Metaphysik entledigte und Denkmethoden ermöglichte, die schließlich zu jener Mannigfaltigkeit wissenschaftlicher Forschung führten, die dem neuen Europa erlaubten, die Kräfte der Natur in den Dienst des Menschen zu stellen. Dank dieser Technologie vermochten während mehrerer Jahrhunderte Europäer in dem Glauben zu leben, die Meister der Welt zu sein, einer Welt, die andere lange vor ihnen schon mit Wunderdingen ausgeschmückt hatten.

Um dorthin zu gelangen, bedurfte es eines langen Weges, und auf dieser Reise begleitete stets die Politik den Geist. Über eine Zeitspanne von vier Jahrhunderten war »Europa« gleichbedeutend mit der Christenheit; Philosophie und Künste blieben lange Zeit Dienerinnen der Theologie, die sich allein die Fähigkeit anmaßte, die Kriterien der Legitimität weltlicher Macht zu definieren – selbst der Macht der Kaiser, die Karl dem Großen nachfolgten. Dies führte zu einem langen Kampf zwischen den Päpsten und den Römischen Kaisern Deutscher Nation. Dieser Kampf endete mit einem Kompromiß über das Wesen der Souveränität aller staatlichen Gewalt und die Tragweite der kirchlichen Autorität der »Welt« gegenüber. Künftig sollte die Legitimität der Staaten allein auf ihrem Vermögen beruhen, sich aus eigener Kraft zu behaupten. Von dieser neuen Doktrin profitierten vor allem die Könige von Frankreich und England; sie wurde zu einer der Ursachen für den Niedergang des Heiligen Römischen Reiches Deutscher Nation.

Die Reform Luthers und Calvins führte zusammen mit der Renaissance der griechischen und lateinischen Literaturen aus der Fülle der Jahrhunderte diese Entwicklung zu ihren Zielen: zur totalen Säkularisation der Staatsräson und der Wissenschaften. Von nun an mußte mangels einer allen gemeinsamen geistlichen Autorität eine weltliche geistige Autorität gefunden werden, die unabhängig von den offenbarten Wahrheiten der Religion und unabhängig von spezifisch nationalen Denkweisen war. Man fand sie in der Vernunft, die sich von der Erfahrung und von dem Wissen um die Gegebenheiten der menschlichen Existenz inspirieren ließ.

Von nun an bestimmte nicht mehr die Theologie das Verhalten der Staaten, sondern die Verfolgung ihrer Interessen. Künftig sollte die Legitimität der Staaten allein auf ihrem Vermögen beruhen, sich aus eigener Kraft zu behaupten. Regeln und Methoden dieses Verhaltens wurden nun statt wie bisher durch moraltheologische Maximen durch ein Naturrecht fixiert, dessen Inhalt uns die Vernunft enthüllen kann und dessen wichtigstes Prinzip die Regel ist, daß überall, wo es kein von allen Staaten anerkanntes Prinzip gibt, das die Willkür der Herrschenden einschränkt, diesen alles erlaubt ist, was ihren Interessen dienen kann, es sei denn, daß von ihnen mit anderen Souveränen geschlossene Verträge sie juristisch daran hinderten.

Insbesondere die Probleme, die sich aus der Entdeckung Amerikas und der Weiten Afrikas sowie aus der Möglichkeit, nunmehr alle Weltmeere zu befahren, ergaben, zwangen die Staaten, die das Risiko eines völligen Nihilismus auf den Weltmeeren und in den neu entdeckten Gebieten – beide waren terrae nullius, d. h. unter keines Fürsten der Christenheit Herrschaft stehende Räume – vermeiden wollten, eine naturrechtliche Doktrin für die Ausübung legitimer staatlicher Gewalt zu akzeptieren. Es waren spanische Juristen und vor allem der Holländer Hugo Grotius, die ein System des Völkerrechts etablierten, das sich ausschließlich auf Konsens, Vernunft und Erfahrung gründete. Seine raison d'être war nicht, Gewalt als Mittel der Politik zu verbieten, sondern sie gewissen Regeln zu unterwerfen und den Interessierten gewisse Institutionen anzubieten, die ihnen den Austrag ihrer Streitigkeiten mit Mitteln des Rechts erlauben konnten. Im Prinzip sind die Lehren des Hugo Grotius noch heute die Grundlage des geltenden Völkerrechtes und der säkularen Praktiken der Diplomatie. Selbst die marxistische Kritik bestreitet nicht die Norm »pacta sunt servanda«: Jeder Staat müsse die Verträge honorieren, denen er zugestimmt hat.

Dieser neue Stil, Geschichte und Politik zu verstehen, findet seine Parallele in der Entwicklung des wissenschaftlichen Denkens. Francis Bacon hatte gelehrt: natura non vincitur nisi parendo: man kann sich die Kräfte der Natur nur unterwerfen, indem man ihren Gesetzen gehorcht. Galilei, Johannes Kepler und Isaac Newton gelang es, die Gesetze des Verhaltens aller sich in Raum und Zeit bewegenden Körper zu definieren und damit ein mathematisches System der Mechanik zu begründen. Sehr bald wandte man gewisse dieser Prinzipien der Mechanik auch auf das Verhalten der Staaten an, die gewissermaßen als einer eigenen Schwerkraft, nämlich jener der Interessen, zugeordnete Körper galten. Das Grundprinzip aller Politik sei, sich so zu verhalten, daß alle gemäß den Prinzipien der Vernunft in Frieden leben könnten. In der physikalischen Körperwelt sei der Friede nichts anderes als ein Gleichgewichtszustand materieller Gegebenheiten, die den Gesetzen der Schwerkraft folgen. Wenn man wolle, daß zwischen Staaten dieser Friedenszustand herrsche, dürfe man vor allem nicht das Gleichgewicht der zwischen ihnen bestehenden Machtverhältnisse stören, das »justum potentiae aequilibrium«. Wenn ein Staat seine Machtpotentiale vergrößere, seien die anderen Staaten verpflichtet, die ihrigen ebenfalls zu vergrößern oder sich mit anderen Staaten zu verbünden, die ähnliche Interessen haben wie sie, um so das Gleichgewicht wiederherzustellen. Wo so gehandelt werde, sei der Friede mit einer fast mathematischen Sicherheit garantiert. Wenn die Wiederherstellung des Gleichgewichts nicht gelinge, werde der Konflikt unvermeidlich. Schon Niccolo Machiavelli hatte dieses Prinzip geraume Zeit vor der Verwissenschaftlichung des politischen Denkens aufgestellt. Im Frieden von Utrecht, der 1713 die Erbfolgekriege beendete, wurde es offiziell zum integrierten Bestandteil des »Öffentlichen Rechts Europas« erklärt. Dieses Prinzip hat nichts von seinem Wert verloren. Es ist bis zum Ende des 19. Jahrhunderts rigoros befolgt worden. Später scheint es gelegentlich in Vergessenheit geraten zu sein.

Dies fiel zusammen mit dem Beginn der ersten kolonialistischen Phase der europäischen Geschichte. Die Besetzung von Gebieten in Amerika oder Afrika – terrae nullius –, auch Indiens, löste oft einen bewaffneten Konflikt zwischen den betroffenen europäischen Staaten aus; um die Eingeborenen kümmerte man sich dabei kaum. Doch sollte man um einige Hektar Urwalds jenseits des Ozeans willen Europa durch Kriege verwüsten? Welch ein Wahnsinn für Bürger des Jahrhunderts der Aufklärung! Man entdeckte eine Lösung, die ganz und gar mit den Gesetzen der Mechanik übereinstimmte: Man blockierte das System kommunizierender Röhren in der Politik der europäischen Mächte durch die »friendship line«: Man kam überein, daß der kriegerische Wettbewerb der europäischen Staaten um eines Interesses willen, das jenseits einer gewissen Linie liegt, sich ausschließlich in Übersee abspielen sollte. Der Konflikt wurde so eine Angelegenheit, deren Austrag außerhalb des europäischen politischen Systems vonstatten ging.

Voltaire fand beißende Worte dafür, daß Frankreich und England Huronen und Irokesen dazu trieben, sich gegenseitig zu massakrieren, um dem einen oder dem anderen König ein Stück Amerika zu verschaffen, das ihm der andere bestritt. Die heute bei gewissen Weltmächten übliche Methode, ihren politischen Rang sicherzustellen und ihre Einflußzonen auszudehnen, indem sie Satelliten »erlauben«, sich untereinander zu bekriegen – sozusagen stellvertretend für sie –, erinnert mich manchmal an Voltaires Worte.

Die Unabhängigkeitserklärung der Vereinigten Staaten von Amerika und das Pathos der Französischen Revolution lösten überall dort eine Welle von Nationalismus aus, wo sich die Völker einzig durch die Gewalt an einen Souverän gebunden wußten, für den sie nichts übrig hatten: Nunmehr wurden sich die Völker ihrer nationalen Identität bewußt und verlangten das Recht, über sich selbst allein zu bestimmen. Um Europa von den Hypotheken der Feudalordnung zu befreien und um die Mächte zu schwächen, die von dieser Ordnung am meisten profitierten und die ihn am meisten störten – England, Österreich und ein wenig auch Preußen –, wurde Napoleon, der sich nicht um die verbrieften Rechte kümmerte, die das Gleichgewicht der Kräfte in Mitteleuropa etabliert hatten, zu einem Protagonisten dieser weitläufigen Nationalbewegung, wenn er auch gelegentlich nach Gutdünken das Prinzip, mit dem er angetreten war, vergaß.

Nach Waterloo mußte Europa zwischen zwei Prinzipien wählen: dem des Legitimismus, der als Recht nur die von legitimen Autoritäten verliehenen und in den Archiven der Geschichte verbrieften Rechte anerkannte; und den Prinzipien des Naturrechts, das den Nationen erlaubte, ohne Rücksicht auf verbriefte Rechte über sich selbst zu bestimmen, wenn nötig auf revolutionären Wegen. Auf beiden Seiten war man überzeugt, daß das Prinzip, das man verteidigte, notwendig den Frieden gewährleisten müsse. Mazzini, der Tribun des italienischen Nationalismus, predigte seine These überall: Die Urheber der Bewegungen der Geschichte seien nicht die Staaten, sondern die Nationen; wenn jede Nation souverän über ihren politischen Status entschieden habe, sei jeder Grund, Kriege zu führen, eliminiert. Die Saturierung der Freiheitsansprüche der Völker führe das Reich des ewigen Friedens herbei.

Metternich antwortete den Befürwortern des Prinzips der ungebundenen Volkssouveränität: Die etablierten Staaten und nicht die dauernd in innerer Bewegung befindlichen Völker seien die bewegenden Faktoren der Geschichte, jedenfalls die einzigen, die eine Ordnung ermöglichten, in der ein Leben in Frieden möglich ist. Der Frieden zwischen den Staaten könne nur garantiert werden durch strikte Beachtung der Rechte, die jeder von ihnen »legitim« erworben habe. Das revolutionäre Prinzip des Nationalismus werde an die Stelle kalkulierender und darum in ihren Ergebnissen kalkulierbarer Vernunft die unberechenbaren Emotionen und Leidenschaften der Massen setzen, die kein jeweils erreichtes Gleichgewicht bestehen lassen würden. Die Folge würde ein ewiger Krieg aller gegen alle sein. Die Emotionen und Leidenschaften der Völker und die dadurch ausgelösten Massenbewegungen seien freilich nicht zu übersehende politische Faktoren; aber man dürfe sie nicht sich selber überlassen, sondern man müsse sie kanalisieren und ihre Strömungen durch ein Schleusensystem regulieren. So gemeistert und gespeichert könnten diese in sich selber chaotischen Emotionen zu schöpferischen Kräften werden – wie das Wasser des durch die Frühlingssonne vom Schnee befreiten Gletschers durch die Kunst des Ingenieurs in seinem Lauf gemeistert wird und, statt zerstörend in die angebauten Täler zu stürzen und die Mühlen wegzureißen, die Fluren bewässert und neue Mühlen treibt. Doch Vorsicht vor den schlechten Beispielen in der Nachbarschaft!

Auf dem Wiener Kongreß von 1814/15, auf dem die fünf Großmächte der Zeit, die das von der Französischen Revolution und ihrem Testamentsvollstrecker Napoleon I. ausgelöste Erdbeben überlebt hatten, eine neue Ordnung für Europa errichteten, die auf dem alten Prinzip der Legitimität von Gottes Gnaden und auf dem neuen Prinzip der Solidarität aller Kronen gegründet war, triumphierten die Ideen Metternichs für ein halbes Jahrhundert. Die Folge war die Heilige Allianz, eine Art christlicher Freimaurerei mystischer Inspiration, deren Mitglieder die Fürsten der fünf Großmächte waren. Im Jahr 1818 wurde diese Allianz dank Metternichs und Talleyrands pragmatischem Denken demystifiziert und als die Pentarchie des europäischen Konzerts der Großmächte begriffen, das bis zum Krimkrieg von 1854 den Frieden in Europa zu wahren wußte, während es die Welt außerhalb der Grenzen Europas dem imperialistischen Appetit der europäischen Staaten überließ: Algerien, Indien, der Vordere Orient und China wurden die ersten Opfer. Außerhalb der Grenzen Europas gehörte die Macht dem Stärksten und dem, der als erster zugriff.

Wenn in einem Staat, dessen Fürst der Pentarchie angehörte, eine nationale Revolution die legitime Ordnung bedrohte, beauftragte die europäische Staatengemeinschaft eines ihrer Mitglieder, die Ordnung wiederherzustellen, notfalls durch Waffengewalt. Dieser Fall trat zum Beispiel ein während der spanischen Revolution von 1823, die auf Geheiß der Pentarchie durch die Armeen des französischen Königs niedergeschlagen wurde. Als jedoch die europäische Staatengemeinschaft eine bewaffnete Intervention in Lateinamerika zugunsten Spaniens vorbereitete, wo dessen überseeische Provinzen sich von der spanischen Krone trennen wollten, legte die Republik der Vereinigten Staaten von Amerika während der Präsidentschaft von James Monroe formellen Protest ein: Jegliche bewaffnete europäische Einmischung in amerikanische Angelegenheiten würde fortan als eine Angriffshandlung angesehen werden; die Vereinigten Staaten von Amerika ihrerseits würden auf jegliche Einmischung in europäische Angelegenheiten Verzicht leisten. Die Monroe-Doktrin wurde für ein Jahrhundert eines der großen Prinzipien der Weltpolitik, ja fast zu einer Regel des Weltvölkerrechts. Andere legitimistische und solidarische Interventionen dieser Art waren die russische Intervention in Ungarn während der Revolution von 1849; Österreich intervenierte, als in verschiedenen italienischen Staaten im Jahre 1821 nationale Erhebungen stattfanden; französische Truppen wurden 1830 in den Niederlanden eingesetzt.

Gegen Mitte des 19. Jahrhunderts wuchs einigen Staaten neben ihren Armeen und Flotten eine dritte Macht zu: die Macht, die ihnen eine hoch mechanisierte, auf Kohle und Eisen basierende Industrie und eine neue technologische Wissenschaft verschaffte, die es zunehmend verstand, die Kräfte der Natur denen zur Verfügung zu stellen, die ihre Geheimnisse kannten. Dies verschaffte den Ländern, die über gewisse Bodenschätze und Technologien verfügten, die dem »have not« zunächst nicht zur Verfügung stand, industrielle und in der Folge – zusätzlich – politische Überlegenheit. Die Ausbeutungsmöglichkeiten des Kohlevorkommens beschränkten sich zunächst ausschließlich auf die nördliche Hemisphäre der Erdkugel. Diese Tatsache verschaffte den Staaten zu beiden Seiten des Kohlegürtels das Monopol für die Produktion jener mechanischen Energien, die man für die Entwicklung von Industrien und für die Verarbeitung der Naturschätze überall in der Welt benötigte. Zunehmende Verfeinerung der wissenschaftlichen Technologie machte es möglich, die Quellen des Reichtums der Menschheit in den Dienst des Weißen Mannes zu stellen. Kohle, Eisen und Technologie versetzten seine Staaten in die Lage, zu Lande und insbesondere auf den Meeren militärische Machtmittel aufzubauen und einzusetzen, die Europa und Nordamerika in die Lage versetzten, überall dort mit Übermacht einzugreifen, wo ihre Interessen es ihnen geboten erscheinen ließen. Den technisch weniger entwickelten Nationen blieben zu ihrer Verteidigung nur ihr Mut und die wirkungslosen Machtmittel des vorindustriellen Zeitalters.

Die Ergebnisse sind bekannt: Die Industrienationen Europas und Amerikas fühlten sich mehr und mehr darauf angewiesen, größere Absatzmärkte für ihre Industrieprodukte zu finden, und darüber hinaus benötigten sie zur Erhaltung und Steigerung ihres Wohlstandes und ihrer Macht für sich selber Grundstoffe, die sie im eigenen Lande nicht vorfanden. Sie suchten ihrer durch Anwendung von Gewalt habhaft zu werden oder sich ihrer durch aufgezwungene Verträge oder durch ausbeuterisch wirkende Investition von Kapitalien zu bemächtigen. Hieraus entstand eine neue Form des Imperialismus: Der wirtschaftliche Wettbewerb der Industriestaaten wurde zu einem Wettlauf um politische Macht, und dieser löste einen sich dauernd steigernden Rüstungswettlauf aus. Die ersten Auswirkungen dieses neuen Imperialismus waren Kolonialkriege in Afrika und Asien, deren Ergebnisse sich auf das europäische Gleichgewicht auswirken mußten, was niemand besser einsah als Reichskanzler Otto v. Bismarck. Damit zerbrachen die Bande der legitimistischen Solidarität und entstand eine neue Art von Nationalismen: der ökonomisch motivierte nationalistische Imperialismus des Industriezeitalters.

Die außereuropäischen Kontinente erhielten damit eine neue Bedeutung; die Außensolidarität der europäischen Staatengemeinschaft ließ nach, doch blieb auch das geschwächte europäische Konzert noch Schiedsrichter und oft auch der Herr über die Begebenheiten in jener anderen Welt. In Asien und Afrika war es den Menschen und Völkern dieser Kontinente unmöglich, Bedeutsames ohne Erlaubnis der europäischen Großmächte zu gestalten. Ihre Völker verloren mehr und mehr die Möglichkeit der freien Verfügung über sich selbst; an Selbstbestimmungsrechten blieb ihnen nur, was die europäischen Staaten ihnen ließen.

Dem politischen Genie eines Bismarck konnte es noch einmal gelingen, während einiger Jahrzehnte auch in dieses politische System des uneingeschränkten politischen Wettbewerbs etwas von dem Geist der Solidarität der europäischen

Staaten einzubringen, der nach dem Zusammenbruch der napoleonischen Ära die Machtansprüche der Großmächte einige Jahrzehnte lang zu steuern vermochte. Er bewies dies während der Pariser Konferenz von 1878 und auf der Kongokonferenz von 1884, auf der Regeln für den Erwerb kolonialen Besitzes in Afrika vereinbart wurden.

All dies änderte sich jedoch nach dem Ersten Weltkrieg. Deutschland hatte durch seine Niederlage alle militärische Macht eingebüßt und seine Kolonien verloren. Es war keine Großmacht mehr, und selbst auf dem europäischen Kontinent waren seine Wirkungsmöglichkeiten beschränkt. Österreich-Ungarn war aufgeteilt; in den alten Gebieten des Hauses Habsburg entstanden eine Handvoll souveräner Staaten. Rußland entwickelte sich zur Sowjetunion, zu einer großen ideologischen Macht, jedoch blieb es für lange Zeit von dem Teil der Welt isoliert, der sich demokratisch nannte. Die Vereinigten Staaten von Amerika brachen faktisch mit dem Isolationismus der Monroe-Doktrin und wuchsen zu einer Macht heran, die ihre Interessen weltweit verteidigte, sich aber gleichzeitig weigerte, Mitglied jenes Völkerbunds zu werden, dessen Gründung auf die Vorstellungen ihres Präsidenten Woodrow Wilson zurückging, der glaubte, ein Clearinghouse der Weltpolitik werde in der Politik das Instrument der Gewalt durch ein Regiment des Friedens ersetzen: »Friede durch Recht« sollte künftig die Parole aller Politik werden. Er war ehrlich davon überzeugt, in den Beziehungen der Staaten werde sich Politik im klassischen Sinne durch eine neue politische Moral ersetzen lassen.

Der Völkerbund blieb ein Forum politischer Eloquenz und ein Markt politischen Feilschens. Er konnte weder die Annexion Äthiopiens durch das faschistische Italien verhindern noch das durch den Versailler Vertrag völlig verschobene politische Koordinatensystem der europäischen Mächte ins Lot rücken, noch ein erträgliches Verhältnis zwischen den Staaten des europäischen Westens und der Sowjetunion zustande bringen, noch die Vereinigten Staaten von Amerika zur Aufgabe des für das politische Gleichgewicht in der Welt verhängnisvollen »neuen« Isolationismus bewegen. Die Folge war, daß sich, von Italien ausgehend und in Deutschland kulminierend, faschistische Formen des Imperialismus ausbilden konnten, denen im östlichen Teil Europas der »proletarische« Imperialismus Stalins entsprach. Anstelle des europäischen Konzerts bildete sich die Achse Berlin–Rom, die sich schließlich bis nach Tokio hin verlängerte, und auf der anderen Seite eine in sich selbst recht wenig geschlossene Entente europäischer Demokratien.

Im Jahre 1939 überfiel nach einem zwischen Hitler und Stalin geschlossenen Vertrag über eine endgültige Teilung Polens die deutsche Armee dieses unglückliche Land, besetzte einen großen Teil Westeuropas und drang tief in die Weiten der Sowjetunion ein. Unter der Führung von London, Washington und Moskau bildete sich eine die halbe Welt umfassende Koalition unter der Parole des Antifaschismus; ganz Europa wurde zum Schlachtfeld, und in einer riesigen Zangenbewegung vereinigten sich die Truppen der Sowjetunion mit denen des demokratischen Westens mitten in Deutschland. Deutschland wurde gespalten, und die Demarkationslinie, die künftig den demokratischen Westen vom totalitären Osten trennte, spaltete Europa vom hohen Norden bis tief in den Vorderen Orient.

Als der Ausgang des Krieges feststand, errichteten die Staaten, die den Krieg gewinnen sollten, einen politischen Mechanismus, der mit Ausnahme der »Schuldigen« alle Staaten der Welt umfassen sollte, die sich zum Frieden bekannten. Die Großmächte sollten darin im Sicherheitsrat die maßgebende Rolle spielen, doch alle Staaten sollten mit untereinander gleichem Stimmgewicht in einer Generalversammlung vertreten sein. Noch war die aktive Mitgliedschaft faktisch auf die Staaten alter Souveränität beschränkt.

Doch schon zu Beginn der Tätigkeit in der UNO zeigte sich, daß Europa und die USA nicht mehr das alleinige Gravitationsfeld der weltpolitischen Entscheidungen waren. Der

Zweite Weltkrieg hatte mehrere Zentren des allgemeinen politischen Schwerefeldes entstehen lassen: Moskau; Washington, an dem sich der Westen orientierte; und ein Schwerefeld in Asien, dessen Pole noch nicht klar zu definieren waren. Es bildeten sich zwei Blöcke, von denen jeder eine Anzahl geographisch zusammenhängender und ideologisch ähnlich fixierter Staaten umfaßte, und eine sogenannte Dritte Welt, deren Staaten sich nicht für den einen oder den anderen Block entschieden und damit die Möglichkeit behielten, aus dem Antagonismus der beiden Blöcke Nutzen zu ziehen.

Bald zeigte sich, daß die Staaten des Westens nicht mehr die Kraft hatten, ihre Kolonialgebiete zu behaupten. Sie entließen diese in rascher Folge aus ihrer Botmäßigkeit. So entstanden in Asien und Afrika auf den Gebieten ehemaliger britischer, französischer, niederländischer, portugiesischer Kolonien souveräne Staaten, die sich innerhalb der UNO zu Mehrheitsgruppen formierten und von den Blöcken umworben wurden und nunmehr für sich in Anspruch nahmen, was die nationalistische Doktrin des nachrevolutionären Europa als das Recht der Völker auf Emanzipation von jeder Obergewalt beansprucht hatte.

Gleichzeitig mit diesem Emanzipationsprozeß der Dritten Welt hatte sich in einigen europäischen Staaten die Vorstellung durchgesetzt, daß in der nunmehr polyzentrisch gewordenen Welt die europäischen Staaten zwangsläufig in die Rolle von Objekten der Politik der Weltmächte zurückgedrängt werden würden. Davor konnte sie nur ihr Zusammenschluß zu einer politisch und ökonomisch eng zusammenwachsenden Union bewahren. Dafür war zunächst zu klären, welche Rolle dabei dem deutschen Volke zugedacht werden könnte. Die Sowjetunion war, nachdem ihr – zum Teil infolge der Auswirkungen des Marshall-Plans – nicht gelungen war, die verelendete Bevölkerung der drei westlichen Besatzungszonen Deutschlands für ein unter kommunistischem Vorzeichen wiederzuvereinigendes Deutschland zu gewinnen, entschlossen, die ihr in Potsdam zur Verwaltung überlassene Besatzungszone endgültig ihrem Herrschaftsbereich einzufügen. Die drei westlichen Besatzungsmächte wiederum bewogen die Bevölkerung Westdeutschlands zur Errichtung der Bundesrepublik Deutschland, die – ursprünglich als bloßes Provisorium gedacht – nach Verlust des Kalten Krieges durch den Westen zu einem regulären souveränen Staat wurde, ein Vorgang, der insoweit durchaus auch im Interesse der westlichen Mächte lag, als dadurch die politischen, wirtschaftlichen, militärischen Potentiale Westdeutschlands zur Verfügung des Westens und dessen Verteidigungsorganisation gehalten werden konnten. Sie gaben die ursprünglich für lange Jahre der Nachkriegszeit vorgesehene Morgenthau-Politik auf und verzichteten auf die Umwandlung Deutschlands in ein Agrarland; die Wiederherstellung der deutschen Wirtschaftskraft sollte jedoch in einer Weise geschehen, die es den Deutschen unmöglich machen sollte, auf diesen Potentialen eine eigene Außenpolitik aufzubauen: Die Verfügungsgewalt über die Erzeugnisse der Montan-Industrie der sechs westeuropäischen Staaten sollte einer supranationalen Behörde, der Montan-Union, unterstellt werden. Durch die Einzementierung der Bundesrepublik in die Verteidigungsorganisation des Westens, die NATO, sollte die Bundesrepublik auf ihrem Gebiet, nunmehr aufgrund von Verträgen, Truppen westeuropäischer Staaten aufnehmen und selbst ein großes Truppenkontingent für die Verteidigung des Westens stellen, jedoch auf den Besitz kriegsentscheidender Waffen verzichten.

Schließlich unterzeichneten am 25. März 1957 die sechs westeuropäischen Staaten – Frankreich, Italien, die drei Benelux-Staaten, die Bundesrepublik – zu Rom einen Vertrag, der ihre Wirtschaften in eine westeuropäische Wirtschaftsgemeinschaft einführen sollte. Der dadurch geschaffene Gemeinsame Markt bescherte der Wirtschaft der beteiligten Länder mächtigen Aufschwung, und in den nächsten Jahren wuchs die Zahl seiner Mitglieder auf neun Staaten an.

Doch bald wuchs die Erkenntnis heran, daß die Welt in ein neues Chaos versinken würde, wenn man die von Kolonialherrschaft und kolonialer Ausbeutung befreiten Länder ihrem Schicksal allein überlassen würde. Nicht nur aus moralischen Gründen, sondern aufgrund handfester politischer Erwägungen – also auch um des eigenen Interesses willen – traf eine immer weiter wachsende Anzahl von Industriestaaten Anstalten, um den in der Entwicklung begriffenen Staaten die materiellen und technologischen Hilfen zu leisten, deren sie bedurften, um sich schließlich aus eigener Kraft selbst fortentwickeln zu können. Zu Beginn hatten die durch dieses neue Solidaritätsbewußtsein ausgelösten Maßnahmen mehr oder weniger karitativen Charakter. Erst nach einer Reihe erkannter Fehlleistungen wurde die Entwicklungshilfe als ein Gebot wohlverstandener, die ganze Welt umfassender und für alle Staaten gleich notwendiger Solidarität erkannt und dementsprechend als ein Partnerschaftsverhältnis unter Gleichberechtigten und als Beginn der Entstehung einer allen Staaten gleich zuträglichen Weltwirtschaftsordnung begriffen.

Doch auch hier begann die Machtpolitik der Blöcke und der ihnen angeschlossenen Staaten weltweit eine verhängnisvolle Rolle zu spielen: Die Sowjetunion, Rotchina, die Vereinigten Staaten, die europäischen Staaten und die EWG konnten nur selten der Versuchung widerstehen, ihre Leistungen im Rahmen der Entwicklungshilfe von dem politischen Nutzen abhängig zu machen, den sie sich beim Wettbewerb der »Lager« um den größtmöglichen politischen Einfluß auf die Steuerung der Bewegungen innerhalb des Geflechtes der Grundlinien der Weltpolitik zu gewinnen erhofften.

Diese Tendenz wurde um so virulenter, als in den letzten zwei Jahrzehnten die alten Industrienationen mehr und mehr begreifen mußten, daß ihr altes Monopol für die Gewinnung der für ihre materiellen Ansprüche an das Leben notwendigen Energien auf der Grundlage der ihnen zur Verfügung stehenden Kohlevorkommen von den Staaten gebrochen worden war, auf deren Gebiet die Kraftstoffe der zweiten industriellen Revolution gewonnen werden konnten: das Erdöl und das Uran. Von diesem Zeitpunkt an wurde es offenbar, daß die Industrienationen Europas für die Erhaltung und Entfaltung ihrer Lebensordnungen von der Möglichkeit abhängig geworden waren, die Rohstoffe, die allein die dafür notwendigen Energien spenden können, aus Ländern zu beziehen, die außerhalb ihrer unmittelbaren politischen Einflußmöglichkeiten liegen. Es dauerte nicht mehr lange, bis sie begreifen mußten, daß eine für beide Teile gleich annehmbare Ordnung allein durch das Spiel von Angebot und Nachfrage nach den Gesetzen der Marktwirtschaft nicht gefunden werden kann, daß vielmehr politische Wege für die Herstellung gesicherter Bezugsmöglichkeiten gesucht werden müssen – zumal die Länder der Dritten Welt sehr bald erkannten, daß Einigkeit auch sie stark macht. Sie schufen sich lockere, doch wirksame politische Organe, die ihnen erlauben, der Überlegenheit der Industrieländer in Dingen der Technologie die nunmehr ihnen gegebene Möglichkeit gegenüberzustellen, den Zufluß der Rohstoffe, ohne die jene überlegene Technik der alten Industrienationen zum alten Eisen werden müßte, politisch oder durch überhöhte Preise zu erschweren.

Bei diesem Spiel wird es auch künftig unter den Industrienationen politischen, sich oft ökonomisch tarnenden Wettbewerb geben; nicht alle haben den Rohstoffländern dieselben Vorteile zu bieten und nicht alle werden ihre heute vielleicht bestehende Vorzugsstellung für immer behalten. Die Staaten Europas werden auf die Dauer bei diesem Wettbewerb – nach beiden Seiten hin – nur mithalten können, wenn sie endlich wahr machen, was durch die römischen Verträge eingeleitet werden sollte: den Zusammenschluß zu einem Bunde, der dem europäischen Staatensystem erlaubt, nach außen mit einer Stimme zu sprechen.

Das europazentrische System der Weltpolitik existiert nicht mehr. Die westeuropäisch-atlantische Verteidigungsgemeinschaft ist im Kräftespiel der Weltpolitik sicher ein mächtiger

Faktor, doch wird sie nie die Rolle spielen können, die einst, in der klassischen Zeit der Gleichgewichtspolitik, das europäische Konzert zu spielen vermocht hatte. Die Kontinente haben sich von Europa und von den Vereinigten Staaten von Amerika emanzipiert. Sie sind nicht mehr bloßes Objekt der Politik des Weißen Mannes. Sie könnten sein Feind werden, wenn der »weiße« Kontinent die anderen Kontinente nicht zu Partnern zu machen verstehen sollte. Partner sind voneinander unabhängig und verkehren miteinander gemäß den Impulsen, die ihnen die Einsicht in ihre und der anderen wohlverstandenen Interessen verschafft. Außerhalb eines auf der Erkenntnis notwendiger Gegenseitigkeit von Geben und Nehmen beruhenden kräftigen Solidaritätsbewußtseins läßt sich aber in einer Welt, darin Zusammenleben immer auch Wettbewerb bedeutet, nirgends eine Ordnung schaffen, in der alle gleichermaßen ihr Genüge finden.

Haben wir schon überall begriffen, was es für jeden von uns bedeutet, daß der riesige Kontinent Afrika nunmehr aus souveränen Staaten besteht, die nicht mehr Anhängsel europäischer Geschichte sein wollen und es schon längst nicht mehr sind? Eugen Gerstenmaier hat dies frühzeitig begriffen und als Präsident der Deutschen Afrika-Gesellschaft dafür geworben, daß neben den Ost-West-Dialog ein europäisch-afrikanischer Nord-Süd-Dialog zu treten habe. Dieser Dialog hat nunmehr begonnen und sich zu einem Dialog zwischen den alten Industriestaaten und den alten und jungen Staaten der Dritten Welt ausgeweitet. Zu einem guten Ende wird er freilich nur führen, wenn er sich ausweitet zu einem Dialog zwischen Kontinenten, von denen keiner sich als Vormund der anderen fühlt. Erst dann werden die Geburtswehen der Emanzipation ihren gelegentlich aggressiven Charakter verlieren.

Im Verlauf dieses Dialogs werden sich alle beteiligten und interessierten Staatengruppen – hoch industrialisierte so gut wie solche, die über bedeutende Vorkommen lebenswichtiger Grundstoffe verfügen, aber auch jene Staaten, denen keines dieser Privilegien zuteil geworden ist – von der Überzeugung leiten lassen müssen, daß keine von ihnen wagen kann, einer anderen ihren Willen durch Gewalt aufzuzwingen, ohne dadurch eigene vitale Interessen zu gefährden. Da sich auf beiden Seiten unbestreitbare Interessen gegenüberstehen werden, wird der einzige Weg, der allen Beteiligten helfen kann, der Weg des Kompromisses sein. Wenn das damit angestrebte Bessere allen Völkern guten Willens dauernden Nutzen bringen soll, werden alle der Tugenden des Maßhaltens und der Weisheit bedürfen und eines großen Vorrats vorausschauender Klugheit, der unsere jahrhundertealte Erfahrung von dem, was der Mensch vermag, wird zur Seite stehen müssen.

KLAUS MEHNERT

Ernst Haeckel, Lenin und Mao

Um die Jahrhundertwende standen in vielen deutschen Bücherschränken die Werke von Ernst Haeckel, auch in der Bibliothek meines (deutschen) Vaters in Moskau. Aus meiner Kindheit erinnere ich mich noch an einen Band, der meine Neugierde weckte, »Welträthsel« (mit th) genannt. Rätsel hatten mich schon immer angezogen, und nun Welträthsel! Das Wort wirkte so geheimnisvoll-verlockend, daß mir der Name des Verfassers im Gedächtnis blieb: Ernst Haeckel.

Aber was es mit seinen Welträtseln auf sich hatte, erfuhr ich erst viel später, als ich – nach der Übersiedlung ins Deutsche Reich nach Kriegsausbruch 1914 – in Stuttgart in jenes Eberhard-Ludwigs-Gymnasium ging, das einige Jahre nach mir auch Eugen Gerstenmaier besuchte. Nur am Rande freilich hörten wir von Haeckel. In den zwanziger Jahren war der 1919 Verstorbene schon fast vergessen; die Ereignisse seit dem August 1914 hatten neue Probleme geschaffen, neue Namen nach vorne gerückt. Der Modephilosoph hieß nun Oswald Spengler, seine Bücher »Der Untergang des Abendlandes« oder »Preußentum und Sozialismus« paßten besser in die Stimmung jener Zeit.

Ernst Haeckel war noch ganz ein Kind des fortschrittsgläubigen, optimistischen 19. Jahrhunderts gewesen, ein geistiger Nachfahre von Charles Darwin. Jahrzehnte hindurch hatte er an der Universität Jena Zoologie und Biologie gelehrt, hatte dicke Bücher über die Entwicklungsgeschichte des Menschen geschrieben und 1899 mit seinen »Welträthseln« einen – heute würden wir sagen – Bestseller auf den Büchermarkt gebracht, der alsbald zu einem der meistgelesenen philosophischen Werke des gebildeten deutschen Bürgertums wurde.

Und nicht nur des Bürgertums. Lenin beschäftigte sich mehrfach mit ihm. Ende 1904 las er eine Rezension in der »Frankfurter Zeitung« über Ernst Haeckels Buch »Lebenswunder«, das kurz zuvor bei Kröner erschienen war, und notierte, Haeckel habe den Geist als »physiologische Tätigkeit der Großrinde« erklärt, zugleich vermerkte er, Haeckels früher erschienene »Welträthsel« bewiesen, »daß es im Grund genommen keine Welträtsel gibt«[1]. In seinem umfangreichen »Empiriokritizismus und historischer Materialismus«, das als Grundlage des Leninschen historischen Materialismus gilt (1908), ging Lenin in einem eigenen Kapitel, dem letzten des ganzen Buches, auf Haeckel und insbesondere auf die »Welträthsel« ein. Das Werk habe, schreibt er, in allen zivilisierten Ländern »einen Sturm« hervorgerufen, und erklärt dann, was ihn selbst an Haeckels Buch in erster Linie interessiert:

»Die Hunderttausende von Exemplaren des Buches, das sofort in alle Sprachen übersetzt wurde und in besonders billigen Ausgaben Verbreitung fand, lieferten den schlagenden Beweis, daß dieses Buch ›ins Volk gedrungen‹ ist, daß es Massen von Lesern gibt, die E. Haeckel mit einem Schlage auf seine Seite gebracht hat. Das populäre Buch wurde zu einer Waffe des Klassenkampfes. Professoren der Philosophie und der Theologie aus aller Herren Länder begannen in tausenderlei Variationen Haeckel zu schmähen und suchten ihn zu vernichten. Der berühmte englische Physiker Lodge unternahm es, Gott gegen Haeckel zu verteidigen. Der russische Physiker Herr (O. D.) Chwolson begab sich nach Deutschland, um dort eine niederträchtige, stockreaktionäre Broschüre gegen Haeckel loszulassen (Hegel, Haeckel und das zwölfte Gebot, 1906) und den ehrenwerten Herren Philistern zu versichern, daß nicht die gesamte Naturwissenschaft heute auf dem Standpunkt des ›naiven Realismus‹ stehe. Zahllos sind die Theologen, die gegen Haeckel zu Felde zogen. Es gibt keine wüste Beschimpfung, die die offiziellen Philosophieprofessoren nicht gegen ihn geschleudert hätten. (Hier hat Lenin eine Fußnote eingefügt: »Das tragische Moment wurde durch ein Attentat auf Haeckel im Frühling dieses Jahres (1908) hineingetragen. Nach einer Reihe anonymer Briefe, in denen Haeckel mit Ausdrücken wie ›Hund‹, ›Gottloser‹, ›Affe‹ usw. tituliert wurde, hat irgendein echtdeutscher Mann in das Jenaer Arbeitszimmer Haeckels einen Stein von recht imponierender Größe geschleudert.«) Es ist ein spaßiger Anblick, wie bei diesen in toter Scholastik ausgetrockneten Mumien – vielleicht zum erstenmal in ihrem Leben – die Augen zu glühen beginnen, wie ihre Wangen sich röten von den Ohrfeigen, die ihnen Ernst Haeckel verabreicht hat. Die Priester der reinen Wissenschaft und der scheinbar abstraktesten Theorie stöhnen geradezu vor Wut [...] Er ist Materialist, hussa! packt ihn, den Materialisten, er betrügt das Publikum, indem er sich nicht direkt als Materialist bezeichnet – das ist es ja gerade, was die ehrwürdigen Herren Professoren in Raserei versetzt.

Ein Naturforscher, der unbedingt die beständigsten, wenn auch nicht fest umrissenen Meinungen, Stimmungen und Tendenzen der überwiegenden Mehrzahl der Naturforscher am Ende des 19. und zu Beginn des 20. Jahrhunderts zum Ausdruck bringt, hat auf einmal leicht und faßlich das aufgezeigt, was die Professorenphilosophie vor der Öffentlichkeit und vor sich selber zu verbergen suchte – nämlich, daß es einen Eckpfeiler gibt, der sich immer mehr verbreitert und festigt und an dem alle Bemühungen und krampfhaften Anstrengungen der tausendundein Schülchen des philosophischen Idealismus, Positivismus, Realismus, Empiriokritizismus und sonstigen Konfusionismus zerschellen. Dieser Eckpfeiler ist der naturwissenschaftliche Materialismus. Die Überzeugung der ›naiven Realisten‹ (d. h. der ganzen Menschheit), daß unsere Empfindungen Abbilder der objektiv realen Außenwelt sind, ist die stets wachsende und stärker werdende Überzeugung der großen Masse der Naturforscher. Verloren ist die Sache der Gründer neuer philosophischer Schülchen, der Erfinder neuer erkenntnistheoretischer ›Ismen‹ – hoffnungslos und für immer verloren. Mögen sie sich mit ihren ›originellen‹ Systemchen abzappeln, [...] die Entwicklung der Naturwissenschaft schiebt trotz ihres Wankens und Schwankens, trotz aller Unbewußtheit des Materialismus der Naturforscher, trotz der gestrigen Begeisterung für den in Mode gekommenen ›physiologischen Idealismus‹ oder der heutigen Begeisterung für den modischen ›physikalischen Idealismus‹ alle Systemchen und alle Spitzfindigkeiten beiseite, indem sie immer und immer wieder die ›Metaphysik‹ des naturwissenschaftlichen Materialismus in den Vordergrund rückt.«

So geht es noch einige Seiten weiter. Lenin interessierte das Buch also insofern es, wie er meinte, seine »Auffassung der objektiven Realität, d. h. der Klassennatur der modernen Gesellschaft und ihre klassenmäßigen geistigen Tendenzen«[2] und damit seine Thesen vom Klassenkampf bestätigte.

Lenin bemerkte nicht (zum mindesten schrieb er nichts darüber), daß Haeckels Weltsicht in einem wesentlichen Punkt vom Marxismus abwich. Daß laut Haeckel in der Welt nur ein einziges Urprinzip herrscht, aus dem alles hervorgeht, mochte Lenin als Unterstützung seiner (und Marxens) materialistischen Philosophie begrüßen, denn auch Lenin war gegen den Dualismus von Geist und Materie, von Gott und Welt, und insoweit ein »Monist«. (Haeckel gründete 1906 den Deutschen Monistenbund, der 1933 aufgelöst und nach dem Kriege – ohne große Wirksamkeit – wiederbegründet wurde.) Auch Marx und Engels könnte man als Monisten bezeichnen. Aber Haeckel dachte weiter als diese drei, weil er im Unterschied zu ihnen ein Naturforscher war. Für jene endete eine ganze Epoche der Geschichte mit dem Sieg der proletarischen Revolution; nach einer kurzen Phase der Diktatur des Proletariats, in der die Bourgeoisie verschwinden würde, sollte sich die klassenlose Gesellschaft bilden; in ihr könnten per definitionem keine antagonistischen Widersprüche aufbrechen, da es ja dort keine Klassen mehr gäbe; ein paradiesischer Zustand würde entstehen, genannt Kommunismus, und zwar ohne zeitliche Begrenzung. Haeckel hingegen lebte in ganz anderen Dimensionen. Ihm war der Gedanke fremd, die Entwicklung der Menschheit sei auf ein bestimmtes Ziel gerichtet, etwa den Kommunismus. Für ihn gab es nur das Gesetz von Ursache, Wirkung und Wandlung in einer als Einheit verstandenen Welt, also die nie endende Entwicklung, die nicht an irgendeinem Tage X plötzlich aufhört, sei es mit dem Jüngsten Gericht oder mit dem Siege des Proletariats. Die drei Marxisten wollten einen Zustand herbeiführen, Haeckel kannte nur die Entwicklung.

In Jahrmilliarden denkend, lehnte Haeckel das Christentum mit seinen knapp zweitausend Jahren Geschichte als irrelevant ab, aber er war so erfüllt von dem gewaltigen Schauspiel eines ewigen Wandels, daß Lenin wohl nicht ganz Unrecht hatte, wenn er Haeckel vorwarf, »eine eigene Religion« erfunden zu haben, »so etwas« wie einen »atheistischen Glauben« oder einen »religiösen Atheismus«. Haeckel weihte sein Leben in der Tat nicht dem Kampf gegen die Religion, sondern der Erforschung des naturwissenschaftlichen Rätsels, wie im Weltall allmählich das Leben, schließlich der Mensch entstand, und auch der Frage, wie das alles weitergehen würde. Das »Zauberwort«, wie er es nannte, mit dessen Hilfe er das Rätsel lösen wollte, hieß für ihn: Entwicklung. Er war durchdrungen von der Überzeugung, daß sich alles ständig in Entwicklung befinde, und zwar in einer Entwicklung, in der »weder ein bestimmtes Ziel noch ein besonderer Zweck (im Sinne der menschlichen Vernunft) nachzuweisen ist«. Für Haeckel gab es folgerichtig auch keinen Endzustand, sondern nur den ewigen Kampf, die ewige Wandlung. Im 13. Kapitel seiner »Welträthsel« schrieb er:

»Der Weltraum ist unendlich groß und unbegrenzt; er ist nirgends leer, sondern allenthalben mit Substanz erfüllt. Die Weltzeit ist ebenfalls unendlich und unbegrenzt; sie hat keinen Anfang und kein Ende, sie ist Ewigkeit. Die Substanz befindet sich überall und jederzeit in ununterbrochener Bewegung und Veränderung [...] Auch wir Menschen sind nur vorübergehend im Entwicklungszustand der ewigen Substanz [...] Auch unsere Mutter Erde [...] wird nach Verfluß weiterer Millionen Jahre erstarren und, nachdem ihre Bahn immer kleiner geworden, in die Sonne stürzen.«[3]

Rund 60 Jahre später, im Jahre 1958 erklärte Mao Tse-tung, einer der großen Veränderer der Geschichte: »Es gibt nichts in der Welt, das nicht entsteht, sich entwickelt, verschwindet. Affen wurden zu Menschen, die Menschheit entstand. Am Ende wird auch das Menschengeschlecht verschwinden, aus ihm wird vielleicht etwas anderes, und dann wird auch die Erde zu bestehen aufhören. Die Erde wird erlöschen, die Sonne erkalten.«[4]

Den Vorwurf, den Zusammenhang zwischen diesen Passagen bei Haeckel und Mao nicht selbst erkannt zu haben, kann ich mir nicht ersparen. Erst als Bundeskanzler Helmut Schmidt (beim ersten Besuch eines deutschen Kanzlers in China) nach dem Gespräch mit Mao Tse-tung seinen Begleitern erzählte, dieser habe ihm gegenüber unter den vier großen deutschen Denkern, die ihn beeinflußt hatten, neben Hegel, Marx und Engels auch Haeckel genannt, fielen mir die lästigen Schuppen von den Augen, füllte sich der weiße Fleck, der mich bei der Beschäftigung mit Mao geplagt hatte, fand ich eine Antwort auf die Frage: Woher hatte Mao die von Marx stark abweichende Idee, Revolution müsse auch nach dem Siege der Revolution weitergehen?

Daß diese Lehre Maos wichtigster »Beitrag zur Schatzkammer des kommunistischen Denkens« sei, wird in der chinesischen Presse seit Jahren unablässig verkündet. So forderte, 1970, ein Hauptaufsatz der »Peking Review«[5] erneut das »gewissenhafte Studium der Theorie des Vorsitzenden Mao von der Fortdauer der Revolution (auch) unter der Diktatur des Proletariats«; mit dieser Lehre habe Mao nach Marx/Engels und Lenin einen »dritten brillanten Meilenstein« auf dem Wege zum Kommunismus gesetzt. Im ersten Kapitel der neuen Parteisatzung (1969) ist die Lehre von der »Fortdauer der Revolution« in China sogar ausdrücklich verankert – 20 Jahre nach dem Siege der Revolution.

Der tiefere Sinn und die politische – sogar weltpolitische – Bedeutung dieser Lehre Maos wird besonders deutlich, wenn man sie mit der Haltung der Kremlführung vergleicht. Die Sowjetunion hat nur eine, die große Oktoberrevolution von 1917 erlebt (die sich freilich als Bürgerkrieg noch einige Jahre fortsetzte). Was folgte, waren – mochte auch weiter Blut fließen, mochten Millionen leidend betroffen sein – keine Revolutionen mehr, bei denen die Massen spontan in Bewegung gerieten, sondern in Stalins Worten »Revolutionen von oben«, in Wahrheit: administrative Gewaltmaßnahmen, von ihm befohlen und von Apparattschiks gehorsam durchgeführt, wie die 1929 begonnene Kollektivierung der Bauern oder die blutigen »Säuberungen« in der Mitte der dreißiger Jahre. Denn auch als Stalin Lenins alte Mitstreiter, seine Rivalen, »liquidierte«, änderte sich nichts an der Gesellschafts- und Herrschaftsstruktur der UdSSR, selbst nicht nach seinem Tode. An der Spitze der Pyramide wurde zwar die »kollektive Führung« – aus einigen wenigen Männern bestehend – eingeführt, aber unter ihr blieb die eng verfilzte Schicht der Arrivierten, der Privilegierten, der Funktionäre und Technokraten bestehen – der »Neuen Klasse«, wie Djilas sie genannt hat. Es gibt auch keinerlei Anzeichen für eine Änderung des Systems. Stalins Erben sind – wie einst er selbst – Todfeinde jeder selbständigen Bewegung von unten; seit die Kommunisten dort an der Macht sind, ist jeder Widerspruch und damit jede Dialektik verboten. Zaghafte und halbherzige Reformen mögen kommen, Revolutionen nicht.

Mao seinerseits schien zunächst dem sowjetischen Beispiel auch in dieser Frage zu folgen und seine Revolution mit dem Sieg über Tschiang Kai-schek beenden zu wollen. Aber was zehn Jahre später, im Zeichen des Großen Sprunges (1958), dann in der Kulturrevolution (1966-1968) und in weiteren revolutionären Stößen, zuletzt im Kampf gegen Teng Hsiaoping (1976) geschah, war für den Kenner von Maos Schriften über die Widersprüche nicht völlig überraschend: Die Revolution wurde zur Dauererscheinung erklärt. Der chinesische Terminus heißt putuan koming, wörtlich »nicht unterbrochene Revolution«. In amtlichen Übersetzungen ins Deutsche wird in Peking meist das Wort »fortdauernde Revolution« gewählt, um nicht mit der Vokabel »permanente Revolution« in die Nachfolge Trotzkijs zu geraten. Die Chinesen nehmen den Namen Trotzkijs (weil er ein Gegner Stalins war) nur mit Abscheu in den Mund, und bekanntlich hat Trotzkij an der Idee der permanenten Revolution festgehalten, bis Stalin den Verbannten in Mexiko ermorden ließ.

Die grundlegende Bedeutung, die Mao der Theorie der Widersprüche beimaß, zeigte sich schon darin, daß er ihr zwei größere Arbeiten gewidmet hat: »Über den Widerspruch« (1937) und »Über die richtige Lösung von Widersprüchen« (1957). Auf die Frage, ob die erste der beiden Schriften wirklich von Mao stammte und ob sie schon 1937 geschrieben wurde, brauche ich hier nicht einzugehen. Niemand bezweifelt, daß der Begriff des Widerspruchs in Maos Denken seit langem von zentraler Bedeutung ist, und zwar eben in der Form, in der er in jener frühen Schrift formuliert wurde: »Das Gesetz des den Dingen innewohnenden Widerspruchs [...] ist das Grundgesetz der Natur [...] Der Widerspruch existiert in allen Prozessen [...] und durchläuft alle Prozesse von Anfang bis Ende. Darin besteht die Allgemeinheit und Absolutheit des Widerspruchs [...] Der Kampf der Gegensätze geht ununterbrochen vor sich.«[6] Andere seiner Zitate: »Gleichgewicht ist eine vorübergehende, relative Einheit der Gegensätze.« (1957)[7] Und – aus dem Jahre 1956 – ganz lapidar (kürzer geht es nicht): »Ohne Widersprüche gäbe es die Welt nicht.«[8]

Da der Widerspruch »alle Prozesse von Anfang bis Ende« durchläuft, besteht er auch in der sozialistischen Gesellschaft, und zwar nicht nur abstrakt-philosophisch, sondern ganz konkret, durch Menschengruppen verkörpert, die für Mao alsbald die Gestalt von gegensätzlichen Klassen annahmen.

Als er im September 1962 den Satz »Nie den Klassenkampf vergessen!« in eine Parteiversammlung schleuderte, da meinte er nicht etwa den Klassenkampf in Amerika oder in Indien, sondern den im eigenen Lager, den Klassenkampf sowohl gegen die in seinen Augen zum Kapitalismus abgeschwenkte Sowjetunion als auch, und wohl vor allem, gegen diejenigen Kommunisten in China selbst, die sich, statt die Revolution fortzusetzen, in der neuen Ordnung häuslich einzurichten wünschten, also gegen die aus den eigenen Reihen immer neu entstehende »Bourgeoisie«.

Daher auch der unaufhörliche Nachdruck auf die Länge des noch zurückzulegenden Weges. Im Roten Büchlein finden sich schon in den Kapiteln II und III Warnungen wie diese: »Der Klassenkampf ist noch nicht zu Ende«, er »wird noch lange andauern«; »noch eine ziemlich lange Zeit«, »noch lange Zeit«, »noch einen langwierigen Kampf«, »eine sehr lange Geschichtsperiode«. Solche Formulierungen trifft man bis in die Gegenwart, und was noch mehr ist: Weitere Revolutionen sind, laut Mao, auch in Zukunft unvermeidlich:

»Die gegenwärtige große Kulturrevolution ist nur die erste ihrer Art. In Zukunft werden unausweichlich noch viele andere folgen. Die Frage, wer die Revolution gewinnen soll, kann nur innerhalb eines langen historischen Zeitraums entschieden werden. Wenn nicht aufgepaßt wird, kann jederzeit eine kapitalistische Restauration erfolgen. Kein Parteimitglied und kein Mensch in unserem Land darf glauben, daß nach ein oder zwei oder doch zumindest nach drei oder vier großen Kulturrevolutionen alles gut sein wird.«[9] Später sprachen Maos Ideologen von zahlreichen Revolutionen »alle sieben oder acht Jahre«.

Dies alles steht in schroffem Gegensatz nicht nur zu Marx und Stalin, sondern auch zur klassischen Tradition der chinesischen Philosophie, die nicht den Kampf als Sinn und Ziel des Lebens sieht, sondern die Harmonie, die Versöhnung der Gegensätze, als ethische und politische Norm also den Kompromiß. Diese Haltung ist Mao ein Greuel. Daher auch im

Jahre 1964 die wütenden Angriffe auf den Parteiphilosophen und langjährigen Direktor der Parteihochschule Yang Hsientschen, als dieser – durchaus im Sinne der chinesischen Tradition – den Satz »Zwei wird Eins« in den Mittelpunkt seiner Lehre stellte. In einer Flut von Aufsätzen wurde Yang vorgehalten, er rede auf diese Weise dem faulen Kompromiß (zum Beispiel mit Moskau) das Wort. Das Grundprinzip heiße – laut Mao – umgekehrt: »Eins wird Zwei.«

Maos Theorie und Praxis der Widersprüche ist die direkte Negation der Moskauer These vom Aufhören der antagonistischen, nur durch Revolutionen zu lösenden Widersprüche nach dem Sieg des Proletariats. Dieser Sieg ist für Mao nicht der Endpunkt der Geschichte, deren Gesetz die ewige Bewegung ist, sondern ein Durchgang zu Neuem, dialektisch gesehen: die neue These, die ihre Antithese und damit eine neue, bis zur neuen Entladung, zur neuen Revolution sich steigernde Spannung hervorruft.

Daß dieser Gedanke der bisherigen marxistischen Lehre nicht entspricht, weiß man in Peking natürlich. »Zum ersten Mal in der Theorie und Praxis der internationalen kommunistischen Bewegung«, so wird ausdrücklich festgestellt, habe Mao gelehrt, »daß Klassen und Klassenkampf weiter bestehen, auch nachdem die sozialistische Umwandlung des Eigentums an Produktionsmitteln im wesentlichen abgeschlossen ist [...] Dies ist die allergründlichste revolutionäre Theorie und ein gewaltiger Beitrag zur internationalen kommunistischen Bewegung. Länder, in denen die Diktatur des Proletariats bereits besteht, werden durch diese Theorie des Vorsitzenden Mao, wenn sie erst einmal verstanden ist, instand gesetzt, durch eigene Bemühungen die Wiederherstellung des Kapitalismus zu verhindern, und in Ländern, wo die Revisionisten (Chiffre für Sowjetführer) die Staatsgewalt usurpiert haben, wird das Volk fähig sein, durch seine eigenen Bemühungen die revisionistische Herrschaft zu stürzen und die Diktatur des Proletariats wiederherzustellen.«[10]

Fortsetzung der Revolution also, auf unbegrenzte Zeit, mit

heute nicht absehbarem Ziel, in immer neuen revolutionären Stößen. Sie wird natürlich nicht als eine kontinuierliche, gleichmäßig weiterlaufende Bewegung gedacht; die dialektische Theorie verlangt, daß die neu sich bildenden Widersprüche erst eine bestimmte Intensität erreicht haben, ehe das Umschlagen in das (qualitativ) Neue eintreten kann. Es gibt also Pausen der revolutionären Aktion, wie sie nach dem Großen Sprung und wieder nach der Kulturrevolution eingetreten sind. »Ohne Eindämmen kein Fließen, ohne Stillstand keine Bewegung«, schrieb Mao schon 1940.[11] Ich spreche daher statt von Sprüngen lieber von Stößen; denn bei Maos Revolutionen handelt es sich um gezielte, gegen konkrete Gegner gerichtete Maßnahmen.

Wer sind diese Gegner? Man darf sich durch die Vokabel Bourgeoisie nicht täuschen lassen; sie gehört nun einmal ins Instrumentarium kommunistischer Parteien, und natürlich sind die Überreste des alten Bürgertums auch gemeint. Nicht sie aber bereiten Mao Sorge, sondern die – nach der Dialektik des Widerspruchs – immer neu entstehenden und also zu bekämpfenden neuen Bourgeoisien.

In einer zusammenfassenden Würdigung der Lehren der Kulturrevolution aus dem Jahr 1969 ist denn auch ausdrücklich die Rede von den »neuen bourgeoisen Elementen, die aus dem Apparat der proletarischen Diktatur hervorgehen«. In der Partei und ihrer Führung treten demnach neue Feinde auf, die sich von den alten unterscheiden und sogar noch ernster zu nehmen sind als jene: »Sie wirken nicht von draußen, sondern von drinnen, nicht offen, sondern im Verborgenen [...] Wenn sie an der Macht sind, sind sie viel gefährlicher, als wenn die Grundbesitzer, die [alte] Bourgoisie oder die Kuomintang-Reaktionäre [also die Anhänger von Tschiang Kai-schek], offen auf den Plan träten.«[12] Der Autor des Aufsatzes unterstreicht seine Warnungen mit dem Mao-Zitat: »Hütet euch vor dem Revisionismus«, also vor dem Weg der Sowjetunion.

Revisionismus – das ist die alte Kampfparole, mit der einst

Lenin die gemäßigten Sozialisten in der Sozialdemokratie (besonders der deutschen und russischen) als Abweichler, ja Abtrünnige von der reinen Lehre diffamierte. Als Revisionismus bekämpfen Mao und seine Ideologen, was sie als Wesen des Sowjetkommunismus betrachten: er ist bürokratisch, verbürgerlicht, kapitalistisch, natürlich auch imperialistisch (dieser Vorwurf vor allem seit dem Einmarsch in die Tschechoslowakei). Vor einer solchen Entwicklung will Mao sein Land bewahren.

Vielleicht kritisiert Mao den Revisionismus der Sowjetführung darum mit solcher Schärfe, weil ihre Herrschaft ihm täglich vor Augen führt, wie leicht ein Staat, der sich mit einer abgeschlossenen Revolution begnügt, eine neue Klassengesellschaft aus sich heraus hervorbringt. Dieselbe Tendenz in Richtung auf eine neue bürokratisch-bourgeois-staatskapitalistische Führungsschicht, westlich gesprochen: auf ein neues Establishment, glaubte er auch in China zu erkennen. Überall um sich herum sah er die Partei- und Guerillaführer von gestern nach dem Sieg der Revolution das hohe Roß eines überheblichen Kommandierens besteigen, um über das gemeine Fußvolk zu herrschen; sie mußten also von Zeit zu Zeit aus dem Sattel geholt werden, wenn die Etablierung einer Klasse von berittenen Führern verhindert werden soll.

Dabei gebot nicht nur die Theorie der Widersprüche, mit dem nächsten revolutionären Stoß jeweils zu warten, bis die Spannung ein revolutionäres Stadium erreicht hatte; zum gleichen Ergebnis führte auch die psychologische Kalkulation: Erst wenn die von der jeweils herrschenden Klasse verschuldeten Mißstände zum öffentlichen Skandal geworden waren, den niemand übersehen oder bestreiten konnte, war es leicht, den Massen die Notwendigkeit eines radikalen Eingriffs glaubhaft zu machen, genügte ein kleiner Anstoß, sie selbst stürmisch nach der Revolution rufen zu lassen.

Dazu kam freilich die – vielleicht erst in den Erfahrungen des Großen Sprunges gereifte – Erkenntnis, daß eine im wahren Sinne des Wortes »permanente« Revolution, eine Revolution ohne Pausen also, auch eine permanente, pausenlose Krise zur Folge haben und das Funktionieren der staatlichen Ordnung wie auch das wirtschaftliche Leben bedenklich stören muß, daß also das revolutionär aufgewühlte und erschütterte Land immer wieder Phasen der Ruhe und Ordnung braucht, um zur Besinnung und Beruhigung zu kommen.

Nicht aufgegeben hat Mao das von der Sowjetführung einst proklamierte, aber praktisch längst abgeschriebene Fernziel: die Schaffung des neuen Menschen, eines Menschen, wie es ihn noch nie gegeben hat, weder im Westen noch im Osten, weder in Rußland noch in China. Ein solches Ziel kann (wenn überhaupt) nicht in einem Anlauf mit einer Revolution erreicht werden; seine Verwirklichung verlangt immer neue Revolutionen, sobald Erstarrung und Verkrustung der Gesellschaft es zu blockieren drohen. Und wäre der neue Mensch einmal geboren, so wäre auch er dem Gesetz des Alterns unterworfen und müßte seinerseits eines Tages wiederum einem völlig anderen Menschenbild weichen. Die Revolution wird also niemals enden – das ist es, was der Person und den Ideen Maos ihre weit über China hinaus, besonders in der Jugend, wirkende Faszination verlieh.

Seine ungebrochene Dynamik im eigenen Land verdankt der Maoismus unverkennbar dem Appell an die Massen. Hier allein findet Mao die »richtige« Lösung, die er sich schon im Titel seiner zweiten Schrift über die Widersprüche zur Aufgabe gemacht hat. Und hier klafft auch der stärkste Gegensatz in der politischen Praxis zwischen Peking und Moskau: Kein Sowjetführer hat es seit dem Sieg der Revolution von 1917 je gewagt, die Massen anders als rein rhetorisch anzusprechen oder gar zu entfesseln. Mao hat es gewagt; die Kulturrevolution war keine »Revolution von oben«. Der Beobachter hatte damals und auch bei den seitherigen revolutionären Stößen manchmal den Eindruck, Mao selbst könnte von dem durch ihn entfachten Feuer verzehrt werden. Er ist aus ihm – bis heute – unverletzt hervorgegangen.

Wenn aber Mao seine Vorstellung von der immer aufs neue

notwendigen Revolution weder von den Weisen des klassischen Altertums seines Landes bezogen hatte noch von den »Klassikern des Marxismus«, natürlich schon gar nicht von den derzeitigen Führern der Sowjetunion, die zu den konservativsten in der heutigen Welt gehören und im eigenen Imperium in jedem Revolutionär einen Teufel in Menschengestalt sehen – woher hatte er sie dann? Die Antwort hat er, wie wir sahen, selbst in seinem Gespräch mit dem Bundeskanzler gegeben – von Ernst Haeckel.

Als Mao kurz nach dem Ersten Weltkrieg nach Peking kam und dort eine Weile als Gehilfe in der Bibliothek der Peking-Universität arbeitete, las der wissensdurstige Bauernbursche aus der Provinz Hunan mit großem Eifer alles, was er an neuen Ideen aus dem Westen finden konnte. Damals müssen ihm wohl auch die Gedanken Haeckels begegnet sein. Er hat sich dem Kanzler gegenüber über die Umstände seiner Bekanntschaft mit dem deutschen Naturphilosophen nicht geäußert. Und da wir am folgenden Morgen von Peking abflogen, konnte ich in der von mir Tags zuvor besuchten Bibliothek der Peking-Universität nicht nachforschen, ob sich dort ein Exemplar der »Welträthsel« auf chinesisch befand (Mao las nicht deutsch) oder sein Inhalt in einem damals auf chinesisch erschienenen Kompendium wiedergegeben war; meine entsprechende Anfrage bei der Bibliothek blieb bisher ohne Antwort.

Da Mao nach seinem Pekinger Aufenthalt in den Strudel der Politik gerissen wurde und nach den schweren Schlägen, die Tschiang Kai-schek den Kommunisten Mitte der zwanziger Jahre zufügte, mehr als zwei Jahrzehnte im tiefen Innern des Landes lebte, fern von allen Bibliotheken, da ferner kaum anzunehmen ist, daß er seit dem Siege (1949) auf einen Autor stieß, der damals schon lange vergessen war, möchte ich annehmen, daß die Bekanntschaft mit Haeckel zu jenen Jugenderlebnissen Maos gehörte, die sich in sein Bewußtsein eingruben. Im Alter treten Jugenderinnerungen ja mit besonderer Intensität wieder hervor; so mag es auch Mao ergehen.

Es ist bekannt, daß Mao im Gespräch mit einem Ausländer vor einigen Jahren sagte, er sei alt und werde nun »bald Gott sehen«. Ob dies für ihn eine Redensart ohne Inhalt war (auch der Atheist Chruschtschow pflegte Ausdrücke wie »Gott gebe es« oft zu gebrauchen), oder ob er mit diesen Worten eine religiöse Vorstellung verband – vermutlich werden wir es nie erfahren. Der logisch denkende Ernst Haeckel schloß die Existenz eines jüdisch-christlichen Gottes aus, ebenso wie es ein Modenaturphilosoph unserer Tage tat, der kürzlich verstorbene französische Biochemiker und Nobelpreisträger Jacques L. Monod (»Zufall und Notwendigkeit«). Den Chinesen ist unsere Neigung zu eiserner Logik fremd, und es ist durchaus möglich, daß in Maos dialektischem und flexiblem Denken unausgesprochen, vielleicht auch uneingestanden ein deistischer Schöpfer Platz hat – wenn überhaupt, dann vermutlich beim alten Mao eher als beim jungen, der als Revolutionär und Umstürzler in erbitterter Opposition zu allem stand, was nach Tradition aussah.

Eines ist sicher: Mao denkt in ungleich größeren Zusammenhängen und Perspektiven als Marx oder Lenin (von Breshnew und Honnecker ganz zu schweigen). Seine Phantasie reicht in die Ferne von Milliarden Jahren. (»Die Erde wird erlöschen, die Sonne erkalten.«) Die Revolutionen unseres Jahrhunderts, in Moskau als Ereignisse von Ewigkeitswert gepriesen, schrumpfen aus dieser Sicht zu bescheidenen Proportionen. »In tausend Jahren«, sagte er 1970 zu seinem alten Freunde, dem Amerikaner Edgar Snow, »werden wahrscheinlich sogar Marx, Engels und Lenin ziemlich lächerlich wirken.«[13]

Er selbst hat sich dem ewigen Wandel verschrieben. Ihn gegen Erstarrung (wie in Moskau) zu bewahren, ist der Inhalt seines Strebens. In dem letzten seiner veröffentlichten Gedichte (zu Neujahr 1976)[14] sagt der Riesenvogel, der mit einem Flügelschlag fünfzigtausend Meilen zurücklegt (und in dessen Worten wir Maos Gedanken vermuten dürfen) zu dem kleinen Spatz, der sich ein ruhiges Plätzchen ohne Revolu-

tionen sucht, voller Verachtung und mit einer Derbheit, die Mao nicht von dem Jenenser Professor gelernt hat, die aber – weil charakteristisch – nicht verschwiegen werden soll:
»Hör auf mit diesem Furz.
Siehst du denn nicht: Die Welt wird umgewandelt.«

1. Vgl. Lenin, Werke, Bd. 38, Philosophische Hefte, Berlin 1973, S. 362.
2. Vgl. Lenin, Werke, Bd. 14, Materialismus und Empiriokritizismus, Berlin 1973, S. 353-358.
3. Vgl. S. 281 f.
4. Zitiert nach Stuart Schram (Hrsg.), Mao Tse-tung Unrehearsed, London 1974, S. 110.
5. Vgl. Peking Review, 1970/5, S. 7.
6. Vgl. Mao, Ausgewählte Werke, Bd. 1, S. 405 f.
7. Vgl. Mao, Über die richtige Lösung von Widersprüchen im Volk, 1. Kapitel.
8. Zitiert nach Stuart Schram, in: China Quarterly, Nr. 46, London April-Juni 1971, S. 237.
9. Vgl. Peking Review, 1967/22, S. 38.
10. Vgl. Peking Review, 1970/5, S. 7.
11. Vgl. Mao, Über die Demokratie.
12. Vgl. Peking Review, 1969/13, S. 11.
13. Vgl. Edgar Snow, Die lange Revolution, Stuttgart 1973, S. 253.
14. Vgl. Peking Rundschau, 1976/1, S. 1.

BRUNO HECK

Konrad Adenauer – Überlegungen 1976, dem Jahr seines 100. Geburtstages, für Eugen Gerstenmaier zu dessen 70. Geburtstag

Aus dem Kreis der Weggefährten Konrad Adenauers, seiner Freunde, der vertrauten Mitarbeiter, Ratgeber und Mitstreiter, kommt Eugen Gerstenmaier ein besonderer Rang zu; nicht weil er dem Alten Herrn besonders vertraut und besonders verbunden gewesen wäre und deshalb besonders nahe gestanden hätte; dafür waren beide, Adenauer und Gerstenmaier, zu verschieden gewachsen, jeder aus seinem Holz geschnitzt, jeder zu eigenständig. Was Gerstenmaiers eigenen Rang ausmacht, war – man kann es treffsicherer nicht sagen, als es Konrad Adenauer ihm einmal selbst gesagt hat, daß Eugen Gerstenmaier die Politik dachte, die Adenauer machte; d. h. Gerstenmaier hat die politische Wirklichkeit nach 1945 wie übrigens schon der Jahre zuvor denkerisch angegangen; bei ihm hat, was politisch zu tun sei, zunächst in seinem Denken, eingeordnet in die deutsche Geschichte, Gestalt gewonnen, während Konrad Adenauer auf Grund der Erfahrungen seines Lebens, die das Kaiserreich, die Weimarer Republik und den Nationalsozialismus umfaßten, der Logik der Wirklichkeit gehorchend, wie sie der geschichtlichen Stunde entsprach, mit sicherem Griff zupackte und, was der Stunde entsprechend zu erreichen war, auch durchsetzte. Das ergab nicht in allem und jedem immer genau das gleiche. Doch gingen Gerstenmaiers politisches Denken und Adenauers politisches Handeln in den wesentlichen Fragen und Entscheidungen der deutschen Politik die gleichen Wege. Konrad Adenauer hatte sich mit Eugen Gerstenmaier mehr auseinanderzusetzen und Gerstenmaier an Adenauers Politik mehr Anteil als das ohne weiteres erkennbar und bekannt wurde.

Besonders reizvoll wird es sein, was wir darüber, über diesen Konrad Adenauer, einmal aus Gerstenmaiers Memoiren erfahren werden.

Von uns hat jeder sein Bild von diesem großen Mann, das ihn meint, wie er war, das aber mehr ist – mehr und nicht weniger, weil es auch das Bild Konrad Adenauers ist, wie wir ihn heute sehen, wie er in uns und über uns in den kommenden Generationen weiterlebt und weiterwirkt.

So mache ich mich denn, der ich diesem großen Alten Herrn nicht in gleich hoher Verantwortung wie Eugen Gerstenmaier verbunden war, unbefangen daran, Konrad Adenauer so zu zeichnen, wie ich heute ihn und seine Politik sehe, und jeder mag zufügen und abziehen, was ihm für sein Bild von Konrad Adenauer bedeutsam oder richtiger erscheint.

Nie habe ich Konrad Adenauer als Genie erlebt.

Napoleon hat einmal, auf dem Höhepunkt seiner Laufbahn, im Blick auf sich selbst gesagt, große Menschen seien wie Meteore; sie glänzten und würden sich selbst verzehren, um die Welt zu erleuchten. Das mag für Napoleon gelten. Er ist in der Tat wie ein blutiger Komet erschienen in der irdischen Nacht, nach der Französischen Revolution, leuchtend und drohend, furchtbar und wunderbar, und dieser Feuerspur werden sicher die Jahrhunderte gedenken.

Konrad Adenauer ist kein Meteor gewesen. An ihm war nichts Außergewöhnliches, nichts Geniehaftes. Als seine Sekretärin einmal etwas schwärmerisch meinte: »Sie sind eben ein Genie«, sagte er amüsiert und schmunzelnd und ernst zugleich: »Aber nein, ich bin absoluter Durchschnitt – nur Durchschnitt«; doch er merkte gleich, daß dies etwas zu wenig sei, und ergänzte: »Nun ja, – so klug wie andere bin ich auch! Aber ich will Ihnen sagen, worauf es ankommt im Leben: Stetigkeit und Geduld; Stetigkeit ist Aktivität – mit Stetigkeit an einer bestimmten Arbeit, an bestimmten Vorsätzen festhalten! Geduld ist Passivität – nicht aufgeben – durchhalten!« Dann kam er auf das »Genie« zurück: »Aber Genie – ich? Nein!« Dieses Nein lief in ein leises Kopfschütteln aus; er lächelte nur noch ein wenig ungläubig vor sich hin. Er wußte, daß er kein Genie sei; er wußte aber auch, daß er seinen eigenen Rang hatte.

Bei einer anderen Gelegenheit meinte er über sich selbst, er sei nicht übermäßig klug. »Fleiß, Ausdauer und Geduld, Arbeit ...« Sein konsequentes zielbewußtes Arbeiten sein Leben lang sei eigentlich seine beste Tugend und dazu Beobachtung und gesunde Skepsis, nicht nur Menschen, auch Entwicklungen gegenüber.

Ich meine, Konrad Adenauer hat sich so richtig gesehen. Der Kölner Philosoph und Historiker Berglar spricht in seiner Adenauer-Biographie von »einer seelischen, geistigen, physischen, von einer ganzheitlichen Gesundheit«, die sein eigentliches Geheimnis gewesen sei. Nirgends Übersteigerung, nirgends Krüppelwuchs; kein Trieb übertrieben, keiner verkümmert. Nicht außergewöhnliche Fähigkeiten machen Adenauers Größe aus; er war keine blendende, aufregende, verführerische Persönlichkeit – kein Komet –, »nicht sichtlich kompliziert und nicht spürbar abgründig, kein Stoff für Dichter, weder Leidenschaften weckend noch durch Geheimnis anziehend« – für Intellektuelle eher ein Ärgernis.

Konrad Adenauers Leben ist nicht bewundernswert durch Einmaliges und Außergewöhnliches. Das Einmalige und Außerordentliche bleibt in der Tat, zu welch grandioser Kraft dieser im Grunde einfache Mann seine normale Begabung im hohen Greisenalter mit Fleiß, Ausdauer und Geduld und einem seltenen Maß an Selbstbeherrschung, Wachheit und Disziplin zu entfalten vermochte.

Der ersten von ihm beglaubigten Biographie von Paul Weymar hat er als Leitwort den Wunsch mit auf den Weg gegeben, daß später, wenn die Menschen einmal über die Nebel und den Staub dieser Welt hinwegsehen, von ihm gesagt werden könne, er habe seine Pflicht getan.

Ich habe lange hin und her bedacht, wie seiner würdig und ihm angemessen zu gedenken wäre. Ich bin zu dem Ergebnis gekommen, daß es gleichbedeutend sein müsse mit einem sich von ihm an seine Pflicht erinnern lassen – an die Pflicht, die er uns hinterlassen hat, an die Pflicht, die wir und die nach uns Geborenen unserem Vaterland gegenüber heute haben.

Deswegen beginne ich mit einer Frage: Leben wir immer noch im Deutschland Konrad Adenauers? Ist das, was er, der erste Repräsentant der Union gewollt und erreicht hat, ist das noch unbestritten der Boden, auf dem wir weiterbauen? Bejahen wir die Bundesrepublik Deutschland noch so, mit ihrem geschichtlichen Auftrag, wie er sie hinterlassen hat? Sehen wir in ihr noch den Rahmen, in dem und von dem aus wir weiterhin unsere Zukunft, den freien Staat der Deutschen und deren freiheitliche Gesellschaftsordnung gestalten wollen? Sind wir noch bereit, entschieden und entschlossen, keiner noch so verführerischen Bequemlichkeit zuliebe jene Grenze zu überschreiten, jenseits der wir die Freiheit derer preisgeben, mit denen wir durch ein großes und schweres und zum Schluß so böses und furchtbares Schicksal in gemeinsamer Geschichte zu besonderer Verantwortung verbunden sind? Oder fühlen wir uns durch dieses Erbe beengt? Glauben auch wir, diese Bundesrepublik, ihre innere Ordnung ebenso wie ihren Ort im internationalen Kräftefeld einer Überholung unterziehen zu müssen? Einer Überholung, die bewußt nicht Halt macht vor den grundsätzlichen Entscheidungen der Gründerjahre? Sind die Deutschen derzeit etwa schon dabei, hinter Adenauer zurückzugehen, um das Ganze noch einmal, neu und anders herum zu versuchen? Oder glauben wir gar, es dem Fortschritt schuldig zu sein, wenigstens einen Teil dessen rückgängig machen zu müssen, was wir mit Konrad Adenauer geschaffen haben?

Diese Fragen sind es doch, die hinter allen Auseinandersetzungen stehen, die seit den späten sechziger Jahren die amtliche Politik, das politische Leben in Deutschland, aber auch die Unsicherheiten und Ungereimtheiten in den Reihen der Union bestimmen.

Eine Erfahrung ist geblieben: An Konrad Adenauer scheiden sich die Geister, wie zu seinen Lebzeiten, so auch heute.

Sie scheiden sich immer noch, aber nicht mehr nur in Parteien. Die Unsicherheit reicht tiefer, obwohl die Betroffenen sich dessen nicht recht bewußt werden wollen. Trotzdem meinen alle, ihre neue Politik damit empfehlen zu müssen, daß sie sich auf Konrad Adenauer berufen. Daran verrät die amtliche Politik ihre tiefe Unsicherheit ebenso wie in ihrer kopflosen Flucht nach vorne. Der aufdringliche Mythos der Reform ist das lose Glaubensbekenntnis, das von den Gedankenlosen, von Mit- und Nachläufern in allen Lagern – auch bei der Union – nachgeplappert wurde. Als ob Politik, vor allem in der Demokratie, jemals etwas anderes gewesen wäre und etwas anderes sein könnte als Weiterstreben, Verbessern, auch Erneuern – wenn man glaubt, ohne große Worte nicht auskommen zu können, kann man auch sagen: Reformieren.

Die Kräfte, die es in der Politik zu leiten, auszugleichen und zu nutzen gilt, erlauben keinen Stillstand. Sie drängen immer neuen Lösungen zu, die für besser und zweckmäßiger, für nützlicher und auch für gerechter gehalten werden.

Befriedigte Bedürfnisse schaffen nicht die faule Ruhe der Satten; sie zeugen neue Bedürfnisse, die allerdings gewogen und nur, wenn nicht zu leicht befunden, befriedigt werden wollen. Der Demokratie ist fortschrittliche Politik im Grunde wesensgemäß; die Neuerungssucht dagegen ist ihre Gefahr. So wenigstens hat Konrad Adenauer die Demokratie verstanden. Wer allerdings wider die Erfahrung eines halben Jahrhunderts den Sozialismus identisch setzt mit Fortschritt, für den ist jede nichtsozialistische Politik rückständig. Diese Flucht vor der Erfahrung steckt hinter dem schwärmerischen Gerede und Getue um das Reformieren von allem und jedem, mit dem die linksliberale Koalition unter Brandt ihrer Politik die höheren Weihen zu verleihen und der CDU/CSU den Schneid abzukaufen suchte. Um zu verschleiern, was wirklich im Gange ist, wurde das Reformieren in den Rang eines politischen Heilswissens erhoben, als Kennzeichen einer ganz neuen Epoche, die zwar schon nach 1945 gefordert gewesen wäre, die aber damals verweigert worden sei.

Als ob nach 1945 die große Chance verpaßt worden wäre, als ob Adenauer und die Christlichen Demokraten mit ihrer Politik nach dem Kriege lediglich Überkommenes zementiert und allenfalls die Weimarer Republik restauriert hätten.

Dazu kann man nur sachlich und nüchtern eines feststellen: So gründlich ist noch selten ein Staat neu gebaut worden, wie die Bundesrepublik. Schon ehe sie gegründet wurde, mußte eine geschichtliche Entscheidung von grundlegender Bedeutung getroffen werden: Die sowjetische Deutschlandpolitik war nach der Kapitulation von Anfang an auf Einheit um den Preis der Freiheit angelegt. Die Antwort war die Gründung der Bundesrepublik: die Entscheidung für die Freiheit, die Entscheidung für die liberale Demokratie des Westens. Adenauer hat schon im Oktober 1945 öffentlich erklärt, der von der Sowjetunion besetzte Teil Deutschlands sei auf eine nicht zu schätzende Zeit für Deutschland verloren. Das war nüchterne Klarsicht, Augenmaß für eine Wirklichkeit, die damals niemand recht zur Kenntnis nehmen wollte. Es war kein kaltes, gleichgültiges Abschreiben des von den Sowjets besetzten Teils Deutschlands. Die Pflicht und die Verantwortung für die Freiheit der Deutschen im sowjetrussischen Herrschaftsbereich hat Konrad Adenauer nie aus dem Auge verloren; sie haben ihn immer beschäftigt. Schon bei den Vorbereitungen für die Moskauer Gespräche 1955 hat er alle Möglichkeiten durchüberlegt, den Russen die Freiheit dieser Deutschen notfalls auch über eine Neutralisierung der DDR nach österreichischem Muster abzuhandeln. Das für eine nicht zu schätzende Zeit Unmögliche hat er nicht angestrebt, das Notwendige und das Mögliche aber immer im Auge behalten. Mitteldeutschland gehörte für ihn zu dem, was ihm sein Vaterland war. Gerade deswegen war für ihn die Entscheidung für die liberale Demokratie des Westens gleichzeitig die Entscheidung für die Einbindung Deutschlands in den Westen, weil er anders keinen Weg sah, den politischen Raum zu sichern, von dem aus allein Politik für die Freiheit der Deutschen gestaltet werden konnte. Mit einem Frieden ohne diese Freiheit mögen sich Kurzsichtige, Verblendete und Kleinmütige abfinden. Kurzsichtig, verblendet oder gar kleinmütig ist Konrad Adenauer nie gewesen:

Schon nach dem Ersten Weltkrieg, schon in den zwanziger Jahren, hat er nur einen Weg für den Frieden in Europa gesehen; schon damals hielt er eine klare Ausrichtung der Politik zum Westen hin für notwendig; ebenso eine Verflechtung der deutschen Wirtschaft mit Frankreich und den Benelux-Staaten – mit dem Fernziel einer Union aller europäischen Länder, die westlich orientiert waren. Diese entschlossene Hinwendung zum Westen war auch 1945 nicht nur eine Antwort des Augenblicks auf die nahezu völlige außenpolitische Handlungsunfähigkeit dessen, was von Deutschland übriggeblieben war; das war es auch. Darüber hinaus entsprach diese Entscheidung dem entschlossenen Willen zu einer beispiellosen Neuorientierung der deutschen Politik, ja des deutschen Selbstverständnisses nach dem Kriege. Das hat die sozialdemokratische Opposition ein Jahrzehnt lang zunächst offen und leidenschaftlich bekämpft; das hat sie im Grunde jedoch auch nach Godesberg nie verstanden; und nunmehr ist die linksliberale Koalition seit über einem halben Jahrzehnt am Werk, diese Entscheidung langfristig mit ihrer Politik des Wandels durch Annäherung zu revidieren.

Ich betone, weil es wichtig genug ist, wiederholt zu werden: So gründlich ist selten ein Staat von Grund auf neu gebaut worden wie die Bundesrepublik. Nach 1945 sind Reformen der Wirtschaft, der sozialen Ordnung, der inneren Verfassung und der Außenpolitik geleistet worden, die als Ganzes begriffen werden müssen.

Die Soziale Marktwirtschaft war eine ebenso kühne Neuerung wie in deren Rahmen die dynamische Rente. Die Soziale Marktwirtschaft, die Ludwig Erhard der Union eingebracht hat, erreichte für die Entwicklung der Bundesrepublik fast die Bedeutung des Grundgesetzes, obwohl sie im Grundgesetz keineswegs garantiert war. Zu Anfang wurde die Soziale Marktwirtschaft verständlicherweise im allgemeinen nur wirtschaftlich verstanden. Soweit die Sozialdemokraten heute von Marktwirtschaft sprechen, meinen sie immer noch nur das Wirtschaftlich-Erfolgreiche an ihr. Dabei war diese Entscheidung schon damals für die politische und soziale Entwicklung so bedeutend wie für die Wirtschaft. Nunmehr war die Sozialpolitik, und dies in der entscheidenden Zeit des Neuaufbaus, nicht mehr konzipiert wie herkömmlich, als Gegenfunktion zu einem kapitalistisch-autonomen Wirtschaftsprozeß: Wirtschafts- und Sozialpolitik bilden seitdem eine Einheit, eine unauflösbare Verbindung, deren wirtschaftliche und soziale Leistungsfähigkeit Grundlage der politischen Stabilität der Bundesrepublik Deutschland geworden ist. Die Wirtschaft – verstanden als soziale Marktwirtschaft – sollte künftighin die Grundlage für die ökonomische, soziale und kulturelle Ausgestaltung des neuen Staates werden. Sie ist die bedeutsamste Entscheidung für die Freiheit geworden. Die freien wirtschaftlichen Kräfte sind entbunden worden mit einem ausgesprochen sozialen Ziel. Das hat unter den Sozialpolitikern als erster Theo Blank erkannt. Er ist an der Seite Ludwig Erhards dessen kräftigster Mitstreiter geworden. Und als am innenpolitischen Horizont die Gefahr sichtbar wurde, daß die subsidiäre Gestaltung der sozialen Solidarität einem bequemen Allerweltssolidarismus geopfert werden solle, hat Eugen Gerstenmaier auf dem Kieler Parteitag der CDU seine kräftige Stimme erhoben.

Erhard und Adenauer haben überdies mit sicherem Instinkt gespürt, daß der harte Kern des Fundaments eines modernen Industriestaates nicht mehr im Staat allein, zusammen mit nur einer Gruppe der Gesellschaft, der sogenannten »Gesellschaft«, zu finden sei, sondern nur mit einer sozialökonomischen Ordnung, die von der Industriegesellschaft insgesamt unbestritten getragen wurde: Die soziale Ordnung als Ausdruck des wirtschaftlichen Erfolges. Die Dynamik der Sozialpolitik ergab sich gerade deswegen von Anfang an nicht mehr aus Sozialkonflikten, sondern aus den wirtschaftlichen

Erfolgen der Marktwirtschaft. Das galt auch für die Mitbestimmung bei Kohle und Stahl und für die Mitbestimmung nach dem Betriebsverfassungsgesetz, die doch beide nicht dem Grunde, sondern lediglich dem Ausmaß und der politischen Tendenz nach streitig waren; die Mitbestimmung durfte ebensowenig klassenpolitisch korrumpiert werden wie die Soziale Marktwirtschaft überhaupt.

In gleicher Weise galt dies auch für die Beteiligung der Familie und der nachwachsenden Generation am ökonomischen Fortschritt.

Ähnliches gilt für den Lastenausgleich im Verhältnis zu den Vertriebenen und Flüchtlingen. Diese Millionen und Abermillionen sollten nicht lebenslang auf ihre Rolle als Geschädigte fixiert und als Flüchtlingsproletariat konserviert werden. Der Bundesrepublik Deutschland war auf ihrem Wege aus dem Ruin in ihre künftige Geschichte zu allem hin durch die Teilung Deutschlands von Anfang an eine im Grunde unerträgliche Belastung unausweichlich zugeschrieben. Diese Belastung konnte nur von einer außergewöhnlichen inneren Stabilität her getragen werden. Diese fast übermenschliche Aufgabe haben wir wirtschaftlich und sozial nur mit der Sozialen Marktwirtschaft bestehen können. Am besten läßt sich diese soziale Zielrichtung unserer Wirtschaftsordnung im Blick auf die dynamische Rente und auf die Familienpolitik aufzeigen: Beide sind nicht nur unter dem Gesichtspunkt der sozialen Sicherheit eingeführt worden; beide wurden gewollt als eine Beteiligung am wirtschaftlichen Erfolg. Die jüngsten Überlegungen unter der Überschrift »Neue soziale Fragen« sind von der gleichen sozialen Ausrichtung her zu sehen, die mit der Sozialen Marktwirtschaft schon 1948/49 unser Verständnis einer modernen, auf mehr Menschlichkeit ausgerichteten Industriegesellschaft erfahren hat.

Unser Wiederaufbau war alles andere als die Wiederherstellung einer alten Gesellschaft; er war Ausdruck einer fast atemberaubenden Modernität; er hat in der Bundesrepublik die leistungsfähigste und die stabilste Industriegesellschaft

Westeuropas geschaffen. Nirgendwo sonst war bisher die soziale Haftung der kapitalistischen Marktwirtschaft so selbstverständlich, so systematisch und gerade im Vergleich mit den sozialistischen Ländern so über jeden Vergleich erfolgreich einverleibt worden. Nur so konnte erreicht werden, daß die parlamentarische Demokratie der Bundesrepublik Deutschland nicht mehr nur von einem grundsätzlichen sozialen Kompromiß getragen wird, wie damals in der Weimarer Republik, sondern heute fest steht auf der breiten Übereinstimmung einer vielfältig und vielschichtig organisierten Gesellschaft über ihre wirtschaftliche und soziale Ordnung. Was sich dann in den sechziger Jahren bei uns an Unsicherheit und Gefahren ankündigte, ist danach erst mit der linksliberalen Koalition in eine ungehemmte Reformmanie ausgeartet: Ein gedankenloser Sozialopportunismus hat das Augenmaß verlieren lassen und uns auf den gefährlichen Weg gebracht, die Soziale Marktwirtschaft wirtschaftlich, sozial und politisch auszuhöhlen. Der Umbau der Gesellschaft in Richtung auf mehr »Lebensqualität«, mehr »Gleichheit« und mehr »Gerechtigkeit« war die große Parole. Es ist bezeichnend, daß die entsprechenden Programme – die Pläne für die Bildungsreform, für das Gesundheitswesen, für das Verkehrs- und das Sozialwesen – in vielen Ansatzpunkten antiwirtschaftlich, klassenpolitisch motiviert waren. Eine Gesellschaftspolitik dieser Herkunft lebt im Grunde nicht nur aus der Distanz, sondern aus der Gegnerschaft zur Sozialen Marktwirtschaft; sie verfälscht vom Konzept her die marktwirtschaftlich-soziale Ordnung und versetzt die Sozialpolitik wieder zurück in eine Antifunktion zur Wirtschaft; das schafft von der in Unordnung geratenen Wirtschaft her soziale Probleme, die mit dem so oft berufenen Netz sozialer Sicherheit nicht aufzufangen sind.

Doch nun noch einmal zurück zu unserer Hinwendung zum Westen. Hat sie nicht in zwei Jahrzehnten Gestalt gewonnen weit über das hinaus, was in Jahrhunderten zuvor auch nur geträumt werden konnte? Unsere Armee wurde von vornherein ausschließlich defensiv konzipiert – und dies nicht nur für den Augenblick und den Verhältnissen entsprechend, sondern im Blick auf die Zukunft, da wir dem Staat der Deutschen, den es nach dem Kriege zu schaffen galt, von vornherein einen neuen Souveränitätsbegriff auf Europa hin zugrunde gelegt haben. Die Gründung der Europäischen Gemeinschaft stellt heute noch zusammen mit der Atlantischen Allianz die große Hoffnung unseres Kontinents dar. In diesem großen Zusammenhang ist die Bereinigung des Verhältnisses zwischen uns Deutschen und den Juden und die besonders enge Zusammenarbeit mit Frankreich mit dem Deutsch-Französischen Jugendwerk zu sehen. Die Ostpolitik der Bundesregierung, die Westpolitik der Sowjets, stellt diese große Hoffnung im Grunde zur Disposition und damit in Frage – mit dem utopischen Blick auf eine Europäische Friedensordnung vom Atlantik bis zum Ural.

Kann man dieser Epoche, in der alles, außen- wie innenpolitisch, vom Fundament her neu gebaut wurde, tatsächlich eine Periode der Reformen folgen lassen wollen, die den Anspruch erhebt, mit ihr habe die Demokratie in Deutschland erst begonnen? Was mag wohl Herrn Brandt, den Protagonisten dieser neuen Politik, bewogen haben, trotzdem mit seiner Politik in der Kontinuität des politischen Konzepts Konrad Adenauers gesehen werden zu wollen? Die Führer der Sozialdemokratischen Partei Deutschlands haben in den ersten zehn Jahren der Bundesrepublik zur Kenntnis nehmen müssen, daß unser Volk mit überwiegender Mehrheit vom Sozialismus nicht viel wissen will. Deswegen das Godesberger Programm, das nach Wehners eigenem Kommentar kein Wort enthält, das Sozialdemokraten daran hindern könnte, ihre Politik zu betreiben, wenn sie einmal an der Macht sind. Um jedoch an die Macht zu kommen, muß man, wiederum nach Wehners Worten, diese Politik den Bürgern mit Samthandschuhen nahebringen. Das ist zur Zeit im Gange. Wozu? Um die bürgerlichen Wähler in der SPD nicht zu schrecken? Oder sollten zuerst nur die Radikalen, die Sozialisten in der SPD beruhigt und vertröstet werden? Oder beides? Wer weiß, was die sozialdemokratischen Strategen wirklich denken? Heute schauen viele Sympathisanten der SPD auf Schmidt – der lese doch den Linken die Leviten in aller Öffentlichkeit.

Halten wir uns also an Schmidt, der allerdings dem SPD-Parteitag seinerseits empfohlen hat, sich an Herbert Wehner zu halten; der rede zwar nicht von Strategie; aber er habe eine. Aber welche? Schmidt merkt dazu wörtlich an: »Wenn wir Politik machen würden mit Begriffen und Inhalten, die im öffentlichen Bewußtsein nicht oder noch nicht aufgenommen werden können, liefen wir Gefahr, nicht verstanden zu werden.« Deswegen wird, wo von »sozialistischer Demokratie« gesprochen werden müßte, von »sozialer Demokratie« gesprochen.

Das sind die »Samthandschuhe« Wehners an den Händen von Schmidt, der von sich selbst sagt, was ihn angehe, könne von einem Verzicht auf den Versuch nicht die Rede sein, die Gesellschaft und den Staat und seine Institutionen zu verändern; die »Samthandschuhe« Helmut Schmidts, der für die Sozialdemokraten mit Nachdruck erklärt, sie hätten sich Erhards Soziale Marktwirtschaft niemals zu eigen gemacht.

Mit der Politik von heute wird die Politik Konrad Adenauers nicht fortgeschrieben; sie wird auf lange Frist angelegt unterlaufen. Die Opposition der ersten zehn Jahre dieses Staates, die sich 1959 und 1960 selbst widerufen mußte, hatte diesen Widerruf taktisch angelegt. Geistig hat sie diese Wende nicht mitvollzogen. Hinter der Fassade der Gemeinsamkeit wurde vielmehr ein Unbehagen kultiviert, das jahrelang den Nährboden für einen Reformismus abgab, von dem heute manche noch nicht so recht Abschied nehmen wollen. Auch das gilt wiederum nicht nur parteipolitisch. Der Überdruß an der Bundesrepublik ganz allgemein, die geradezu neurotische Ablehnung alles Überkommenen, ging mit einer Verketzerung der ganzen Ära Adenauer einher.

Der Parole, die vor den Bundestagswahlen 1961 umging: »Der Alte muß weg«, folgte bald die Parole: »Alles Alte, alles Überkommene muß weg.« Konrad Adenauer und seiner Zeit wurde mit modischer Arroganz ein ursprüngliches Verhältnis zu wirklicher politischer Moral und zu den Forderungen der Zeit und der Zukunft überhaupt abgesprochen. Dieses Verlangen ist über die Parteiengrenzen hinweg in den Geist der Bürger auch im nichtsozialistischen Bereich eingedrungen und hat deren überkommenen Werte und Maximen unsicher gemacht. Die übersteigerten Parolen nach Reformen an allen Ecken und Enden waren der bewußte und zunächst gelungene Versuch, das negative Verhältnis der Sozialdemokraten zur gewachsenen Wirklichkeit, zur Bundesrepublik der Adenauerschen Politik positiv zu formulieren. Reformieren heißt für die linksliberale Koalition nicht verbessern, sondern verändern, den »Fehlstart von 1949« zu revidieren.

Reform des Bildungswesens bedeutete nicht zeitgemäße Neugestaltung des bestehenden Systems, sondern dessen Beseitigung; Reform des Steuerwesens meinte in Wirklichkeit den Willen »zu einer anderen Republik«, und Reform der Außenpolitik läuft in Wahrheit auf ein Ende der eindeutigen Option für den Westen hinaus.

Sind denn die beiden sozialdemokratisch geführten Regierungen der Bundesrepublik, allen Beteuerungen der Kontinuität zum Trotz, nicht zielstrebig zu den Positionen zurückgekehrt, die am Ende der fünfziger Jahre der zwingenden Logik des Adenauerschen Konzepts weichen mußten? Die Bundesrepublik wird heute mit »Samthandschuhen« auf den Weg gebracht, Adenauer ungeschehen zu machen. Die Soziale Marktwirtschaft Ludwig Erhards, die Bindung an den Westen, der Vorrang der Sicherheitspolitik im Blick auf die offensive Westpolitik der Sowjetunion, die Entscheidung gegen den Sozialismus, sind in Frage gestellt. Dem Angriff auf das Werk Adenauers liegt nicht etwa eine grundsätzlich veränderte Weltlage und eine völlig neue Problemstellung im

Innern unseres Landes zugrunde, eine bessere Erkenntnis oder höhere sittliche Einsicht, sondern ein sozialistisch-ideologisch ausgerichtetes Konzept mit viel Überheblichkeit – der Rückfall in die sozialistische Gläubigkeit der fünfziger Jahre, der Rückgriff zu den Prinzipien sozialdemokratischer Deutschlandpläne. Die kraftvolle, zuverlässige und geduldige Normalität, das eherne Konzept Konrad Adenauers, gehandhabt mit flexibler Taktik, wird zudem demontiert durch politische Launenhaftigkeit, populäres Moralisieren und viel Dilettantismus im Verfahren. Es ist höchste Zeit, dagegen den ersten Kanzler selbst ins Feld zu führen und ihn der Bundesrepublik als ihr inneres Leitbild in das Gedächtnis zurückzurufen. Adenauer verstand seine Politik, wie er dem ersten Parteitag in Goslar darlegte, vor allem als Antwort auf die Frage, »ob das deutsche Volk in diesem Weltgeschehen noch eine Aufgabe zu erfüllen habe oder ob es in dumpfer und müder Resignation und Stumpfheit tatenlos eine neue und noch furchtbarere Katastrophe über sich und die Menschheit hereinbrechen lassen solle«. Unserem Volk ist nach dem Kriege die Chance und die Pflicht zugleich geblieben, sich für die Freiheit zu entscheiden, dafür zu stehen, daß Freiheit möglich bleibe. Es blieb jedoch zugleich der Gefahr ausgesetzt, von einem Totalitarismus in den anderen zu geraten. Vor diese Entscheidung hat die Geschichte uns gestellt. In ihr stehen wir heute noch, und wir können uns nicht aus ihr wegstehlen über Friedensnobelpreise und Entspannungsgerede, hinter deren Schleiern die Sowjets das militärpolitische Schachmatt der freien Welt vorbereiten. Unsere Sicherheit muß nach wie vor den Vorrang vor dem auf abschätzbare Zeit nicht Erreichbaren haben: die Sicherheit und was wir an Rechtspositionen zu wahren haben. Nur in diesem Rahmen ist Ostpolitik für uns und für unsere Verbündeten möglich. Solange die Sowjetunion Europa den Frieden verweigert, müssen wir in den Spannungen leben, die sich daraus zwangsläufig ergeben. Für irgendwelche Transformationsträume, die mit dem Entspannungsgerede verbunden werden, ist da kein Platz. Europa gruppiert sich um die ureuropäische Idee der liberalen – nicht der mit Sozialismus erfüllten, der sozialistischen Demokratie. Die Spaltung des deutschen Volkes, die Zerschlagung Deutschlands, wie es als unser aller Vaterland und Nation gewachsen ist, kann nicht einem pluralsozialistischen Transformationsprozeß anheimgegeben werden. Allen offiziellen und intellektuellen Verdrängungen zum Trotz hat sich vielmehr die Vorstellung einer deutschen Nation auf deren Freiheit hin erhalten. Sie lebt nicht als offensives und schon gar nicht als aggressives politisches Konzept fort, sondern als historische Grundierung des Selbstbewußtseins unseres Volkes – als Hoffnung, die sich auf Pflicht und Verantwortung unserer Geschichte gegenüber und auf das, was Adenauer in ihr festmachte, stützt.

Konrad Adenauer war durchdrungen von der Idee des Friedens. Sein außenpolitisches Konzept – das wird deutlich vor allem, wo man es mit den Ratschlägen vergleicht, die seine innenpolitischen Gegner ihm gaben – war geprägt von dem Wunsch, Deutschlands existentielle Ziele mit Augenmaß zu definieren und sie mit friedlichen Mitteln zu erreichen. Was heute verächtlich im Blick auf Konrad Adenauer »Kalter Krieg« genannt wird, war in Wirklichkeit die hohe staatsmännische Leistung, einen Konflikt, der auf einen unfriedlichen Austrag drängte, in einem behandelbaren Zustand der Spannung zu mäßigen. Den unpolitischen Weg, diesen Konflikt einfach zu ignorieren und den Verzicht auf Politik als Entspannung zu deklarieren, ist Adenauer nie gegangen. Wo Unfreiheit droht, ist Spannung das geringere Übel, solange sie politisch beherrschbar bleibt.

Diese Fragen galt es damals und diese Fragen gilt es heute zu beantworten. Das und nur das kann Inhalt einer deutschen Politik sein. Adenauer hat sie beantwortet – eindeutig und fest, kraftvoll und mit langem Atem, selbstbewußt und sich bescheidend. Heute, neun Jahre nach seinem Tod, ist die Frage wieder offen. Sie erneut – eindeutig und fest, kraftvoll und mit langem Atem, selbstbewußt und uns bescheidend, zu beantworten, das ist unser Erbe, das ist unser Auftrag, das Erbe und der Auftrag Konrad Adenauers, dessen wir in diesem Jahr nicht nur ihn ehrend gedenken.

Ich habe einleitend auf Adenauers ausgewogene Gesundheit hingewiesen, auf seine Normalität nach allen Seiten hin: kein Genie wie Napoleon, doch groß in seiner Weise. Napoleon war Genie in unwiederholbarer Einmaligkeit; darin bestand seine Größe, nicht in dem, was der Nachfolge wert wäre. Napoleon hatte keine Erben. Anders Konrad Adenauer! Seine Größe lag darin, daß er inmitten eines zutiefst kranken, aus allen Normen gerissenen Volkes gesund und normal geblieben war: in sich ruhend, ausgeglichen, von jeder Exaltation so weit entfernt wie von jeder Resignation: vernünftig und, obwohl auf der Hut vor den Menschen, wie sie nun einmal sind, obwohl menschenerfahren und menschenkundig, doch von warmer Menschlichkeit, im Grunde menschenfreundlich gestimmt und menschenfreundlich gesonnen. Er war das beispielhaft, was die Deutschen nach ihrer bösesten Katastrophe noch sein konnten, was sie fürs erste auch allein sein wollten.

Adenauer brauchte keine Vergangenheit zu bewältigen; er ist auch nie selbst durch Verfolgung oder innere Emigration überwältigt worden. Sein Verhältnis zu Geschichte und Staat wies nicht jene Brüchigkeit auf, die heute noch für viele Deutsche charakteristisch ist. Er hat auf dem Boden seines Vaterlandes den dreimaligen Zusammenbruch einer politischen Ordnung und schließlich das Ende des Nationalstaats und den Untergang des im 19. Jahrhundert nationalistisch formierten Europas erlebt. Er hat sich den Blick für das »Davor« und für das »Danach« dieser im Bankrott abgeschlossenen Entwicklung bewahrt; vor allem das Bewußtsein für das Zeitbedingte, das der Zeit Verfallene und in der Zeit Verfallende der Geschichte. Aus der Tatsache, daß historische und politische Formen zerbrochen waren, hat er nicht den Schluß gezogen, daß Geschichte und Politik für die Deutschen überhaupt zu Ende seien. Er wußte, wo eine

Macht niederbricht, rückt eine andere vor. Die Deutschen konnten nicht, wie sie es gerne gehabt hätten, aus der Geschichte entlassen werden oder sich gar wegstehlen, es sei denn, sie wären bereit gewesen, Europa dem sowjetischen Kommunismus preiszugeben und ein Anhängsel der von Sowjetrußland beherrschten sozialistischen Allerweltsnation zu werden.

Auch das Staats- und Demokratieverständnis Adenauers war nicht angekränkelt von der jedes vernünftige politische Handeln lähmenden Haltung des sich und alles ständig Infragestellens. Das Philosophieren über die Demokratie als Lebensform, als einen ständigen Prozeß, war ihm, wie jedes Ideologisieren, ein Greuel. Sein demokratisches Selbstbewußtsein war nicht angeschlagen und bedurfte nicht jener Übermoralisierung, die wohl geeignet sein mag, die aus der eigenen Geschichte mitgeschleppten Neurosen zu überspielen, das Gewissen zu betäuben, zum gewissenhaften Handeln, zum Regieren jedoch unfähig macht.

Demokratie war für ihn keine allumfassende Weltanschauung und erst recht kein Religionsersatz, auch keine Läuterungsordnung für ein totalitär verführtes und nun bußfertig gewordenes Volk. Weite Bereiche – das war für ihn selbstverständlich –, weite Bereiche des menschlichen Lebens, und nicht die unwichtigsten, können demokratischen Spielregeln gar nicht oder nur eingeschränkt unterworfen werden: alle Bereiche nicht, die auf personaler Entscheidung, auf seinshafter Autorität und auf sachlicher Kompetenz beruhen.

Aber gerade wenn wir uns die gesunde und kraftvolle Normalität Konrad Adenauers im Nachhinein vor Augen führen, drängt sich eine Frage auf: Wie kam es, daß, nicht lange nach seinem Tod, das Phänomen Adenauer seinen Glanz und seine Anziehungskraft zunächst verloren hat – als ob sich die ganze Ära in Dunst auflöse, kaum noch verstehbar, abgeschlossen der Geschichte anheimgegeben? Als ob mit ihm ein Grundbestand an Wertvorstellungen abgestorben sei, der ihn und seine Politik in einer letzten großen Anstrengung noch zwei Jahrzehnte lang getragen hatte. War das nur die Folge jener geschickten Meinungsmache, auf die ich schon hingewiesen habe? Oder war es mehr? War es auch anderes? Es ist gesagt worden, Adenauer habe die Tiefe und das Ausmaß der weltweiten Umwälzung, insbesondere die Verwüstungen und Zerstörungen in Deutschland, im deutschen Volk nicht richtig eingeschätzt – nicht katastrophal genug, aber auch nicht in ihrer möglichen Zukunftsträchtigkeit. Die Schäden und Auswüchse der Wohlstandsgesellschaft habe er wohl gesehen, aber die Leere an Ideen und Idealen, ihre Aufgebrauchtheit, die ganze Schrecklichkeit des Nihilismus, die eigentliche Todeskrankheit des Jahrhunderts, sei ihm verborgen geblieben.

Bei derlei Überlegungen mag einer davon ausgehen, Adenauer sei die Entwertung aller Werte entgangen, die sich im Grunde schon im 19. Jahrhundert vollzogen hatte; er habe kein Organ dafür gehabt, daß dieser Nihilismus, der unheimlichste aller Gäste, wie Nietzsche ihn nannte, vor allen Toren stehe, ja, vielerorts bereits sie überschritten habe. Doch mit solchen Überlegungen ist der Boden von Adenauers Wirklichkeit verlassen. Jeder, der Konrad Adenauer erlebt hat, weiß um die Erfahrung, daß es da einen innersten Kreis seiner Persönlichkeit gegeben hat, einen personalen Bezirk, den zu betreten er jedem verwehrte. Sicher ist eines: Er ist der Welt nicht mit der Witterung und dem Gespür der Intellektuellen für die Beben unter der Erdrinde der menschlichen Seele begegnet. Sicher ist auch, daß er um die Greuel der Verwüstung wußte, daß er sich nicht an sie ausgeliefert hat und nicht mit leeren Händen von ihnen aufgebrochen ist. Konrad Adenauer war ein Zeit- und Weggenosse Theodor Haeckers; der hat, als die braune Unmenschlichkeit die Besatzungsmacht Deutschlands geworden war, den Machthabern dieser Unmenschlichkeit die anklagende Frage gestellt, was der Mensch sei; er hat dem »Du bist nichts, Dein Volk ist alles« das Bekenntnis zur einmaligen, gottverliehenen Würde des Menschen entgegengestellt, als Anklage gegen ihre Unmenschlichkeit. Konrad Adenauer hat sich – wie Theodor Haecker – entschieden, was mitzunehmen sei aus den Greueln der Verwüstung: den Glauben an Gott und den Glauben an die Würde des Menschen.

Es scheint nun so zu sein, daß wir in den zurückliegenden Jahrzehnten etwas von dem verloren haben, was uns nach 1945 gemeinsam getragen und gehalten, was die Greuel der Verwüstung überdauert hatte: das Ethos, das aus tausend Jahren christlichen Glaubens erwachsen war. Die Religion des Kreuzes garantiert die Freiheit nicht, sie macht Freiheit allerdings auch nicht nur möglich; sie bewahrt die Kraft zur Freiheit selbst über böse Zeiten hinweg. Sie allein verheißt Hoffnung wider alles Hoffen und gewährt selbst dort noch Geborgenheit, wo sonst die Verzweiflung übermächtig würde. Das gehörte zu den Lebenserfahrungen Konrad Adenauers, zur Lebenserinnerung auch vieler seiner Mitstreiter.

Nach dem Krieg, in den Trümmern unserer Städte, im Zusammenbruch aller Ordnungen, wurde diese Kraft selbst von jenen noch dankbar angenommen, die nicht mehr gläubig waren. Wer von uns, der diese Zeit miterlebt hat, erinnert sich nicht an die Offenheit für das Religiöse, die damals in unserem Volk lebendig war. Es war eine seltsame Offenheit für Christlichkeit ganz allgemein, für eine Christlichkeit, die fast erlösend empfunden wurde. Ich übertreibe wohl kaum, wenn ich sage, daß Christlichkeit in diesem allgemeinen Sinne damals anstelle des zu Bruch gegangenen Nationalbewußtseins allein unsere Gemeinsamkeit im Volk getragen hat. Es gab kein allgemein verbindliches Wertsystem außer dem christlichen, und ohne die Wirklichkeit dieser Werte wäre es vermutlich nicht gelungen, das geistige Chaos im Lande zu stabilisieren. Heute im Nachhinein und von der hohen Warte der Satten und Übersatten aus wird diese »Re-christianisierung« – wenn ich sie einmal so nennen darf – leichthin als Restauration, als Rückfall und als

Hemmnis dargestellt. Heute meinen viele, wir hätten eine neue Freiheit gewonnen und werten dies als bedeutsamen Fortschritt. Welche neuen moralischen Kräfte diese neuen Freiheiten tragen sollen, davon ist nicht die Rede.

Konrad Adenauer hatte seine eigene Sensibilität – nicht für die Witterungen der Intellektuellen, aber für die Seele des Volkes; und er hatte den Glauben an die sittlichen Kräfte in unserem Volk, die sich in einer über tausendjährigen christlichen Geschichte entwickelt hatten; er hatte sich diesen Glauben über alle Verwüstungen hinweg bewahrt.

Konrad Adenauer hat in seiner Zeit, deren Brüchigkeit er wohl empfunden, die ihn geängstigt und zu rastloser Tätigkeit getrieben hat, nicht über diese Brüchigkeit meditiert. Er war nicht zum Seher über dem Abgrund berufen. Er hat in dieser Zeit fest in seinem Glauben an die Zukunft, das Kreuz still über sich schlagend, gearbeitet und gewirkt.

Adenauer kannte das doppelte Spannungsfeld, in welches das Kreuz den Menschen in der Welt und in der Politik stellt: das Spannungsfeld der Freiheit – des Freiseins von der Welt und des Freiseins für die Welt, und das Spannungsfeld der Politik zwischen dem Gebotenen und dem Möglichen. Er wußte, daß die Entwertung aller Werte vom 19. Jahrhundert her über die Weimarer Republik zur Katastrophe von 1933 bis 1945 geführt hat. Er wußte auch, wie brüchig viele Formen und Formeln des Überkommenen waren, daß hinter den Fassaden des Christlichen und Humanitären und des gesellschaftlichen Moralisierens viel oberflächliche Gedankenlosigkeit versteckt blieb, weil man dem Schrecklichen der Vergangenheit, der eigenen Schrecklichkeit nicht ins Auge zu sehen vermochte. Das schreckte ihn nicht. Adenauer wußte auch, daß die zwölf Jahre nationalsozialistischer Gewaltherrschaft mit den sechs Jahren menschenmörderischen Krieges nur eine Zeit gewesen ist und nicht, wie viele damals unwillkürlich annahmen, das Jüngste Gericht. Er wertete das deutsche Volk dieser zwölf Jahre, aber auch der Jahre zuvor als ein Volk von Verführten und Verführern. Was ihn bestimmte, war seine Hoffnung und sein Vertrauen für die Zukunft. Adenauers Glaube an die Menschen hatte zwar alles Überschwengliche abgetan, aber er war auch nicht überschwenglich ins Gegenteil verkehrt. Er hat sich seinen Glauben und sein Vertrauen an den Durchschnittsmenschen bewahrt. Er war deswegen groß als Mensch, weil er in exemplarischer Weise war, was im Grunde in seinem Bereich jeder nach diesen Greueln der Verwüstung sein sollte und sein konnte.

Ich muß hier noch einmal wiederholen, was Adenauer über sich selbst gesagt hat: Ich bin nur Durchschnitt – das heißt, was jeder auch in seinem Leben zu entwickeln vermag: Fleiß, Ausdauer, Geduld, Arbeit und Zuverlässigkeit. Mit einem Wort gesagt: Adenauers Größe ist die Größe des Demokraten. Er spiegelte nicht nur wider, er repräsentierte beispielhaft, daß und wie Demokratie in seiner Zeit möglich war. Deswegen war Konrad Adenauers Wirken historisch und nicht nur öffentlich. Deswegen ist er auch in seiner vollen Autorität immer ein Mann des Volkes geblieben und nie das Idol des Publikums geworden. Er war der Mann, der in seiner Zeit nach der Erfahrung dreier Zusammenbrüche den rechten Weg gewiesen und seine Pflicht getan hat. An ihm scheiden sich, nochmals sei es gesagt, die Geister in der Politik. Auf welcher Seite die Christlichen Demokraten stehen, kann keine Frage sein. Doch scheint mir, sie müßten nach einigen Jahren modischer Unsicherheiten wieder kraftvoller, selbstbewußter, mutiger und geduldiger in seine und seiner Mitstreiter Fußstapfen treten und wie sie ihre Pflicht tun.

EUGEN GERSTENMAIER
AUSWAHLBIBLIOGRAPHIE

Zusammengestellt in der Bibliothek
des Deutschen Bundestages

Übersicht

1. Reden als Parlamentspräsident
2. Würdigungen und Gedenkreden
3. Staatsordnung und Gesellschaftsbild
4. Außenpolitik
5. Europäische Einigung
6. Wiedervereinigung Deutschlands
7. Deutsches Nationalbewußtsein
8. Widerstand
9. Deutsche und Juden
10. Kirche und Politik
11. Diakonie und Sozialpolitik
12. Bildung und Kultur
13. Naturschutz
14. Afrika
15. Zeitgeschichte

1. REDEN ALS PARLAMENTSPRÄSIDENT

1954

WÜRDE UND BEDEUTUNG DES PARLAMENTS. Verantwortungsvolle Arbeit f. d. Leben u. d. Staatsgestaltung d. Nation. Rede an d. Abgeordneten d. Deutschen Bundestages am 16. 11. 1954. – In: Verhandlungen des Deutschen Bundestages, 2. Wahlperiode, 55. Sitz., Sten. Ber. S. 2698 C-2700 A.

1955

APPELL AN DIE SITTLICHEN GRUNDRECHTE DER VÖLKER. Ansprache zur Berliner Tagung des Bundestages am 19. 10. 1955. – In: Verhandlungen des Deutschen Bundestages, 2. Wahlperiode, 106. Sitz., Sten. Ber. S. 5808 C-5809 B.

DER DRITTE BUNDESTAG. Zum Wahlgesetz und zur Gestalt des künftigen Parlaments. – In: Der Wähler. Hrsg. von der Deutschen Wählergesellschaft. Frankfurt/M. 1955. Jg. 5. Vol. 11, S. 495-497.

JAHR DER ARBEIT UND DER MÜHE. Über die Leistungen des Bundestages. 16. 12. 55. – In: Verhandlungen des Deutschen Bundestages, 2. Wahlperiode, 121. Sitz., Sten. Ber. S. 6483.

WILLKOMMENSGRUSS DES DEUTSCHEN BUNDESTAGES AN DIE HEIMKEHRER. 12. 10. 1955. – In: Verhandlungen des Deutschen Bundestages, 2. Wahlperiode, 105. Sitz., Sten. Ber. S. 5777.

1956

REDE ZUR BEENDIGUNG DER ENTNAZIFIZIERUNG. 40. Sitzung des 1. Deutschen Bundestages, Bonn, 23. 2. 1950. – In: Verhandlungen des Deutschen Bundestages, 1. Wahlperiode, 40. Sitz., Sten. Ber. S. 1333 C-1336 A.

ZUR ERLANGUNG DER SOUVERÄNITÄT FÜR DIE BUNDESREPUBLIK. Rede im 2. Deutschen Bundestag, 5. 5. 1955. – In: Verhandlungen des Deutschen Bundestages, 2. Wahlperiode, 80. Sitz., Sten. Ber. S. 4416 A.

1957

DER BUNDESTAG – STIMME FÜR DIE GANZE NATION. Zur parlamentarischen Situation nach der Wahl. – In: Bulletin des Presse- und Informationsamtes der Bundesregierung. Bonn 1957. Nr. 175, S. 1617-1618.

IN DIESEN VIER JAHREN HABEN WIR EINIGES GETAN! Ein besinnliches Wort auf der letzten Arbeitssitzung des Parlaments. 29. 8. 57. – In: Verhandlungen des Deutschen Bundestages, 2. Wahlperiode, 227. Sitz., Sten. Ber. S. 13530 D-13532 D.

REDE ZUR AMTSÜBERNAHME. Vor d. Plenum des Deutschen Bundestages in Berlin, 15. 10. 1957. – In:Verhandlungen des Deutschen Bundestages, 3. Wahlperiode, 1. Sitz., Sten. Ber. S. 6 A-10 C.

1958

Eine brutale Missachtung des menschlichen Rechtes. Was in Ungarn geschah. (32. Sitzg. d. 3. Bundestages am 19. 6. 58.) – In: Verhandlungen des Deutschen Bundestages, 3. Wahlperiode, 32. Sitz., Sten. Ber. S. 1771 C-1772 C.

Neuordnung des Diätenwesens des Bundestages. Ausführungen in der 23. Plenarsitzg. d. Deutschen Bundestages am 18. 4. 1958. – In: Verhandlungen des Deutschen Bundestages, 3. Wahlperiode, 23. Sitz., Sten. Ber. S. 1244 C-1252 A.

Die politische Auseinandersetzung gehört ins Parlament. Ausführungen im Süddeutschen Rundfunk am 27. 3. 1958. – In: Bulletin des Presse- und Informationsamtes der Bundesregierung. Bonn. 1958. Nr. 61. S. 589-590.

1959

Bekundung der Solidarität mit den Berlinern. Zur Einberufung der Bundesversammlung. – In: Bulletin des Presse- und Informationsamtes der Bundesregierung. Bonn. 1959. Nr. 110. S. 1111.

Der neue Bundespräsident feierlich vereidigt. Der Staatsakt im Bundeshaus. [Mit Reden von Eugen Gerstenmaier u. a.] – In: Verhandlungen des Deutschen Bundestages, 3. Wahlperiode, 80. Sitz., Sten. Ber. S. 4371 A-4376 A.

Rede anlässlich des Staatsaktes zum zehnjährigen Bestehen der Bundesrepublik. Vor d. Plenum d. Dt. Bundestages, Bonn, 15. 9. 59. – In: Verhandlungen des Deutschen Bundestages, 3. Wahlperiode, 80. Sitz., Sten. Ber. S. 4371 A-4376 A.

Rede vor der Bundesversammlung in Berlin. 1. 7. 1959. – In: Verhandlungen des Deutschen Bundestages, 3. Wahlperiode, Sten. Ber. S. 3 A-4 D (Bd. 44).

Rede zum 150jährigen Bestehen des Berlinr Stadtparlamentes. [Maschinenschr. vervielf.] Bonn 1959. 4 S.

1960

Die Wandlung des deutschen Parlamentarismus. – In: Staatszeitung. Staatsanzeiger für Rheinland-Pfalz. Koblenz. Jg. 11. 1960. Nr. 11. S. 5.

1961

DIE SCHLUSSREDE DES BUNDESTAGSPRÄSIDENTEN. 166. Sitzung des Bundestages am 30. 6. 1961. – In: Verhandlungen des Deutschen Bundestages, 3. Wahlperiode, 166. Sitz., Sten. Ber. S. 9762 C-9766 C.

1963

BERLINER REICHSTAG WIEDER HAUS DER VOLKSVERTRETUNG. – In: Das Parlament. Hamburg. Jg. 13. 1963. Nr. 47, v. 20. 11. 63. S. 1.

RECHT UND FREIHEIT FÜR GANZ DEUTSCHLAND. Begrüßungsansprache des Bundestagspräsidenten [für Präsident Kennedy] in der Paulskirche. – In: Bulletin des Presse- u. Informationsamtes der Bundesregierung. Bonn. 1963. Nr. 109. S. 973-974.

1964

BERATUNG ÜBER DIE DIÄTENERHÖHUNG. – In: Verhandlungen des Deutschen Bundestages, 4. Wahlperiode, 112. und 113. Sitz., S. 5156 B-5162 D, S. 5168 B-5169 C.

BRAUCHEN WIR EINEN BESSEREN BUNDESTAG? »Spiegel«-Gespräch. – In: Der Spiegel. Hamburg. Jg. 18. 1964. Nr. 38, v. 16. 9. 64. S. 28-43.

DIÄTENGESETZ 1964. – In: Bulletin des Presse- und Informationsamtes der Bundesregierung. Bonn. 1964. Nr. 28. S. 243-247.

DAS WESEN DER PARLAMENTARISCHEN DEMOKRATIE. Vortrag, geh. am 10. Nov. 1964 vor der »Neuen Gesellschaft« in Bielefeld. [Maschinenschr.] o. O. 1964. 17 Bl.

1965

AM VORABEND DER WAHL. Ansprache über Funk und Fernsehen. – In: Bulletin des Presse- und Informationsamtes der Bundesregierung. Bonn. 1965. Nr. 155. S. 1250.

DEMOKRATIE UND PARLAMENT. Probleme einer Parlamentsreform. Außenpolitische Ultima ratio sind nicht mehr Kanonen sondern eine harte Währung. – In: Bulletin des Presse- und Informationsamtes der Bundesregierung. Bonn. 1965. Nr. 130. S. 1049-1050.

EINE ERFOLGREICHE LEGISLATURPERIODE. Der 4. Deutsche Bundestag verabschiedete 428 Gesetze. Sitzungen des Bundestages in Berlin »eine schlichte Pflicht«. – In: Verhandlungen des Deutschen Bundestages, 4. Wahlperiode, 196. Sitz., S. 10031 C-10037 C.

FÜR DAS WOHL DES GANZEN VOLKES. Zur konstitutierenden Sitzung des 5. Deutschen Bundestages. – In: Verhandlungen des Deutschen Bundestages, 5 Wahlperiode, 1. Sitz., Sten. Ber. S. 2 B-4 C.

EIN PARLAMENT FÜR DAS GANZE DEUTSCHE VOLK. Das Recht d. Deutschen Bundestages, in Berlin zu tagen, ist unantastbar. Zur Eröffnung der Plenarsitzung. – In: Verhandlungen des Deutschen Bundestages, 4. Wahlperiode, 178. Sitz., S. 8945 A-8946 A.
SITZUNG DES BUNDESTAGS IN BERLIN. Zur Entwicklung in Nahost, eine unfruchtbare Alternative. – In: Bulletin des Presse- und Informationsamtes der Bundesregierung. Bonn. 1965. Nr. 48. S. 381-382.
ZUR »GEWALTENTEILUNG«. In der 166. Sitzung d. Deutschen Bundestages, 19. 2. 65. – In: Verhandlungen des Deutschen Bundestages, 4. Wahlperiode, 166. Sitz., Sten. Ber. S. 8297 C-8300 B, 8304 A-D.

1966

ÖFFENTLICHE MEINUNG UND PARLAMENTARISCHE ENTSCHEIDUNG. – In: Die moderne Demokratie und ihr Recht. Festschrift für Gerhard Leibholz zum 65. Geburtstag. Hrsg. von Karl Dietrich Bracher u. a. Bd. 1-2. Tübingen: Mohr 1966. S. 123-134.

1968

DIE NORMATIVE KRAFT DER PROKLAMIERTEN MENSCHENRECHTE. Erklärung zum Jahr der Menschenrechte, 11. 12. 1968. – In: Verhandlungen des Deutschen Bundestages, 5. Wahlperiode, 204. Sitz., S. 11023 C-11025 B.

2. WÜRDIGUNGEN UND GEDENKREDEN

ABSCHIED VON ERICH OLLENHAUER. Dank der deutschen Nation an ihren getreuen Sohn. Rede am 19. 12. 1963. – In: Bulletin des Presse- und Informationsamtes der Bundesregierung. Bonn. 1963. Nr. 225. S. 2005-2006.
ABSCHIED VON FRITZ ERLER. Gedenkreden in der Trauerfeier des Deutschen Bundestages. Von Eugen Gerstenmaier u. Helmut Schmidt. – In: Bulletin des Presse- und Informationsamtes der Bundesregierung. Bonn. 1967. Nr. 21. S. 165-166, 169-170.
ABSCHIED VON KONRAD ADENAUER. – In: Bulletin des Presse- und Informationsamtes der Bundesregierung. Bonn. 1967. Nr. 43. S. 357-362. [Mit Beitr. von Eugen Gerstenmaier u. a.]
ABSCHIED VON PAUL LÖBE. Trauerfeier am 9. Aug. 1967 im Schöneberger Rathaus in Berlin. – In: Bulletin des Presse- und Informationsamtes der Bundesregierung. Bonn. 1967. Nr. 85. S. 729-732. [Mit Beitr. von Eugen Gerstenmaier u. a.]
KONRAD ADENAUER: Eine Epoche deutscher Geschichte. Ms. Paul Wilhelm Wenger. Mit Originalbeiträgen von Konrad Adenauer, Charles de

Gaulle, John F. Kennedy u. Eugen Gerstenmaier. Freiburg i. Br.: Harmonia Mundi 1963. ∅ 30 cm, 33 UpM. 16 S. Text mit Abb.
KONRAD ADENAUER. Eine Würdigung zum 85. Geburtstag. – In: Staatsanzeiger für Baden-Württemberg. Stuttgart. Jg. 10. 1961. Nr. 2. S. 1.
KONRAD ADENAUER. Grußworte und Glückwünsche d. Deutschen Bundestages, 12. 1. 1956. – In: Eugen Gerstenmaier. Reden und Aufsätze. Bd. 1. Stuttgart: Evang. Verlagswerk 1956. S. 394-401.
KONRAD ADENAUER. Ehrung und Gedenken. Stuttgart: Seewald 1967. 63 S.
ADENAUER UND DIE MACHT. – In: Konrad Adenauer und seine Zeit. Politik und Persönlichkeit des ersten Bundeskanzlers. Beiträge von Weg- und Zeitgenossen. Hrsg. von Dieter Blumenwitz [u. a.] Stuttgart: Deutsche Verlagsanstalt 1976. S. 29-44.
KONRAD ADENAUERS VIERZEHN JAHRE. Mit Beitr. von Dean Acheson, Willy Brandt, Lucius D. Clay, Eugen Gerstenmaier, Harold Macmillan, Andrej Smirnov u. a. – In: Der Spiegel. Hamburg. 1963. Nr. 41, v. 9. 10. 63.
ÄRA ADENAUER. Der Präsident des Deutschen Bundestags zum 85. Geburtstag des Bundeskanzlers. – In: Bulletin des Presse- und Informationsamtes der Bundesregierung. Bonn. 1961. Nr. 5. S. 41-42.
ARNDT – AHNHERR DES DEUTSCHGLAUBENS? Prinzipien neuheidnischer Geschichtsschreibung. – In: Zeitwende. Berlin. Jg. 12. 1936. S. 145-158. [Über Ernst Moritz Arndt.]
EIN BISCHOF DER DEUTSCHEN. Fester Pol im Sturm der Zeit. – In: Christ und Welt. Stuttgart. Jg. 6. 1953. Nr. 6, v. 5. 2. 53. S. 1. [Über Theophil Wurm.]
DER BUNDESTAG GEDACHTE JOHN F. KENNEDYS. Ehrender Nachruf. Gedenkrede am 4. 12. 1963. – In: Bulletin des Presse- und Informationsamtes der Bundesregierung. Bonn. 1963. Nr. 214. S. 1897-1898.
DANK DES BUNDESTAGES AN DIE BISHERIGE BUNDESREGIRUNG. Würdigung der Verdienste von Professor Ludwig Erhard. Dank an Professor Carlo Schmid. – In: Bulletin des Presse- und Informationsamtes der Bundesregierung. Bonn. 1966. Nr. 153. S. 1231-1232.
DANK FÜR EIN FEST. – In: Zeitbühne. München. Jg. 3. 1974. H. 8. S. 10-22. [Mit Beitr. von Eugen Gerstenmaier u. a.]
THOMAS DEHLER. – In: Bulletin des Presse- und Informationsamtes der Bundesregierung. Bonn. 1967. Nr. 79. S. 677-679.
PATER ALFRED DELP S. J. Gedenkrede am 20. Jahrestag seiner Hinrichtung. Bonn 1965: Köllen. 15 S.
WOLFGANG DÖRING IN MEMORIAM. 11. 11. 1919–17. 1. 1963. Düsseldorf 1963. 25 gez. S. (Umschlagt.). [Mit Beitr. von Eugen Gerstenmaier u. a.]
HERMANN EHLERS. Präsident des Deutschen Bundestages vom 19. Oktober 1950–29. Oktober 1954. Zum Gedächtnis. Bonn: Deutscher Bundestag 1954. 66 S. [Mit Beitr. von Eugen Gerstenmaier u. a.]
HERMANN EHLERS. Rede im Sender Freies Berlin, 29. 10. 1955. – In:

Eugen Gerstenmaier. Reden und Aufsätze. Bd. 1. Stuttgart: Evang. Verlagswerk 1956. S. 386-389.
EHRUNG DES BUNDESKANZLERS DURCH DEN BUNDESTAG. Ansprache am 12. 1. 1956. – In: Bulletin des Presse- und Informationsamtes der Bundesregierung. Bonn. 1956. Nr. 10. S. 77-78.
EHRUNG VON BUNDESKANZLER ADENAUER DURCH DEN BUNDESTAG. Dank-Ansprache des Präsidenten am 15. 10. 1963. – In: Bulletin des Presse- und Informationsamtes der Bundesregierung. Bonn. 1963. Nr. 183. S. 1597-1600.
GEDENKREDE AUF HEINRICH VON BRENTANO. Am 17. Nov. 1964 im Deutschen Bundestag. – In: Europäische Hefte. Luxemburg. 1965. Nr. 1. S. 6-18.
GEDENKWORTE FÜR THEODOR HEUSS UND ERICH OLLENHAUER. Der Deutsche Bundestag ehrte 2 Männer, die ihm besonders nahestanden. – In: Bulletin des Presse- und Informationsamtes der Bundesregierung. Bonn. 1964. Nr. 4. S. 33-34.
EINER DER GETREUESTEN SÖHNE DES DEUTSCHEN VOLKES. Zum Tode von Robert Tillmanns. – In: Bulletin des Presse- und Informationsamtes der Bundesregierung. Bonn. 1955. Nr. 216. S. 1819.
HEINRICH GRÜBER. Ein Mann mit heißem Zorn, doch ohne Haß. – In: Christ und Welt. Stuttgart. Jg. 14. 1961. Nr. 25, v. 23. 6. 61. S. 3.
THEODOR HAUBACH ZUM GEDÄCHTNIS. Hrsg.: Walter Hammer. Frankfurt a. M.: Europäische Verlagsanstalt 1955. 84 S. [Mit Beitr. von Eugen Gerstenmaier u. a.]
DEM KANZLER DES DEUTSCHEN REICHES, FÜRST OTTO VON BISMARCK. Zum 150. Geburtstag. (1. 4. 1965) – In: Die Welt. Essen. 1965. Nr. 73, v. 27. 3. 65. Beil.: Das Forum der Welt.
... KRITISCHE DISTANZ ZUM EIGENEN POLITISCHEN TUN – In: Die Mitarbeit. Berlin-Grunewald. Jg. 11. 1962. 8. S. 349. [Über Erwin Gross.]
EIN LEBEN IM DIENSTE DER DEUTSCHEN DEMOKRATIE. – In: Der Tagesspiegel. Berlin. 1965. Nr. 6159, v. 14. 12. 65. [Über Paul Löbe.]
LEBENDIGE TRADITION. Paul Löbe zum 80. Geburtstag am 14. Dez. 1955. Hrsg. von Arno Scholz u. W. G. Oschilewski. Berlin: Arani-Verl. 1955. 145 S. [Mit Beitr. von Eugen Gerstenmaier u. a.]
DER LETZTE PURITANER. – In: Christ und Welt. Stuttgart. Jg. 5. 1952. Nr. 48, v. 27. 11. 52. S. 1. [Über John Foster Dulles.]
PAUL LÖBE. Zum 80. Geburtstag am 14. 12. 1955. – In: Eugen Gerstenmaier. Reden und Aufsätze. Bd. 1. Stuttgart: Evang. Verlagswerk 1956. S. 392-393.
MEIN LEHRER FRIEDRICH BRUNSTÄD. – In: Friedrich Brunstäd. Gesammelte Aufsätze und kleinere Schriften. Hrsg. von Eugen Gerstenmaier und Carl Gunther Schweitzer. Berlin: Luther. Verlagshaus 1957, S. 7-14.
HELMUTH VON MOLTKE. – In: Eugen Gerstenmaier. Reden und Aufsätze. Bd. 2. Stuttgart: Evang. Verlagswerk 1962. S. 231-237.

Graf Moltke und die Kreisauer. – In: Christ und Welt. Stuttgart. Jg. 10. 1957. Nr. 12, v. 21. 3. 57. S. 16.

Fridtjof Nansen. Rede vor d. Landesverband d. Europaunion, Bremen, 15. 2. 1956. – In: Eugen Gerstenmaier. Reden und Aufsätze. Bd. 1. Stuttgart: Evang. Verlagswerk 1956. S. 402-422.

Martin Niemöller. (Zum 70. Geburtstag.) – In: Die Zeit. Hamburg. Jg. 17. 1962. Nr. 2, v. 12. 1. 62. S. 2.

Reden auf Adenauer. Von Josef Frings, Eugen Gerstenmaier, Kurt Georg Kiesinger u. Heinrich Lübke. München usw.: Langen 1967. 73 S.

Respekt vor Paul Reynaud! Ein Mann gegen die Despotie des Parlaments. – In: Christ und Welt. Stuttgart. Jg. 6. 1953. Nr. 23, v. 4. 6. 53. S. 1.

Carlo Schmid. Aufgabe und Leistung. Zum 60. Geb. am 3. 12. 1956. Berlin-Grunewald: Arani Verl. 1956. 38 S. Bibliogr.: S. 33-38. = Köpfe der Zeit. [Mit Beitr. von Eugen Gerstenmaier u. a.]

Helmuth Schreiner. Gedenkreden von Eugen Gerstenmaier, Carl Heinz Ratschow, Werner Schütz. Münster: Aschendorff 1963. 43 S. = Schriften der Gesellschaft zur Förderung der Westfälischen Wilhelms-Univ. zu Münster. 53.

Staatsbegräbnis für Konrad Adenauer am 25. April 1967. o. O. 1967. 7 gez. Blätter 17 S. [Mit Beiträgen von Eugen Gerstenmaier u. a.]

Robert Tillmanns. – In: Christ und Welt. Stuttgart. Jg. 8. 1955. Nr. 46, v. 17. 11. 55. S. 2.

Ein treuer Diener Gottes. Zum 75. Geburtstag von Bischof Otto Dibelius. – In: Christ und Welt. Stuttgart. Jg. 8. 1955. Nr. 19, v. 12. 5. 55. S. 6.

Um das Vaterland verdient gemacht. Gedenkrede beim Staatsakt für Heinrich von Brentano. – In: Bulletin des Presse- und Informationsamtes der Bundesregierung. Bonn. 1964. Nr. 170. S. 1571-1573.

Dem Vizepräsidenten des Deutschen Bundestages Erwin Schoettle, Vorsitzender des Haushaltsausschusses. – In: Finanzwissenschaft und Finanzpolitik. Erwin Schoettle von Freunden und Kollegen gewidmet. Hrsg. von Friedrich Schäfer. Tübingen: Mohr 1964. S. 1-2.

Die Wahrheit nicht nur gewusst sondern auch getan. Gedenkrede für Alfred Delp. – In: Bulletin des Presse- und Informationsamtes der Bundesregierung. Bonn. 1965. Nr. 22. S. 171-173.

Die Welt in ihrem Denken zu verändern. Hans Asmussen zum 65. Geburtstag. – In: Christ und Welt. Stuttgart. Jg. 16. 1963. Nr. 33. S. 3-4.

Zum Tode von Heinrich von Brentano. Rede beim Staatsakt am 17. November 1964. [Maschinenschr.] Bonn 1964. 9 Bl.

Zum Tode von Papst Johannes xxiii. 4. 6. 63. – In: Christ und Welt. Stuttgart. Jg. 16. 1963. Nr. 23, S. 1.

3. STAATSORDNUNG UND GESELLSCHAFTSBILD

BERLINER HANDWERKSREDE. 30. 6. 1957. [Auszug] – In: Deutsches Handwerksblatt. Bonn. Jg. 9. 1957. Nr. 13. S. 195-199.
FREIHEIT UND AUTORITÄT IM STAATE. – In: Christ und Welt. Stuttgart. Jg. 9. 1956. Nr. 20, v. 17. 5. 56. S. 4.
DIE GEISTIGE SCHICHT IM MASSENSTAAT. Rede zur Einweihung des Eberhard-Ludwigs-Gymnasiums in Stuttgart. – In: Das geistige Kapital. Köln 1957. Jg. 3. H. 5. S. 65-78.
DAS GRÜNDUNGSETHOS DER CDU. Im strengen Dienst der Freiheit. Aus der Rede »Zehn Jahre Politik für Deutschland«. – In: Rheinischer Merkur. Köln, Koblenz. Jg. 11. 1956. Nr. 18, v. 4. 5. 65. Nr. 19, v. 11. 5. 56.
DAS GRUNDGESETZ. – In: Stuttgarter Zeitung. Stuttgart. Jg. 15. 1959. Nr. 116, v. 23. 5. 59. S. 1-2.
EINE GRUNDSÄTZLICHE BESINNUNG. (Über die Gründung der CDU.) – In: Civis. Marburg 1956. Jg. 2. Nr. 15. S. 138.
MASSE UND DEMOKRATIE. Rede im Rahmen der »Evangelischen Reihe« der Volkshochschule Stuttgart am 2. 3. 1959. – In: Eugen Gerstenmaier. Reden und Aufsätze. Bd. 2. Stuttgart: Evang. Verlagswerk 1962. S. 81-101.
»MEHR GUTES ALS SCHLECHTES«. Auf der Suche nach neuer Staatsordnung. – In: Christ und Welt. Stuttgart. Jg. 6. 1953. Nr. 5, v. 29. 1. 53. S. 1-2.
MIT SELBSTVERTRAUEN IN DIE ZUKUNFT. Bericht über den Mittelstandskongreß der CDU/CSU am 10. u. 11. Juni 1965 in Wiesbaden. Bonn: Bundesgeschäftsstelle der Christlich-Demokratischen Union Deutschlands 1965. 58 S.
DER PRIMAT DER POLITIK. Rede auf dem Wirtschaftstag 1967 der CDU/CSU zu Bonn am 26. Jan. 1967. Bonn 1967. 15 S.
RANG UND STAND IN DER MODERNEN MASSENWELT. Vortrag, gehalten auf dem 5. ordentlichen Verbandstag des DHV am 18. Juni 1960 in Saarbrücken. Hamburg-Harburg 1960: Lühmann. 15 S. = Schriftenreihe des DHV.
REDE. Gehalten auf dem 7. Bundesparteitag der Christlich-Demokratischen Union. Hamburg 1957. 16 Bl.
REDE IN: Ansprachen zur Amtseinführung des Präsidenten des Bundesverfassungsgerichts Dr. Gebhard Müller am 13. Februar 1959. Karlsruhe: Engelhard & Bauer 1959. S. 11-12.
REDLICHE LEISTUNG – BÜNDNISTREUE – MUT ZUR BESONNENHEIT. Der Freiheit dienen ist eine Pflicht. Der Bundestagspräsident vor den Heimkehrern am 14. 6. 1959 auf dem 3. Heimkehrer-Deutschland-Treffen in Köln. – In: Bulletin des Presse- und Informationsamtes der Bundesregierung, Bonn. 1959. Nr. 112. S. 1135-1136.

Sinn und Schicksal der Elite in der Gemeinschaft. Rede auf einer Tagung des Kulturkreises im Bundesverband der Deutschen Industrie in Trier am 9. Sept. 1958. – In: Eugen Gerstenmaier. Reden und Aufsätze. Bd. 2. Stuttgart: Evang. Verlagswerk 1962. S. 119-136.
Staatsordnung und Gesellschaftsbild. Rede auf dem 8. Bundesparteitag der CDU 1958 in Kiel. – In: Eugen Gerstenmaier. Reden und Aufsätze. Bd. 2. Stuttgart: Evang. Verlagswerk 1962. S. 137-162.
Was heisst heute konservativ? – In: Der Monat. Berlin. Jg. 14. 1962. H. 166. S. 27-30.
Wohlstand – und was sonst. – In: Civis. Zeitschrift für christlich-demokratische Politik. Bonn. Jg. 7. 1960. Nr. 65/66. S. 4-11.
10 [Zehn] Jahre Politik für Deutschland. Christlich-Demokratische Union Deutschlands, 6. Bundesparteitag in Stuttgart. Koblenz o. J. um 1956. 24 S.
10 [Zehn] Jahre Politik für Deutschland. Christlich-Demokratische Union Deutschlands. 6. Bundesparteitag in Stuttgart. o. O. 1956. 34 S.
Ziele nach der Wahl. Über d. Konsumdenken. – In: Christ und Welt. Stuttgart. Jg. 18. 1965. Nr. 38. S. 4.

4. AUSSENPOLITIK

Das Auslandsdeutschtum und wir. – In: Christ Unterwegs. München. Jg. 18. 1964. Nr. 5. S. 1-2.
Die Aussenpolitik hat den Vorrang. – In: Europa. Bad Reichenhall. Jg. 8, 1957. Juli. S. 4-5.
Deutsche Aussenpolitik. – In: Deutschlands Aufgabe. Stimmen evangelischer Politiker. Stuttgart: Evang. Verlagswerk 1953. S. 30-52.
Deutsche Kulturpolitik im Ausland. Ihre Aufgabe: Deutschland von innen verständlich zu machen . . . und den Völkern der Welt zu dienen. – In: Bulletin des Presse- und Informationsamtes der Bundesregierung. Bonn. 1958, Nr. 205, S. 2041. In Forts.
Deutschland – Frankreich: Beispiel einer Wandlung. Ansprache, 26. 10. 1964. – In: Bulletin des Presse- und Informationsamtes der Bundesregierung. Bonn. 1964. Nr. 161. S. 1487-1488.
Deutschland in der weltpolitischen Situation der Gegenwart. Antwort an die Herren Dr. Dehler und Dr. Heinemann. Rede vor d. Landesparteitag d. CDU Württembergs, Stuttgart 1958. Köln: Kölnische Verlagsdr. 1958. 31 S.
Die Entwicklung im Sowjetblock. Zu den Thesen George Kennans. – In: Bulletin des Presse- und Informationsamtes der Bundesregierung. Bonn. 1964. Nr. 50. S. 433-434.
Etikettenschwindel »Entspannung«. – In: Zeitbühne. München. Jg. 3. 1974. H. 4. S. 15-21.

EUROPA UND DAS SCHICKSAL DER BALTISCHEN VÖLKER. Rede auf dem Baltischen Gedenktag am 15. 6. 1954. – In: Bulletin des Presse- und Informationsamtes der Bundesregierung. Bonn. 1954. Nr. 151. S. 1349-1351.
LA FRANCE ET LE SENTIMENT NATIONAL EN ALLEMAGNE. – In: Allemagne. Paris. Année 17. 1964/65. No. 88-89. S. 1 u. 12-14.
FRANKREICH UND DAS DEUTSCHE NATIONALBEWUSSTSEIN. Vortrag am 21. Okt. 1964 in der Sorbonne in Paris. – In: Bulletin des Presse- und Informationsamtes der Bundesregierung. Bonn. 1964. Nr. 158. S. 1461-1462 u. S. 1465-1467; Nr. 161. S. 1487-1488.
GRUNDLAGEN DEUTSCHER AUSSENPOLITIK. Rede vor d. holländ. Gesellschaft f. Internat. Angelegenheiten im Haag, 6. 11. 1954. – In: Eugen Gerstenmaier. Reden und Aufsätze. Bd. 1. Stuttgart: Evang. Verlagswerk 1956. S. 343-355.
IN DIE WELTPOLITIK ZURÜCKGEKEHRT. – In: Bulletin des Presse- und Informationsamtes der Bundesregierung. Bonn. 1956. Nr. 1. S. 3-4.
DIE NATO-REFORM IM SICHERHEITSSYSTEM DER FREIEN WELT. Vortrag vor dem Centre d'Etudes de Politique Etrangère, 22. Okt. 1964, Paris. Hrsg. vom Presse- und Informationsamt der Bundesregierung. Bonn 1964: Bundesdr. 15 S.
NUR IN EINER FESTGEGRÜNDETEN VÖLKERGEMEINSCHAFT LIEGT DER FRIEDE. – In: Bulletin des Presse- und Informationsamtes der Bundesregierung. Bonn. Jg. 1966. Nr. 82. S. 645-646.
DER ORT DER ENTSCHEIDUNG. Der Stellv. Vors. d. Außenpolit. Ausschusses zur Ratifizierung des Vertragswerks. – In: Christ und Welt. Stuttgart. Jg. 5. 1952. Nr. 49, v. 4. 12. 52. S. 4.
OST-WEST-BEZIEHUNGEN. Der gegenwärtige Stand. Künftige Entwicklungen. Hrsg. v. Atlantik-Brücke e. V., Hamburg und American Council on Germany, Inc., New York. Freiburg i. Br.: Rombach 1960. 156 S. = Politik. = Deutsch-Amerikanisches Gespräch. [Mit Beitr. von Eugen Gerstenmaier u. a.]
DIE POLITISCHE WELTLAGE UND DEUTSCHLAND. Rede auf d. 5. Bundesparteitag der CDU in Köln, 29. 5. 1954. – In: Eugen Gerstenmaier. Reden und Aufsätze. Bd. 1. Stuttgart: Evang. Verlagswerk 1956. S. 293-308.
DIE REFORM DER ATLANTISCHEN ALLIANZ. – In: Wehrkunde. München. Jg. 13. 1964. H. 11. S. 561-566.
RÜCKKEHR DES BRITISH COUNCIL NACH DEUTSCHLAND. – In: Bulletin des Presse- und Informationsamtes der Bundesregierung. Bonn. 1959, 2. Nr. 204. S. 2075-2076.
DIE SAAR ALS BUNDESLAND IM GEMEINSAMEN EUROPA. – In: Bulletin des Presse- und Informationsamtes der Bundesregierung. Bonn. 1959. Nr. 52. S. 498-500.
TRIUMPH DER POLITISCHEN MORAL. Zur Rückkehr des Saarlandes. Ansprache am 10. 1. 1957. – In: Bulletin des Presse- und Informationsamtes der Bundesregierung. Bonn. 1957. Nr. 7. S. 61-62.

Wir leben ständig in der Gefahr der Erpressung. – In: Der Spiegel. Hamburg. Jg. 19. 1965. Nr. 12. S. 34-42.
Zur atomaren Bewaffnung. Vor d. Plenum d. Dt. Bundestages, Bonn, 10. 5. 57. – In: Eugen Gerstenmaier. Reden und Aufsätze. Bd. 2. Stuttgart: Evang. Verlagswerk 1962. S. 301-341.
Zur Methodik der Aussenpolitik. Rede vor dem Plenum des Deutschen Bundestages in Bonn am 25. 3. 1958. – In: Eugen Gerstenmaier. Reden und Aufsätze. Bd. 2. Stuttgart: Evang. Verlagswerk 1962. S. 342-389.

5. EUROPÄISCHE EINIGUNG

Die Angst der Kreatur. – In: Christ und Welt. Stuttgart. Jg. 5. 1952. Nr. 6, v. 7. 2. 52. S. 1-2.
Blick auf eine Bauruine. – In: Zeitbühne. München. Jg. 5. 1976. H. 5. S. 10-14. [Betr.: Europäische Gemeinschaft.]
Deutsche Grundfragen zur europäischen Integration. Rede beim Internationalen Ferienkurs, Universität Bonn, 5. 8. 1952. – In: Eugen Gerstenmaier. Reden und Aufsätze Bd. 1. Stuttgart: Evang. Verlagswerk 1956. S. 279-292.
Deutschland und Europa. Deutsche Grundfragen zur europäischen Vereinigung. – In: Zeitwende. Stuttgart. Jg. 24. 1953. H. 3. S. 205-213.
Europa muss John F. Kennedy antworten. Das große Werk der europäischen Einigung muß fortgesetzt werden. Ansprache. – In: Bulletin des Presse- und Informationsamtes der Bundesregierung. Bonn. 1964. Nr. 171. S. 1581-1582.
Europäische Fraktionen und Parteien. – In: Evangelische Welt. Bethel. 1954. Nr. 14, v. 15. 7. 54. S. 402-404.
Europas Staatsordnung erhielt ein neues Gesicht. Rückblick auf 10 Jahre. Worte zum Gründungstage des Europarats. – In: Das Parlament. Hamburg. Jg. 9. 1959. Nr. 18, v. 29. 4. 59. S. 1.
Europas Umrisse treten aus dem Nebel. Die erste Europaverfassung. – In: Christ und Welt. Stuttgart. Jg. 6. 1953. Nr. 12, v. 19. 3. 53. S. 5.
Integration und Neutralität. Die Europäische Wirtschaftsgemeinschaft eine neue geschichtliche Realität. – In: Bulletin des Presse- und Informationsamtes der Bundesregierung. Bonn. 1962. Nr. 112. S. 969-973.
Keine Dramatisierung – keine Resignation. Die Bilanz von Straßburg. – In: Christ und Welt. Stuttgart. Jg. 4. 1951. Nr. 51, v. 20. 12. 51. S. 7.
Résistez! Rede vor d. Beratenden Versamml. d. Europarates, Straßburg, 17. 9. 1954. – In: Eugen Gerstenmaier. Reden und Aufsätze. Bd. 1. Stuttgart: Evang. Verlagswerk 1956. S. 309-325.

Die Saarfrage im Europarat. – In: Christ und Welt. Stuttgart. Jg. 7. 1954. Nr. 13, v. 1. 4. 54. S. 3-4.
Vom Kleineren zum Grösseren fortschreiten! Die Bedeutung der ersten Europaverfassung. – Ausblick auf die Schaffung der Europäischen Gemeinschaft. – In: Bulletin des Presse- und Informationsamtes der Bundesregierung. Bonn. 1953. Nr. 60. S. 505-506.
Was wird aus Europa? – In: Christ und Welt, Stuttgart. Jg. 4. 1951. Nr. 30 und 31, 26. 7. und 2. 8. 1951.

6. WIEDERVEREINIGUNG DEUTSCHLANDS

An der Mauer rütteln so lange bis sie fällt. – In: Bulletin des Presse- u. Informationsamtes der Bundesregierung. Bonn. 1963. Nr. 144. S. 1265-1266.
Die Antwort. – In: Civis. Bonn. Jg. 4. 1958. Nr. 38. S. 187-194. [Über: Thomas Dehler, Gustav Heinemann.]
Damit Deutschland auf die Tagesordnung komme. – In: Das Parlament. Hamburg. Jg. 8. 1958. Nr. 13/14, v. 2. 4. 58. S. 11-14.
Die deutsche Frage und die Westmächte. – In: Bulletin des Presse- und Informationsamtes der Bundesregierung. Bonn. 1964. Nr. 189. S. 1739-1740.
Deutsche Nation heute. Ein Bericht zum 17. Juni. – In: Menschenwürde und freiheitliche Rechtsordnung. Festschrift für Willi Geiger zum 65. Geburtstag. Hrsg. von Gerhard Leibholz, Hans Joachim Faller [u. a.] Tübingen: Mohr 1974. S. 415-425.
Die Deutschlandfrage und die Friedenssicherung. Ein Friedensschluß mit dem vereinten Deutschland wäre auch für den Osten vorteilhaft. – In: Bulletin des Presse- und Informationsamtes der Bundesregierung. Bonn. 1966. Nr. 80. S. 631-632.
Festigung des Friedens – Befestigung der Teilung? – In: Bulletin des Presse- u. Informationsamtes der Bundesregierung. Bonn. 1963. Nr. 157. S. 1369-1370.
Für das Grundrecht der Selbstbestimmung. Appell des Deutschen Bundestages an die Welt. – In: Bulletin des Presse- und Informationsamtes der Bundesregierung. Bonn. 1961. Nr. 119. S. 1145-1147.
Gemeinsame Aussenpolitik in der Frage der Wiedervereinigung. Die einmütige Haltung des Bundestages. Politik nur die Kunst des Möglichen. – In: Bulletin des Presse- und Informationsamtes der Bundesregierung. Bonn. 1958. Nr. 183. S. 1823-1824.
Ja zur Wiederherstellung des Deutschen Reiches. Aber die Vorstellungen über die Ziele und Aufgaben Deutschlands haben sich gewandelt. – In: Bulletin des Presse- und Informationsamtes der Bundesregierung. Bonn. 1965. Nr. 11. S. 83-84.

In freier Selbstbestimmung? – In: Monat. Hamburg. J. 22. 1970. H. 262. S. 27-56. [Mit Beitr. von Eugen Gerstenmaier u. a.]

Für Freiheit, Recht und Einheit. Rede anläßlich einer Feierstunde zum 17. Juni in Stuttgart. – In: Bulletin des Presse- und Informationsamtes der Bundesregierung. Bonn. 1965. Nr. 105. S. 841-842.

Kein dauerhafter Friede ohne Wiederherstellung der Einheit. – In: Bulletin des Presse- und Informationsamtes der Bundesregierung. Bonn. 1955. Nr. 110. S. 914-915.

Die Menschenrechte und die SBZ. Zum »Jahr der Menschenrechte« hrsg. vom Mitteldeutschen Kulturrat e. V. Bonn 1965. 128 S. [Mit Beiträgen von Eugen Gerstenmaier u. a.]

Reden zum 17. Juni. – In: Unteilbares Deutschland. Berlin, Bonn. 1960, 4. S. 6-10. [Mit Beitr. von Eugen Gerstenmaier u. a.]

Einen Schritt weiter zur Wiedervereinigung. »Tag der deutschen Einheit« – Tag aller Deutschen. – In: Das Parlament. Hamburg. Jg. 5. 1955. Nr. 25, v. 22. 6. 55. S. 9.

Sicherheit und was sonst? Die deutsche Frage ist nicht allein ein Nationalproblem der Deutschen, ... – In: Bulletin des Presse- und Informationsamtes der Bundesregierung. Bonn. 1966. Nr. 95. S. 759-760.

Der 17. (siebzehnte) Juni vor zwanzig Jahren. Deutschland – nur noch eine Kulturnation? Der Aufstand richtete sich vor allem gegen das kommunistische System. – In: Deutsche Zeitung. Bielefeld. Nr. 25, vom 22. 6. 1973.

Der Tag kommt doch! Rede in der Feierstunde anläßlich d. »Tages der deutschen Einheit« am 17. 6. 1956 im Plenarsaal des Bundeshauses. Bonn: Bundeszentrale für Heimatdienst 1956. 16 S. = Schriftenreihe der Bundeszentrale für Heimatdienst. H. 23.

Wer Europas Einheit will, muss Deutschlands Einheit erst recht wollen. Zum 17. Juni 1953. – In: Bulletin des Presse- und Informationsamtes der Bundesregierung, Bonn. 1956. Nr. 110. S. 1077-1078.

Zum Tage der deutschen Einheit. Rede. – In: Aus Politik und Zeitgeschichte. Bonn 1956. B 26. S. 393-396.

7. DEUTSCHES NATIONALBEWUSSTSEIN

Die deutsche Jugend vor der deutschen Vergangenheit. Rede am 13. 12. 1960 in Bonn vor den deutschen Jugendverbänden. – In: Eugen Gerstenmaier. Reden und Aufsätze. Bd. 2. Stuttgart: Evang. Verlagswerk 1962. S. 244-254.

Das deutsche Nationalbewusstsein. Rede an der Sorbonne am 21. 10. 1964. – In: Information für die Truppe. Bonn. 1965. 2. Beilage: Dokumente und Kommentare. S. 1-13.

Die Deutschen und ihr Nationalgefühl. Bonn 1964: Köllen. 7 S.

(Aus: Welt am Sonntag. Vom 27. 12. 1964.)
DIE DEUTSCHEN UND IHR VATERLAND. – In: Aus Politik und Zeitgeschichte. Hamburg. 1967. B. 38/67. S. 3-11.
DEUTSCHES REICH? Bonn 1965: Köllen. 7 S. = Wir sprechen zur Zone. Sendereihe des Norddeutschen/Westdeutschen Rundfunks, gesendet am 18. Januar 1965.
DER EINFLUSS FRANKREICHS AUF DAS DEUTSCHE NATIONALBEWUSSTSEIN. Rede an der Sorbonne, 21. 10. 1964. – In: Bulletin des Presse- und Informationsamtes der Bundesregierung. Bonn. 1964. Nr. 158. S. 1461-1462, 1465-1467.
LA PATRIE, NOTRE DEVOIR. – In: Documents. Paris. Année 20. 1965. 6. S. 131-132.
NEUER NATIONALISMUS? Von der Wandlung der Deutschen. Stuttgart: Deutsche Verl.-Anst. 1965. 136 S. = Politische Bücherei. Nr. 8.
DIE STUDENTENSCHAFT VOR DER NATION. Festansprache vor der Mitgliederversammlung des VDS. – In: Burschenschaftliche Blätter. Bad Nauheim. Jg. 80. 1965. H. 4. S. 64-68.
VATERLAND. – In: Information für die Truppe. Bonn. 1966. 5. u. Beilage: Dokumente und Kommentare. S. 291-307 u. 38 S. [Mit Beitr. von Eugen Gerstenmaier u. a.]
VATERLAND HEUTE. Rede anläßlich des 150jährigen Bestehens der Hamburger Turnerschaft von 1816 am 16. Okt. 1966. Bonn: Deutscher Bundestag. Presse- und Informationsstelle 1966. 10 S.
WANDLUNG DER DEUTSCHEN? Tatbestände, Ziele und Gefahren. – In: Aus Politik und Zeitgeschichte. Hamburg. 1963. B. 1. S. 3-13.
WANDLUNGEN DES NATIONALBEWUSSTSEINS. Reflexionen zur inneren Entwicklung Deutschlands und Japans seit dem 2. Weltkrieg. – In: Mitteilungen des Deutsch-Japanischen Kulturinstituts. Kyoto. 1965. Nr. 16/17. S. 2-55.
WAS HEISST DEUTSCHES NATIONALBEWUSSTSEIN HEUTE? – In: Hochland. München. Jg. 60. 1967/68. H. 2. S. 146-150.
WAS IST DES DEUTSCHEN VATERLAND? Rede vor dem 10. Bundesparteitag der CDU 1961 in Köln. – In: Eugen Gerstenmaier. Reden und Aufsätze. Bd. 2. Stuttgart: Evang. Verlagswerk 1962. S. 255-269.
WAS IST MIT UNS DEUTSCHEN LOS? Versuch einer Orientierung. 29. 3. 65. – In: Politisches Jahrbuch der CDU/CSU. Recklinghausen. Jg. 7. 1965. S. 117-127.

8. WIDERSTAND

DAS ANDERE DEUTSCHLAND. – In: Das Parlament. Hamburg. Jg. 4. 1954. Nr. 29, v. 20. 7. 54. S. 3.
AUFSTAND DES GEWISSENS. Beitrag im »Rheinischen Merkur« Nr. 29

vom 16. 7. 1954. – In: Eugen Gerstenmaier. Reden und Aufsätze. Bd. 1. Stuttgart: Evang. Verlagswerk 1956. S. 257-263.
BERLIN 20. JULI 1964. Ansprachen, Manifeste und Predigten. München: Müller 1964. 80 S. [Mit Beitr. von Eugen Gerstenmeier u. a.]
EIN HEILIGES VERMÄCHTNIS. – In: Information für die Truppe. Bonn. 1965. 7. Beilage: Dokumente und Kommentare. S. 3-11.
EIN HEILIGES VERMÄCHTNIS. [Ansprache anläßlich einer Gedenkstunde an den 20. Juli 1944.] – In: Bulletin des Presse- und Informationsamtes der Bundesregierung. Bonn. 1964. Nr. 116. S. 1105-1108.
ICH WAR IM ZUCHTHAUS VON BAYREUTH. »Welt am Sonntag« fragte Prominente nach ihren Erlebnissen in den turbulenten Tagen. – In: Welt am Sonntag. Essen. 1965. Nr. 16, v. 18. 4. 65. S. 6.
JEDER HAT MIT SEINEM EIGENEN GEWISSEN FÜR SEIN LAND EINZUSTEHEN. Gedenkrede zum 20. Juli 1944. – In: Münchner Merkur. München. 1964. Nr. 173, v. 20. 7. 64. S. 8.
DER KREISAUER KREIS. – In: 20. Juli 1944. Hrsg. von der Bundeszentrale für Politische Bildung. Bonn. 1964. S. 39-42.
DER KREISAUER KREIS. Zu dem Buch Gerrit van Roons »Neuordnung im Widerstand«. – In: Vierteljahrshefte für Zeitgeschichte. Stuttgart. Jg. 15. 1967. H. 3. S. 221-246.
DIE KREISAUER UND DER 20. JULI. Rede im »Bayerischer Rundfunk« 20. 7. 1960. – In: Eugen Gerstenmaier. Reden und Aufsätze. Bd. 2. Stuttgart: Evang. Verlagswerk 1962. S. 238-243.
LEITBILD UND ERBE. Rede bei der Gedenkfeier für die Angehörigen des Auswärtigen Amtes, die im Widerstand gegen den Nationalsozialismus ihr Leben gelassen haben. Gehalten am 21. Juli 1954. – In: Bekenntnis und Verpflichtung. Reden und Aufsätze zur zehnjährigen Wiederkehr des 20. Juli 1944. Stuttgart: Vorwerk. 1955. S. 40-59.
LA LIBERTÉ SE NOURRIT DE SACRIFICES. – In: Economie contemporaine. Paris. Année 19. 1960. No. 162. S. 15-16.
PREDIGT ÜBER HIOB 42, 1-2 UND 5-6. – In: Aus Politik und Zeitgeschichte. Bonn. 1956. B 34. S. 529-531.
STIMMEN ZUM 20. JULI 1944. Heinrich Lübke. Eugen Gerstenmaier u. a. Zsgest. von Geo T. Mary. Hrsg. vom Presse- und Informationsamt der Bundesregierung. Bonn 1964. 51 S.
TAG DES GEHEIMEN DEUTSCHLAND. Beitrag in »Die Welt« vom 20. 7. 1954. – In: Eugen Gerstenmaier. Reden und Aufsätze. Bd. 1. Stuttgart: Evang. Verlagswerk 1956. S. 273-276.
DAS VERMÄCHTNIS DES ANDEREN DEUTSCHLAND. Gedenkrede zum 10. Jahrestag des 20. Juli 1944. – In: Bulletin des Presse- und Informationsamtes der Bundesregierung. Bonn. 1954, 2. Nr. 134. S. 1205-1211.
WE SURVIVED. The stories of 14 of the hidden and the hunted of Nazi Germany. As told to Eric H. Boehm. New Haven: Yale Univ. Press 1949. XIII, 308 S. [Mit Beitr. von Eugen Gerstenmaier u. a.]

Worum es uns ging. 20 Jahre nach dem Aufstand. – In: Die Zeit. Hamburg. 1964. Nr. 30, v. 24. 7. 64. S. 3.
Zum 20. Juli 1960. Kampf zwischen Verbrechertum und Gewissenskultur. Die Freiheit lebt vom Opfer. – In: Bulletin des Presse- und Informationsamtes der Bundesregierung. Bonn. 1960. Nr. 132. S. 1313-1314.
Zur Geschichte des Umsturzversuches vom 20. Juli 1944. – In: Neue Zürcher Zeitung. 166. Jg., 1945, Nr. 979 und 983, 23. und 24. 6. 1945.
Der 20. [zwanzigste] Juli ein Mahn- und Prüfstein im deutschen Volk. – In: Bulletin des Presse- und Informationsamtes der Bundesregierung. Bonn. 1956. 2. Nr. 134. S. 1320-1321.
Der 20. [zwanzigste] Juli 1944. Beiträge zur Geschichte der deutschen Widerstandsbewegung. Mit einem Nachwort von Fritz Harzendorf. Sonderdr. aus dem Südkurier. Konstanz: Südverl. 1945. 15 S. = Schriften des Südkurier. Nr. 1.
Der 20. [zwanzigste] Juli 1944. Die Tatgemeinschaft des christlichen Gewissens ist ein Vermächtnis. – In: Rheinischer Merkur. Köln, Koblenz. Jg. 9. 1954. Nr. 29, v. 16. 7. 54. S. 4.

9. DEUTSCHE UND JUDEN

Les Allemands ont-ils évolué? Discours prononcé le 21 novembre 1962 à l'Université Hébraique de Jérusalem. o. O. 1962. 7 S. = Bulletin [de l'Office de Presse et d'Information du Gouvernement fédéral] No 47 du 5 déc. 1962. Supplément.
Are the Germans changing? An address delivered on Nov. 21, 1962, at the Hebraic University of Jerusalem. o. O. 1962. 7 S. = The Bulletin. Special Suppl. Dec. 4, 1962.
Aufgabe und Grenze der Toleranz. Der verpflichtende Hintergrund unserer Arbeit. (Zwei Reden: Eugen Gerstenmaier und Adolf Freudenberg.) Hrsg. v. Deutschen Koordinierungsrat der Gesellschaften für Christlich-Jüdische Zusammenarbeit, Frankfurt/M. Frankfurt/M. 1955, 12 S.
Breschen in die Mauern von Hass. Erklärung vor d. Annahme d. Gesetzentwurfes über den deutsch-israelischen Wiedergutmachungsvertrag im Deutschen Bundestag, 18. 3. 53. – In: Bulletin des Presse- und Informationsamtes der Bundesregierung. Bonn. 1953. Nr. 55. S. 468.
Deutsche und Juden. Beiträge von Golo Mann, Eugen Gerstenmaier [u. a.] Frankfurt a. M.: Suhrkamp 1967. 123 S. = Edition Suhrkamp. 196.
Erfülltes und gesegnetes Leben der Brüderlichkeit. Nur eine Pa-

role dem alten und neuen Terror gegenüber: Widerstehet! – In: Bulletin des Presse- und Informationsamtes der Bundesregierung. Bonn. 1960. Nr. 50. S. 490-491.
ES GIBT KEINEN DEUTSCHEN ANTISEMITISMUS. Zur Woche der Brüderlichkeit. – In: Christ und Welt. Stuttgart. Jg. 16. 1963. Nr. 11, v. 15. 3. 63. S. 1-2.
DAS GLEICHGEWICHT FEHLT. Unser Verhältnis zu den Juden. – In: Christ und Welt. 1966. 32, v. 12. 8. 66. S. 4.
JÜDISCHER WELTKONGRESS. – In: Tribüne. Frankfurt a. M. Jg. 5. 1966. H. 19. S. 1993-2018. [Mit Beitr. von Eugen Gerstenmaier u. a.]
»UNSER JÜDISCHER MITBÜRGER GEHÖRT IN UNSERE MITTE!« – In: Bulletin des Presse- und Informationsamtes der Bundesregierung. Bonn. 1963. Nr. 184. S. 1607-1608.
UNSER VERHÄLTNIS ZU DEN JUDEN. – In: Der Bürger im Staat. Stuttgart. Jg. 16. 1966. H. 4. S. 98-99.
UNSER VERHÄLTNIS ZU ISRAEL UND ZUR ARABISCHEN WELT. – In: Bulletin des Presse- und Informationsamtes der Bundesregierung. Bonn. 1965. Nr. 28. S. 217-218.
WANDLUNG DER DEUTSCHEN? Tatbestände, Ziele und Gefahren. Vortrag in Jerusalem. – In: Bulletin des Presse- und Informationsamtes der Bundesregierung. Bonn. 1962. Nr. 216. S. 1835-1840.

10. KIRCHE UND POLITIK

ABFALL VOM VATERLANDE? Die Kirche und die EKD-Denkschrift. – In: Christ und Welt. Stuttgart. Jg. 19. 1966. Nr. 1. S. 12.
CHRIST SEIN IST EIN WAGNIS. Die Verwirklichung des Evangeliums im Bereich der Politik. – In: Christ und Welt. Stuttgart. Jg. 8. 1955. Nr. 12, v. 24. 3. 55. S. 6.
CHRISTLICHE BRUDERSCHAFTEN IN AKTION. – In: Christ und Welt. Stuttgart. Jg. 5. 1952. Festausg., v. 28. 8. 52. S. 37-38.
DARF SICH DIE CDU CHRISTLICH NENNEN? – In: Civis. Marburg. Jg. 4. 1957. Nr. 29. S. 12-15.
DIE DEUTSCHEN PROTESTANTEN UND DIE EUROPÄISCHE EINIGUNG. – In: Dokumente. Köln. Jahr 13. 1957. H. 3. S. 171-174.
EVANGELISCHE KIRCHE UND »OHNE-MICH«-BEWEGUNG. – In: Bulletin des Presse- und Informationsamtes der Bundesregierung. Bonn. 1955. Nr. 29. S. 237-238.
EVANGELISCHES ABENDLAND? – In: Christ und Welt. Stuttgart. Jg. 6. 1953. Festausg., v. 12. 8. 53. S. 17.
DIE FRAGE DER ÖFFENTLICHKEIT AN DIE KIRCHE. Rede auf dem Deutschen Evangelischen Pressetag in Kassel, 12. 6. 1955. – In: Eugen Ger-

stenmaier. Reden und Aufsätze. Bd. 1. Stuttgart: Evang. Verlagswerk 1956. S. 193-205.
Frankreichs Protestantismus im Krieg. Von Albrecht Allmann [d. i. Eugen Gerstenmaier]. Berlin: Junker u. Dünnhaupt 1940. 75 S. = Frankreich gegen die Zivilisation. H. 12. = Schriften des Deutschen Instituts für Außenpolitische Forschung . . . H. 67.
Gross, Erwin. Das »C« der Christlich-Demokratischen Union. – In: Die Mitarbeit. Berlin-Grunewald. Jg. 11. 1962. 3. S. 97-103.
Das grosse »C« und die Kultur. – In: Civis. Zeitschrift für christlich-demokratische Politik. Bonn. Jg. 7. 1960. Nr. 72. S. 131-136.
Katholisches Abendland? Die Einigung Europas in evangelischer Sicht. – In: Rheinischer Merkur. Köln, Koblenz. Jg. 8. 1953. Nr. 34, v. 21. 8. 53. S. 3.
Die Kirche – ein Hort des »ohne mich«? – In: Civis. Marburg. Jg. 1. 1955. Nr. 6. S. 84-86.
Die Kirche in der Öffentlichkeit. Beiträge: Eugen Gerstenmaier [u. a.] Stuttgart: Evang. Verlagswerk 1948. 76. S.
Die Kirche und die Kirchen. – In: Kirche, Volk und Staat. Berlin 1937. S. 100-128.
Die Kirche und die Schöpfung. Eine theologische Besinnung zu dem Dienst der Kirche an der Welt. [Photokopie] Berlin: Furche-Verl. 1938. 285 S.
Kirche, Volk und Staat. Stimmen aus der Deutschen Evangelischen Kirche zur Oxforder Weltkirchenkonferenz. Hrsg. v. Eugen Gerstenmaier. Berlin: Furche-Verl. 1937. 311 S.
Die Kirchen und die Grenzen. Rede auf der Evangelischen Woche in Flensburg u. d. T.: »Christen über die Zäune hinweg«, 10. 9. 1948. – In: Eugen Gerstenmaier. Reden und Aufsätze. Bd. 1. Stuttgart: Evang. Verlagswerk 1956. S. 135-153.
Limes ecclesiae. Vom Wirkungsraum der Kirche. – In: Zeitwende. München. Jg. 20. 1949. H. 11. S. 783-794.
Mächte und Mönche. Bilder und Gedanken im Südosten. – In: Zeitwende. Berlin. Jg. 17. 1941. H. 4. S. 98-103.
Mord in Gottes Namen. Mission und Macht des Christentums. – In: Monat. Hamburg. J. 21. 1969. H. 255. S. 28-86. [Mit Beitr. von Eugen Gerstenmaier u. a.]
Nummern – Zeitgenossen – Brüder. Weltfragen christlicher Existenz. Rede beim Evangel. Männerwerk, Hamburg. 21. 10. 1962. – In: Christ und Welt. Stuttgart. Jg. 16. 1963. Nr. 30, v. 26. 7. 63. S. 25.
Politik in der Kirche? – In: Aus Politik und Zeitgeschichte. Hamburg. 1968. B. 50. S. 3-8.
Predigt über Römer 13, 1-10 in Stockholm, St. Gertrud, 30. 1. 1949. – In: Eugen Gerstenmaier. Reden und Aufsätze, Bd. 1. Stuttgart: Evang. Verlagswerk 1956. S. 35-50.

DIE PROTESTANTEN UNTER DEM NOTDACH BUNDESREPUBLIK. – In: Basler Nachrichten. Basel. 1959. Sonderbeil. »10 Jahre Bundesrepublik Deutschland«, v. 12. 9. 59.
STAAT OHNE KIRCHE? – In: Kirche und Staat. Festschrift für Bischof D. Hermann Kunst D. D. zum 60. Geburtstag. Hrsg. von Kurt Aland und Wilhelm Schneemelcher. Berlin: de Gruyter 1967. S. 91-104.
DER UMGANG MIT DER MACHT. Kernproblem des Christen in der Politik. Der Begriff des Amtes. Gebunden von Verfassung, Gesetz und Gewissen. – In: Bulletin des Presse- und Informationsamtes der Bundesregierung. Bonn. 1959. Nr. 165. S. 1645-1646.
UNSERE CHRISTLICHE VERANTWORTUNG FÜR EUROPA. – In: Zeitwende. München. Jg. 22. 1950. H. 4. S. 289-297.
VERANTWORTUNG AUS EVANGELISCHER FREIHEIT. Deutsch-Evangelischer Frauenbund. Jahresthema 1962/63. Hannover 1962: Berenberg. 45 S. [Mit Beitr. von Eugen Gerstenmaier u. a.]
VERGELTUNG ODER VERGEBUNG? Rede zum Reformationsfest, Köln, 31. 10. 1959. – In: Eugen Gerstenmaier: Reden und Aufsätze. Bd. 2. Stuttgart: Evang. Verlagswerk 1962. S. 27-40.
VERSCHLEUDERUNG DES CHRISTLICHEN NAMENS? Eine Disputation mit Helmut Gollwitzer. Hrsg.: Bundesgeschäftsstelle der Christlich-Demokratischen Union Deutschlands, Bonn 1960. 24 S.
WARUM DIE CDU SICH CHRISTLICH NENNT. – In: Eckart. Witten, Berlin. Jg. 28. 1959, H. 2. S. 100-103.
WAS HAT DIE KIRCHE DER POLITIK ZU SAGEN? Rede anläßl. d. »Evangel. Woche« in Stuttgart am 1. 3. 1961. o. O. 1961. 14 S.
WAS IST OBRIGKEIT? Zu einem Buch von Bischof Dibelius. (Dez. 1963) – In: Christ und Welt. Stuttgart. Jg. 16. 1963. Nr. 50, v. 13. 12. 63. S. 1-2.
WELTPROTESTANTISMUS. Rundfunkrede im Münchner Sender, 7. 4. 1947. – In: Eugen Gerstenmaier. Reden und Aufsätze. Bd. 1. Stuttgart: Evang. Verlagswerk 1956. S. 127-134.
WIDER DIE ÄCHTUNG DER AUTORITÄT. Rede auf der »Evang. Woche« in Nürnberg am 20. 5. 1960. – In: Eugen Gerstenmaier. Reden und Aufsätze. Bd. 2. Stuttgart: Evang. Verlagswerk 1962. S. 41-59.

11. DIAKONIE UND SOZIALPOLITIK

DANK AN CROP. 500-t-Weizenspende. – In: Das Hilfswerk. Mitteilungen aus dem Hilfswerk. Bethel, Stuttgart. 1948. Nr. 20. Sp. 365-367.
DREI FORDERUNGEN FÜR DIE FLÜCHTLINGE. – In: Arbeitsblatt für die Britische Zone. Lemgo. Jg. 1. 1947. Nr. 11. S. 396-397.
DIE EVANGELISCHEN KIRCHEN DEUTSCHLANDS IM DIENSTE DES

SOZIALEN WOHNUNGSBAUES. The Protestant Churches in Germany and their part in the social housing programme. Verw. von Eugen Gerstenmaier. Stuttgart: Evang. Verlagswerk 1951. 16 S., 15 S. Abb.
FLÜCHTLING ZWISCHEN DEN VÖLKERN. Alle entscheidenden Fragen der Vertriebenen mit den entscheidenden Lebensfragen der ganzen Nation verbunden. – In: Bulletin des Presse- und Informationsamtes der Bundesregierung. Bonn. 1953. Nr. 162. S. 1359-1360.
FLÜCHTLINGE UND VERSCHLEPPTE. Die Flüchtlingsfrage auf der Tagung des Lutherischen Weltbundes in Lund. – In: Mitteilungen aus dem Hilfswerk. Bethel, Stuttgart. 1947. Nr. 5. Sp. 75-78.
HILFE FÜR DEUTSCHLAND. Hrsg.: Forum Academicum. Frankfurt a. M.: Schulte-Bulmke 1946. 27 S.
DAS HILFSWERK ALS AUFGABE DER KIRCHE. – In: Dank und Verpflichtung. 1945-1955, 10 Jahre Hilfswerk der Evangelischen Kirche für Deutschland. Hrsg. vom Zentralbüro des Hilfswerkes. Stuttgart: Evang. Verlagswerk 1955. S. 13-17.
DAS HILFSWERK DER EVANGELISCHEN KIRCHE IN DEUTSCHLAND. Bericht auf dem zweiten Kirchentag und der Tagung des Wiederaufbau-Ausschusses der Evangelischen Kirche in Deutschland in Treysa, Mai 1946. – Stuttgart 1946. 24 S.
HOFFNUNGSLOS? Ein Vorschlag an den Flüchtlingsausschuß des Europarats zur Räumung der Flüchtlingslager und Unterbringung von Sowjetzonenflüchtlingen. – In: Bulletin des Presse- und Informationsamtes der Bundesregierung. Bonn. 1953. Nr. 85. S. 721-724.
DIE KIRCHE VOR DEN SOZIALEN AUFGABEN UNSERER ZEIT. – In: Christ und Welt. Stuttgart. Jg. 3. 1950. Nr. 24 und 25. 15. und 22. 6. 1950.
MÜSSEN MILLIONEN DEUTSCHE VERHUNGERN? Auszug aus d. Rede in Bielefeld aus Anlaß d. 2jähr. Bestehens d. Hilfswerks Westfalen. – In: Das Hilfswerk. Mitteilungen aus dem Hilfswerk. Bethel, Stuttgart. 1947. Nr. 9. Sp. 132-133.
DER MUT ZUR WAHRHEIT, WILLEN ZUR GERECHTIGKEIT UND EINEN WEG IN DIE FREIHEIT. Vortrag in Stuttgart, 24. 6. 47. – In: Das Hilfswerk. Mitteilungen aus dem Hilfswerk. Bethel, Stuttgart. 1947. Nr. 5. Sp. 69-74.
POLITISCHE DIAKONIE. Zugleich ein Diskussionsbeitrag zur Frage der christlichen Politik. – In: Evangelische Welt. Bethel. 1953. Nr. 10, v. 15. 3. 53. S. 274-275.
REDE ZUM HUNDERTJÄHRIGEN BESTEHEN DES EVANGELISCHEN JOHANNESSTIFTES IN BERLIN-SPANDAU, 15. 5. 1958. – In: Christ und Welt. Stuttgart. Jg. 11. 1958. Nr. 21, v. 22. 5. 58. S. 7.
DIE STUNDE DER EVANGELISCHEN ARBEITER. Christlich-soziale Verwirklichung. – In: Christ und Welt. Stuttgart. Jg. 5. 1952. Nr. 25, v. 19. 6. 52. S. 3.
WELTPROTESTANTISMUS. DAS HILFSWERK DER EVANGELISCHEN KIRCHEN

in Deutschland. Zwei Rundfunkvorträge. – Schwäb. Gmünd: Kirchenkanzlei. 1948. 11 S. = Evangelischer Schriftendienst Nr. 17.
»Wichern zwei«. Zum Verhältnis von Diakonie und Sozialpolitik. – In: Das diakonische Amt der Kirche. Hrsg. von Herbert Krimm. 2. überarb. Aufl. Stuttgart: Evang. Verlagswerk 1965. S. 467-518.
Zehn Jahre Hilfswerk. Rede, 18. 10. 1955. – In: Eugen Gerstenmaier. Reden und Aufsätze. Bd. 1. Stuttgart: Evang. Verlagswerk 1956. S. 110-124.

12. BILDUNG UND KULTUR

Aus der Arbeit des Instituts für Auslandsbeziehungen. – In: Institut für Auslandsbeziehungen. Mitteilungen. Jg. 8. 158. Nr. 4. S. 267-278.
Die Bildung und die Macht. Frankfurt a. M.: Verl. Die Deutsche Universitätszeitung 1962. 15 S. (Aus: Die Deutsche Universitätszeitung. Frankfurt a. M. 1962. 7.)
Das Bildungswesen als Gegenstand der Forschung. Hrsg. v. Eugen Lemberg. Mit Beitr. v. Eugen Gerstenmaier [u. a.]. Heidelberg: Quelle & Meyer 1963. 312 S. = Veröffentlichungen der Hochschule für Internationale Pädagogische Forschung. 3.
Freiheit – wozu? Rede auf d. Kulturkongreß d. CDU/CSU, Gelsenkirchen, 28. 11. 1960. – In: Eugen Gerstenmaier. Reden und Aufsätze. Bd. 2. Stuttgart: Evang. Verlagswerk 1962. S.163 -189.
Sprache, Wissen, Bildung. Beiträge zu den Bildungsfragen unserer Zeit. Hrsg.: Gesellschaft für Christlich-Demokratische Bildungsarbeit. Köln: Bachem 1957. 82 S. = Schriftenreihe der Politischen Akademie Eichholz.
Wir müssen das Grundgesetz ändern. CIVIS interviewte Bundestagspräsident Dr. Eugen Gerstenmaier. – In: CIVIS. Bonn. Jg. 9. 1962. 8. S. 18-19.

13. NATURSCHUTZ

Naturschutz ist Pflicht. Arbeitsgemeinschaft Deutscher Beauftragter für Naturschutz und Landschaftspflege, Bad Godesberg. Beuel-Bonn 1956: Röger-Dr. 10 S.
Unser Wald und unser Wild. Rede zur Eröffnung der Deutschen Jagd-, Forst- und Holz-Ausstellung in München am 19. September 1963. o. O. 1963. 11 S.
Das Waidwerk in Deutschland. Stand und Aussichten. Erinnerungswerk an die Deutsche Jagdausstellung 1963 in München. Im Auftr. d.

Deutschen Jagdschutz-Verbandes e. V. – Vereinigung der deutschen Landesjagdverbände hrsg. v. Gerd von Lettow-Vorbeck. Mit 193 Abb. im Text u. auf Taf. u. 4 Farbtaf. Hamburg, Berlin: Parey 1963. 150 S. [Mit Beitr. von Eugen Gerstenmaier u. a.]

14. AFRIKA

Africa's tomorrow has dawned. – In: Germany. Hamburg. Vol. 5. 1960. No. 17. S. 8-10.
Afrika am Scheidewege. »Würde ist wichtiger als Geld«. Rolle und Aufgabe der Deutschen. – In: Bulletin des Presse- und Informationsamtes der Bundesregierung. Bonn. 1960. Nr. 8. S. 65-66.
Afrika 1955. – Was wird aus Afrika? – Afrika baut neue Städte. – Warum ich nach Afrika reiste. [Maschinenschr.] o. O. 1955. getr. Pag.
Eintritt Afrikas in die Weltgeschichte. – In: Bulletin des Presse- und Informationsamtes der Bundesregierung. Bonn. 1960. Nr. 200. S. 1925-1926.
Das neue Afrika. – In: Afrika – heute. Köln. Jg. 3. 1960. S. 7-13.
Wird das schwarze Afrika rot? – In: Kasseler Post. Kassel. Jg. 80. 1962. Nr. 122, v. 25. 5. 62. S. 2.

14. ZEITGESCHICHTE

Anwendung des Artikels 18 tut not. Gegen Mißbrauch freiheitlicher Rechte durch unbelehrbare Nationalsozialisten. – In: Bulletin des Presse- und Informationsamtes der Bundesregierung. Bonn. 1956, Nr. 40. S. 349-350.
»Demoralisierung« in der Bundesrepublik? Trotz seiner »Affären« steht unser freiheitlicher Staat immer noch turmhoch über dem Zwangsstaat der Unfreiheit. – In: Bulletin des Presse- u. Informationsamtes der Bungesregierung. Bonn. 1963. Nr. 104. S. 927-928.
Deutschland in der Meinung des Auslands. Probleme des Auslandsdeutschtums. Ulbricht wird nicht geglaubt. – In: Bulletin des Presse- und Informationsamtes der Bundesregierung. Bonn. 1964. Nr. 63. S. 551.
Die eine Welt. Gegen Zwangsvorstellungen und Angst. – In: Christ und Welt. Stuttgart. Jg. 6. 1953. Nr. 1, v. 1. 1. 53. S. 1-2.
Feinde für immer? – In: Die Zukunft des Kommunismus. Hrsg. von Johannes Gaitanides. München: List 1963. S. 110-119.
Herr über die Weltgeschichte. – In: Staatszeitung, Staatsanzeiger für Rheinland-Pfalz. Koblenz. Jg. 10. 1959. Nr. 51 (Weihnachtsausgabe). S. 1-2.
»Ihr lieben Parteien«. Randbemerkungen zum Thema Rundfunk

und Parteien. – In: Christ und Welt. Stuttgart. Jg. 7. 1954. Nr. 2, v. 14. 1. 54. S. 5.

»Im Namen dessen ...«. Beitrag zum Volkstrauertag 1952 in der Schwäbischen Rundschau vom 23. 11. 1952. – In: Eugen Gerstenmaier. Reden und Aufsätze. Bd. 1. Stuttgart: Evang. Verlagswerk 1956. S. 177-192.

Das Kardinalthema der weltpolitischen Auseinandersetzung. Entfaltung auf der Grundlage gesetzlicher Freiheit – Die ersten freien Wahlen in Berlin vor 150 Jahren. Rede. – In: Bulletin des Presse- und Informationsamtes der Bundesregierung. Bonn. 1959. Nr. 80. S. 764.

Die Last des Vorwurfs. Zweimal deutsche Kriegsschuld? – In: Christ und Welt. Stuttgart. Jg. 17. 1964. Nr. 36. S. 1-2.

Nach dem Untergang des Abendlandes. Über das neue Buch von Helmut Schelsky. – In: Deutschland Magazin. Breitbrunn. Jg. 7. 1975. Nr. 4. S. 14-15.

1967 [Neunzehnhundertsiebenundsechzig] – Jahr der Probe. – In: Staats-Zeitung, Staatsanzeiger für Rheinland-Pfalz. Koblenz. Jg. 18. 1967. Nr. 1. S. 1-2.

Reden und Aufsätze. Mit einer Einführung von Paul Collmer. Bd. 1, 2. 439, 426 S. Stuttgart: Evang. Verlagswerk 1956. 1962. [Mit einer Bibliographie Bd. 1, S. 425-439.]

Die Schuld. Wir alle müssen gemeinsam für unsere Geschichte stehen. Ansprache im WDR, 31. 8. 64. – In: Bulletin des Presse- und Informationsamtes der Bundesregierung. Bonn. 1964. Nr. 136. S. 1271-1272.

Die Verwandlung der Weltgeschichte. – In: Stuttgarter Zeitung. Stuttgart. 1954. Nr. 300, v. 24. 12. 54. S. 1.

Vor 20 Jahren begann der Krieg. – In: Bulletin des Presse- und Informationsamtes der Bundesregierung. Bonn. 1959. Nr. 159. S. 1597-1598.

Weihnachten. – In: Stuttgarter Zeitung. Stuttgart. 1955. Nr. 296, v. 24. 12. 55. S. 1.

Wie kam es zur Bundesrepublik? Politische Gespräche mit Männern der ersten Stunde. Hrsg. von Albert Wucher. Freiburg im Breisgau, Basel, Wien: Herder 1968. 191 S. = Herder-Bücherei. Bd. 324. [Mit Beitr. von Eugen Gerstenmaier u. a.]

Zehn Jahre deutsche Politik, 1949-1959. Hrsg. vom Presse- und Informationsamt der Bundesregierung. Bonn 1960. 300 S., zahlr. Abb. [Mit Beitr. von Eugen Gerstenmaier u. a.]

Zum 7. September. Vor 6 Jahren trat die neue deutsche Staatsordnung in Kraft. – In: Bulletin des Presse- und Informationsamtes der Bundesregierung. Bonn. 1955. Nr. 167. S. 1397-1398.

VERZEICHNIS DER AUTOREN

BERG, CHRISTIAN
(1908), Dr. theol. h. c., evangelischer Pfarrer in der evangelisch-lutherischen Landeskirche Mecklenburg (1933-1937), Pfarrer der Deutschen evangelischen Gemeinde Haifa (1937-1939), Pfarrer in Kirchheim/Teck in Württemberg (1939-1945), Theologischer Mitarbeiter und Generalsekretär im Zentralbüro des Hilfswerks der Evangelischen Kirchen in Deutschland/Stuttgart (1945–1949), Leiter des Zentralbüros Ost/Berlin (1949-1960), Direktor der Ökumenischen Abteilung in der Hauptgeschäftsstelle des Diakonischen Werks (1957-1961), Direktor der Gossner Mission/Berlin (1962-1973) und Mitglied des Deutschen Evangelischen Missionsrates (1967-1975).

FRANK-PLANITZ, ULRICH
(1936), Berliner Korrespondent von »Christ und Welt« (1961-1963), Bonner Korrespondent von »Christ und Welt« (1963–1967), Bonner Korrespondent vom »Handelsblatt« (seit 1964), stellvertretender Chefredakteur von »Christ und Welt« (1967-1970), Chefredakteur von »Christ und Welt« (1970-1973), Direktor der Robert Bosch Internationale Beteiligungen AG in Zürich und Leiter des Zentralbereichs Wirtschafts- und Wissenschaftspolitik der Robert Bosch GmbH in Stuttgart (seit 1974).
Veröffentl. u. a.: »Biographie in Bild und Wort« über Konrad Adenauer (1975).

Harpprecht, Klaus
(1927), Bonner und Berliner Korrespondent von »Christ und Welt« (1951), danach Kommentator und Korrespondent bei RIAS Berlin, Sender Freies Berlin und beim Westdeutschen Rundfunk, Übersiedlung in die Vereinigten Staaten (1960), Korrespondent des Zweiten Deutschen Fernsehens, Leiter des S. Fischer Verlages (1966-1968), geschäftsführender Redakteur des »Monat« (1969-1971), mit Sonderauftrag des ZDF in den USA (1972-1973), Berater und Mitarbeiter Willy Brandts im Bundeskanzleramt, Sonderkorrespondent des Zweiten Deutschen Fernsehens in Washington (seit 1975).
Veröffentl. u. a.: Viele Grüße an die Freiheit. Ein transatlantisches Tagebuch (1964), Beschädigte Paradiese. Aus transatlantischen Notizen (1966), Willy Brandt. Portrait und Selbstportrait (1970), Deutsche Themen (1974).

Heck, Bruno
(1917), Dr. phil., Bundesgeschäftsführer der CDU (1952-1958), MdB/CDU (seit 1957), Bundesminister für Familie und Jugend (1962-1968), Generalsekretär der CDU (1967-1971), Vorsitzender der Konrad-Adenauer-Stiftung (seit 1968).

Kleist, Ewald Heinrich von
(1922), Verleger.

Kohl, Helmut
(1930), Dr. phil., MdL/CDU Rheinland-Pfalz (seit 1959), Vorsitzender der CDU-Landtagsfraktion (1963), Landesvorsitzender der CDU Rheinland-Pfalz und Mitglied des Bundesvorstands (1965), Ministerpräsident von Rheinland-Pfalz (seit 1969), stellvertretender Bundesvorsitzender der CDU (1969), Bundesvorsitzender (seit 1973).
Veröffentl. u. a.: Zwischen Ideologie und Pragmatismus (1973), (Hrsg.) Konrad Adenauer 1876/1976 (1976).

Kunst, Hermann
(1907), D., D. D., Bischof, Pastor in der evangelisch-lutherischen Mariengemeinde in Herford (1932), Kriegspfarrer (1939), Superintendent des Kirchenkreises Herford (1940), erneut Kriegspfarrer (1943), Leitung des Landeskirchenamtes von Westfalen (1945), Bevollmächtigter des Rates der Evangelischen Kirche in Deutschland am Sitz der Bundesregierung (1949), evangelischer Militärbischof im Nebenamt (1956-1972).
Veröffentl. u. a.: Das Heilige Abendmahl und der Bau der Gemeinde (1939), Dienst der Kirche in der Politik (1951), Martin Luther und der Krieg (1968), Martin Luther und die Kirche (1971), Martin Luther und die Schule (1973), Martin Luther als politischer Berater seines Landesherrn (1973).

Leibholz, Gerhard
(1901), Dr. jur., Dr. phil., o. Prof. der Rechte in Greifswald und Göttingen, Auswanderung nach England (1938), Fellowship of the World Council of Churches and Magdalen College (1939-1949), Beginn der Lehrtätigkeit in Göttingen (1947), Bundesverfassungsrichter am Bundesverfassungsgericht in Karlsruhe (1951-1971).
Veröffentl. u. a.: Gleichheit vor dem Gesetz ([2]1959), Das Wesen der Repräsentation ([4]1973), Strukturprobleme der modernen Demokratie ([4]1974), Kommentar zum Grundgesetz (zusammen mit Hans-Justus Rinck; [5]1975), Politics and Law (1965), Verfassungsstaat – Verfassungsrecht (1973).

Mehnert, Klaus
(1906), Dr. phil., Generalsekretär der Deutschen Gesellschaft zum Studium Osteuropas (1931-1933), Moskau-Korrespondent deutscher Zeitungen (1933-1936), Gastprofessor an der University of California (1936-1937), Professor für Moderne Geschichte und Politische Wissenschaften an der University of Hawaii (1937-1941), Prof. in Schanghai (1941-1945), Redakteur und Mitherausgeber von »Christ und Welt« (1951),

o. Prof. und Direktor des Instituts für Politische Wissenschaften an der TH in Aachen (1961-1972).
Veröffentl. u. a.: Weltrevolution durch Weltgeschichte. Die Geschichtslehre des Stalinismus (1951), Asien, Moskau und wir (1956), Der Sowjetmensch (1958), Peking und Moskau (1962), Maos zweite Revolution (1966), Der deutsche Standort (1967), Peking und die neue Linke (1969), China nach dem Sturm (1971), Moskau und die neue Linke (1973), Jugend im Zeitbruch (1976).

SCHLABRENDORFF, FABIAN VON
(1907), Dr. h. c., Bundesverfassungsrichter (1967-1975).
Veröffentl. u. a.: Offiziere gegen Hitler (1946), The secret war against Hitler (1965).

SCHMID, CARLO
(1896), Dr. jur., Dr. h. c., Rechtsanwalt (1924), Richter (1925), Dozent für Völkerrecht an der Universität Tübingen (1929), erster Regierungschef, Kultus- und Justizminister des Landes Württemberg-Hohenzollern (1945-1950), o. Prof. für Öffentliches Recht in Tübingen (1946-1950), Mitglied des Parlamentarischen Rates (1948-1949), MdB und Mitglied des SPD-Parteivorstandes (1949-1972), o. Prof. für Politische Wissenschaften an der Universität Frankfurt (1953), Bundesminister für Angelegenheiten des Bundesrates und der Länder (1966-1969), Vizepräsident des Bundestages (seit 1969), Koordinator für die deutsch-französische Zusammenarbeit (seit 1969).
Veröffentl. u. a.: Souveränität und Suprainternationalität im Wandel der Geschichte (1952), Machiavelli (1956), Das humanistische Bildungsideal (1956), Politik und Geist (1962), Tätiger Geist – Gestalten aus Politik und Gesellschaft (1965), Der Weg des deutschen Volkes nach 1945 (1967), Deutschlands Weg in die Gegenwart (1967), Bundestagsreden 1949-1966 (1967), Gesammelte Werke. Band I: Politik als geistige Waffe, Band II: Europa und die Macht des Geistes (1973).

Strauss, Franz Josef
(1915), Dr. h. c., MdB/CSU (seit 1949), Bundesminister für besondere Aufgaben (1953-1955), für Atomfragen (1955-1956), der Verteidigung (1956-1962), der Finanzen (1966-1969), Vorsitzender der CSU (seit 1961), wirtschaftspolitischer Sprecher der CDU/CSU-Bundestagsfraktion (seit 1971), Hrsg. des »Bayernkurier«.
Veröffentl. u. a.: Entwurf für Europa (1966), Herausforderung und Antwort (1968), Finanzpolitik – Theorie und Praxis (1969), Bundestagsreden (1969, 1975), Deutschland, deine Zukunft (1975).

Thielicke, Helmut
(1908), Dr. theol., Dr. phil., D., D. D., LL. D., Assistent und Privatdozent an der Universität Erlangen, dann Professurvertretung an der Universität Heidelberg (1936-1940), nach Absetzung Pfarrer in Ravensburg und Leiter des Theologischen Amtes in Stuttgart, o. Prof. in Tübingen (1945), in Hamburg (1954), Präsident der Westdeutschen Rektorenkonferenz (1954).
Veröffentl. u. a.: Theologische Ethik, 4 Bde. (1951-1964), Der evangelische Glaube, 2 Bde. (1967/1973), Leiden an der Kirche (1970).

BILDNACHWEIS

Presse- und Informationsamt der Bundesregierung, Bonn (2)
Ullstein Bilderdienst, Berlin (2)
Privatbesitz Eugen Gerstenmaier (7)

Propyläen Verlag

Druck: Poeschel & Schulz-Schomburgk, Eschwege
Printed in Germany 1976

CIP-Kurztitelaufnahme der Deutschen Bibliothek

Widerstand, Kirche, Staat : Eugen Gerstenmaier
zum 70. Geburtstag / hrsg. von Bruno Heck. –
Frankfurt/M., Berlin, Wien: Propyläen, 1976.
ISBN 3-549-07345-3
[redacted]rsg.]; Gerstenmaier, Eugen:
Festschrift